AF535667

für Mari und István

und für Katharina.

Intuition

Eines Morgens im Juni 2016 tauchte kurz nach dem Aufwachen vor meinem geistigen Auge dieses Buch auf. Komplett mit mehreren Kapiteln. Noch einmal Ornamente?, fragte ich. Ja, nochmal Ornamente. Na gut, ich probiers, sagte ich.

Und hier ist es.

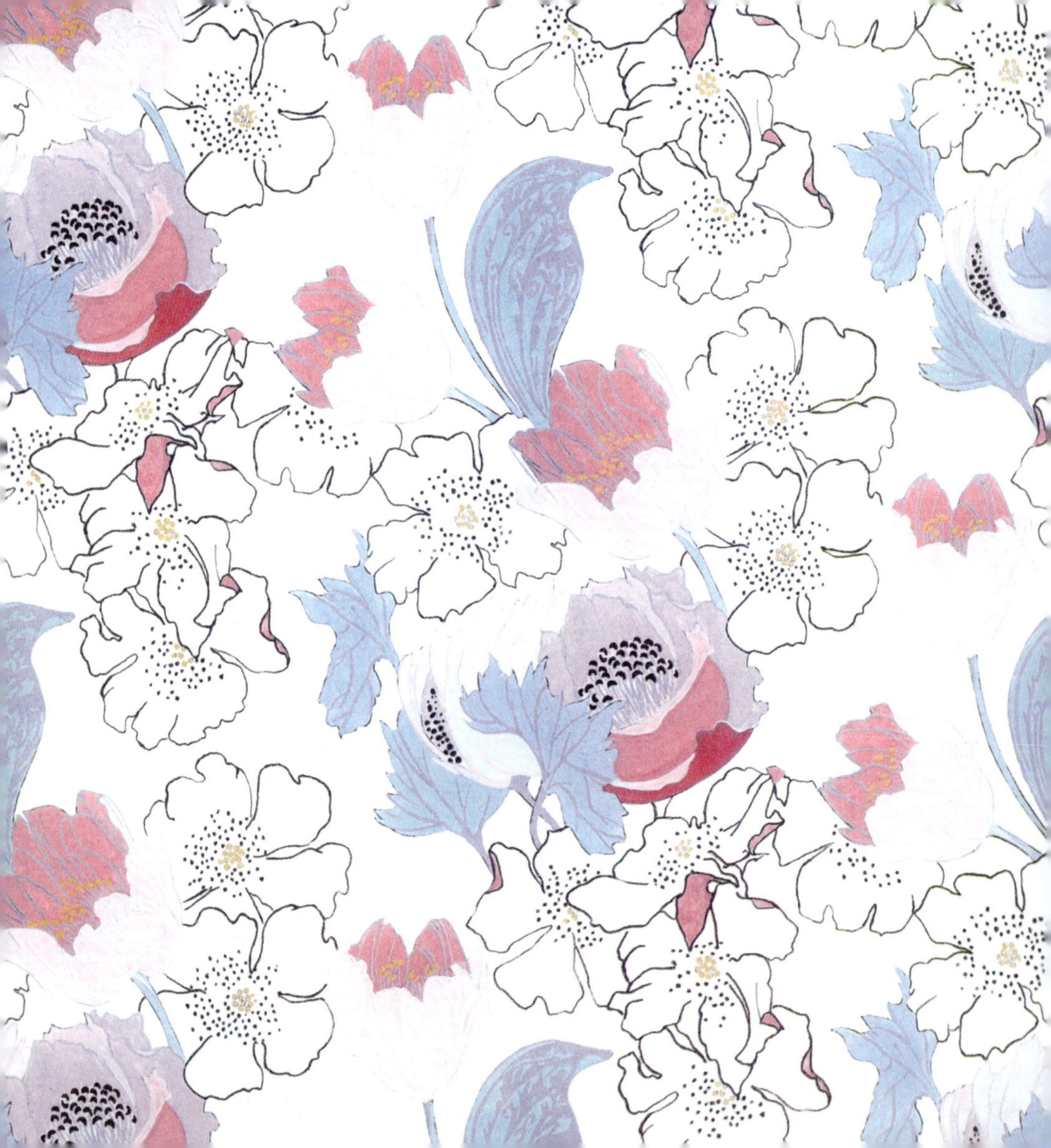

Ein paar einleitende Worte über die Ornamente

Tapeten- und Stoffmuster habe ich als Kind gern angeschaut und so manch langweilige Stunde, in der ich eigentlich Mittagsschlaf machen sollte, damit zugebracht, Formen zu erkunden und auch in den zufällig dazwischen entstehenden Gegenformen Tiere oder Phantasiewesen zu entdecken. Oder ich habe versucht, die Stelle zu entdecken, an der sich das Muster wiederholt (Rapport). Das ist eine Herausforderung für Gestalter, die Flächenmuster entwerfen: dass man den Rapport nicht sieht, jedenfalls nicht auf Anhieb.

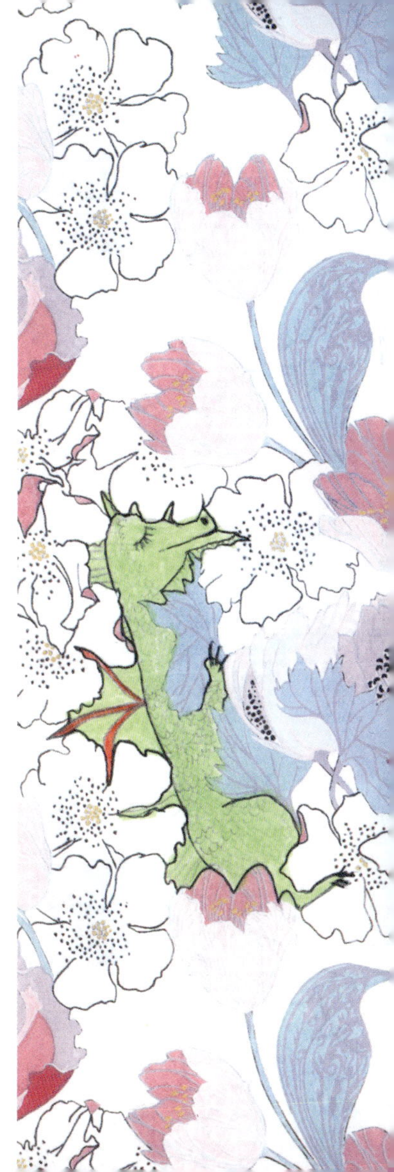

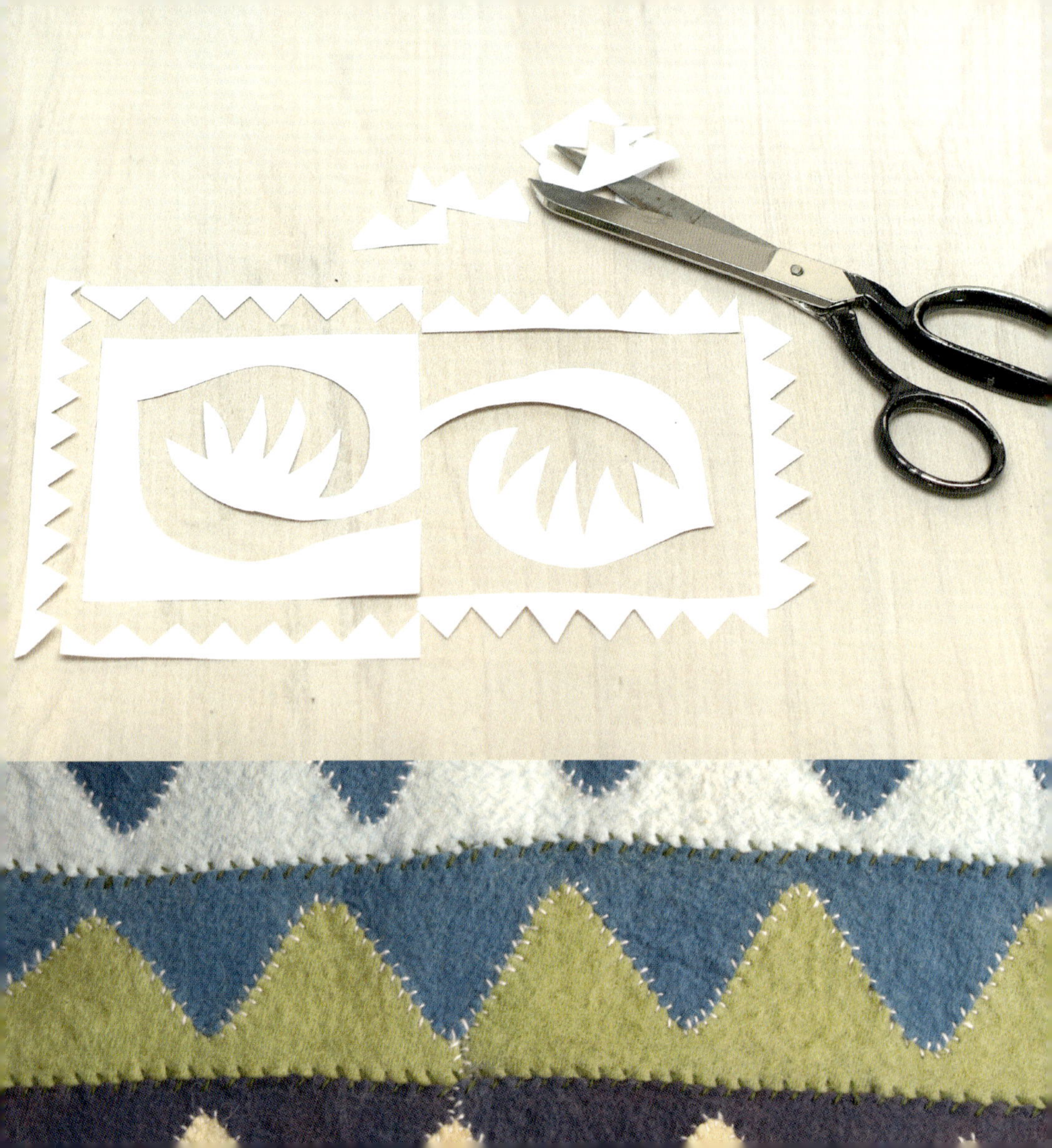

Später kamen durch die Arbeit mit dem Filz die traditionellen Ornamente in mein Blickfeld, die eher bildhaft verwendet werden.
Das geniale an den zentralasiatischen Filzornamenten ist, dass Form und Gegenform (etwa Bild und Hintergrund) gleichwertig sind. Das heißt, wenn ich die Form ausschneide, bleibt ein Rest zurück, der ebenfalls eine Form ist. So können zwei verschiedenfarbige Filze mit der gleichen Form auseinandergeschnitten und dann mit vertauschten Farben wieder zusammengefügt werden (Positiv-Negativ-Technik).
Bei usbekischen Teppichen und Shyrdaks wird das wie oben beschrieben mit fertigen Filzen gemacht, die dann zusammengenäht werden (auch „Mosaiktechnik").
Die Näharbeiten sind zeitaufwendiger und werden deshalb im Winter gemacht.
Bei der Einfilztechnik (auch „Ala-kiiz") wird nur ein Vorfilz hergestellt und auseinandergeschnitten und dann die jeweilige Gegenform mit neuer Wolle ergänzt („ausgefüllt"). Alles wird mit weiteren Wollschichten belegt und zusammengefilzt.
Diese Teppiche werden auf der Sommerweide gefilzt, dabei können die Muster leicht verrutschen, was einen ganz besonderen Reiz hat, weil die Symmetrie nicht mehr perfekt ist. Das sieht lebendiger aus, das Auge bleibt an den Unregelmäßigkeiten hängen und schaut genauer hin.
In der Natur gibt es keine perfekte Symmetrie. Wie das aussehen würde, kann man zum Beispiel sehen, wenn man ein Gesicht in der Mitte spiegelt: es wirkt irgendwie komisch. Und wer will schon beidseitig der Oberlippe den gleichen Schönheitsfleck haben?
Auf der folgenden Seite ist kein Teppich, aber ein Kissen aus Kirgisien, bei dem man gut sehen kann, was ich meine. Auch die mittelalterliche Steinmetzarbeit gegenüber wirkt durch die fehlende Perfektion besonders lebendig.

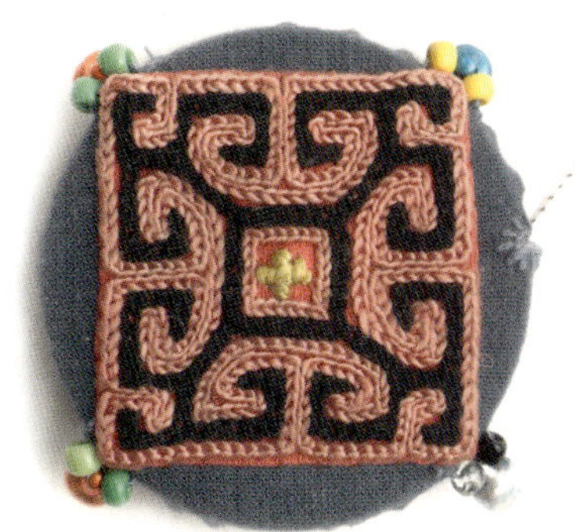

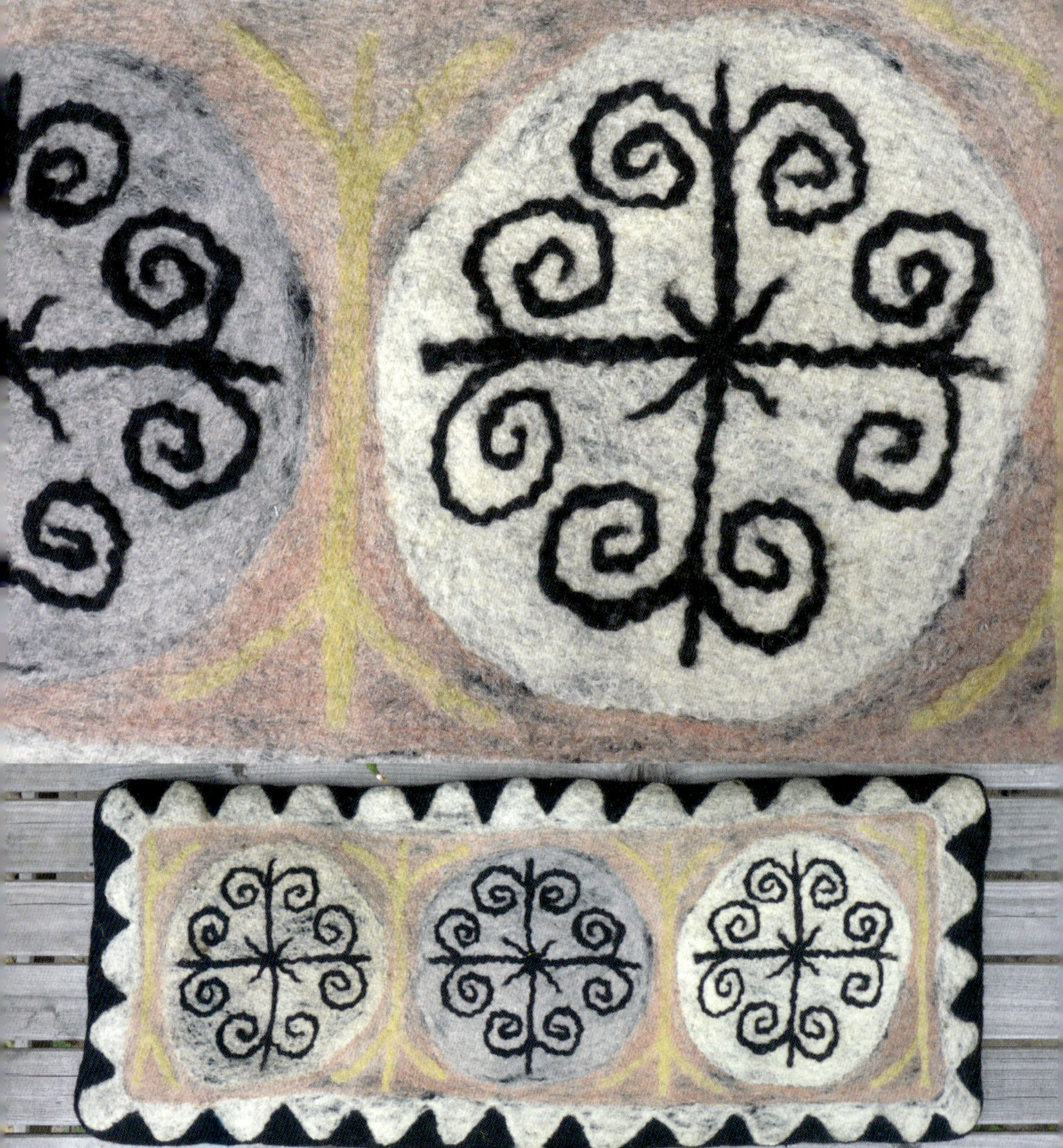

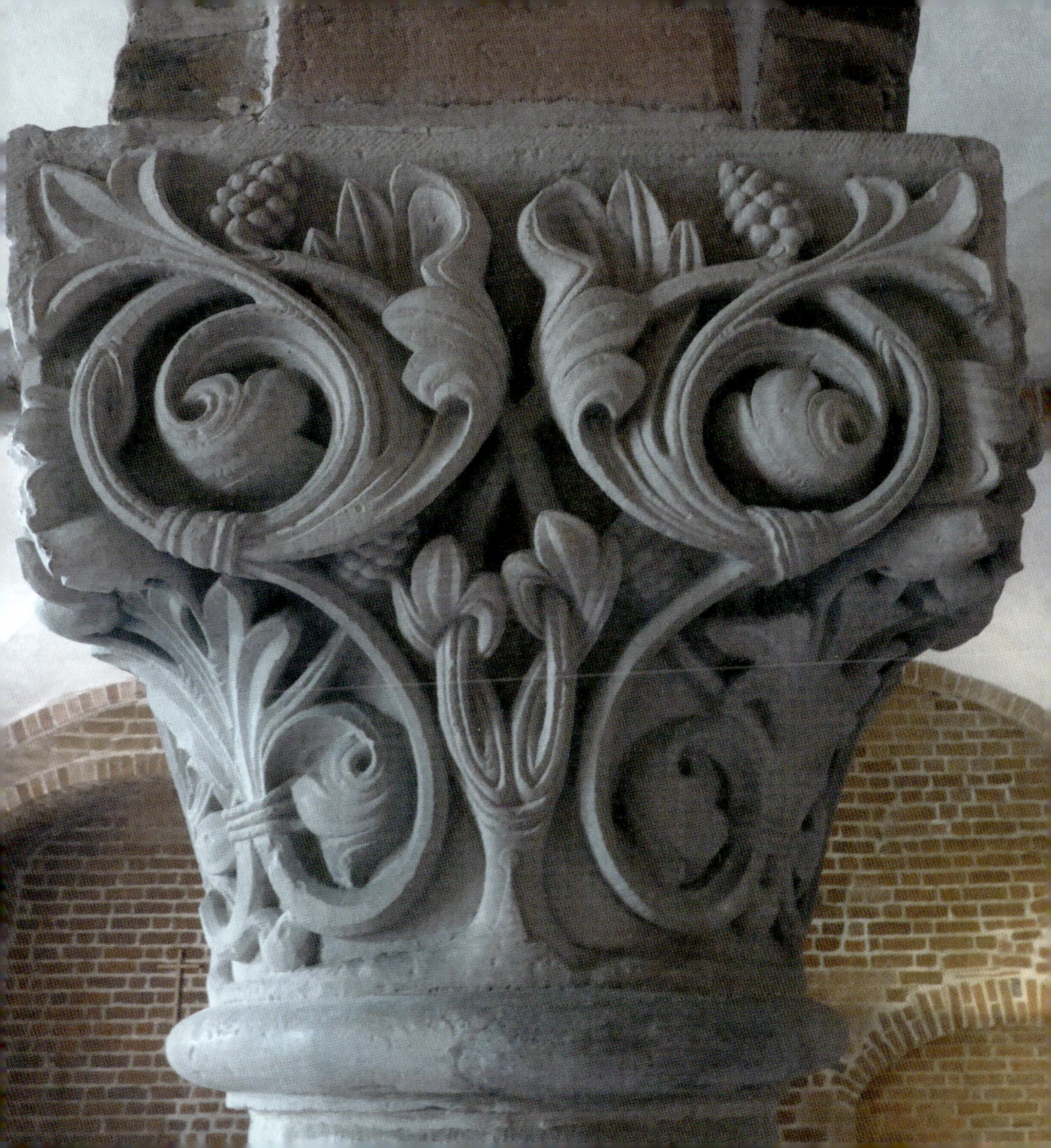

Das soll nun aber nicht heißen, dass die Shyrdaks perfekt symmetrisch sind und deshalb unlebendig aussehen. Hier wird die Symmetrie dadurch gebrochen, dass bei den Randbordüren gereihte Ornamente verwendet werden, die nicht gespiegelt sind und die auch manchmal halbiert enden. Oder der Filz hat nicht ganz ringsherum gereicht und es wird ein Reststück verwendet und angepasst, das bei der Herstellung eines anderen Teppichs übrig blieb. Oft wird auch ein Teil eines alten, kaputten Teppichs eingefügt, der dadurch weiterleben kann und der manchmal ein ganz anderes Muster hat. Auch hier kann das Auge auf Wanderschaft und Entdeckungsreise gehen.

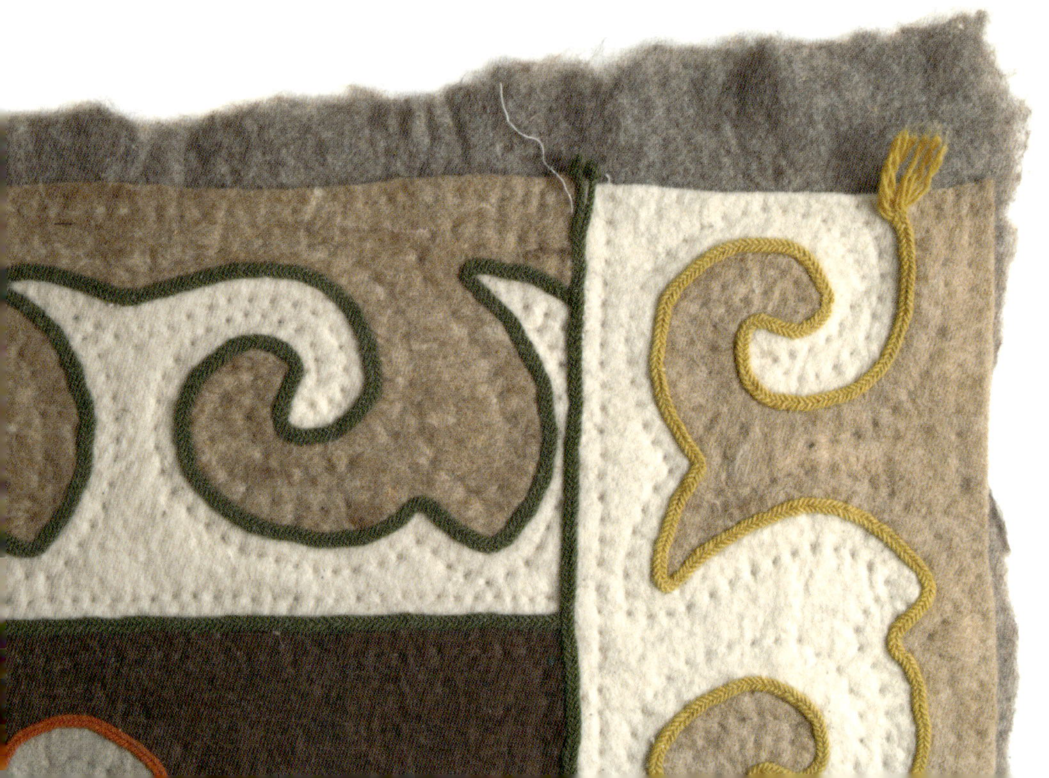

Auf jeden Fall spiegelt diese Mustergestaltung die Wertschätzung für das Material und die investierte Arbeitszeit: der Filz ist so kostbar, dass kein Schnipsel davon weggeworfen wird. Bevor die Menschen Filz aus der Wolle domestizierter und gezüchteter Schafe herstellten, verwendeten sie als Jäger vermutlich Felle und Leder, um sich zu wärmen und zu kleiden und für mobile Behausungen. Tierhäute und -felle waren ebenso kostbar und vielleicht liegt hier der Ursprung dieser Formgebung. Näht man aus Häuten eine größere Fläche zusammen, ohne Teile wegschneiden zu wollen, können die Ausbuchtungen der Beine ineinandergreifend zusammengefügt werden – eine wellenförmige Naht entsteht. Im Buch „Filzkunst-Tradition und Experiment" ist ein türkischer Hochzeitsteppich abgebildet, der zwei solche ineinandergreifende Häute darstellt. In diesem Fall stehen sie auch symbolisch für die beiden Brautleute und die Verbindung, die sie miteinander eingehen. Aus solch einer Wellenlinie könnten sich dann auch kompliziertere Linien- und Nahtverläufe entwickelt haben, die ineinandergreifen. Der Bildband „In the land of the reindeer" enthält Beispiele von Bekleidung sibirischer Völker, die mit Leder- und Pelzmosaiken verziert sind, denen die gleichen Gestaltungsregeln zugrunde liegen und die den Filzornamenten ähneln (siehe Zeichnung).

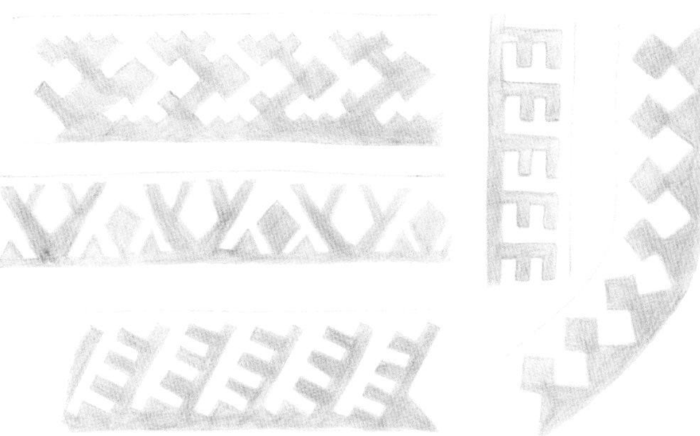

Es gibt in unserem Haushalt einen unfertigen Shyrdak: Robert hat auf einem Filzertreffen im Workshop bei István Vidák das zentrale Ornamentmotiv entworfen und den Anfang mit einem grauen Industriefilz und einem selbst hergestellten dunkelbraunen Handfilz gemacht, ich habe später noch ein Ornamentband als Rahmen hinzugefügt. Für die Rückseite habe ich einen Filz aus grauer Bergschafwolle benutzt, was sich als Fehler erwies, weil man so von den gesteppten Nähten, die den Formen auf der Vorderseite folgen, kaum etwas sehen kann (was sehr schade ist). Für die Kordeln haben wir farbige Wollgarne verwendet. Unfertig ist der Teppich bis heute, weil die Abschlusskante am Rand, den ich auch nie gerade geschnitten habe, fehlt. Als mich Hans einmal fragte, für welches meiner Filzobjekte ich am meisten Zeit gebraucht habe, nannte ich als Beispiel diesen Teppich. Wir benutzen ihn trotzdem und er ist erstaunlich robust. Nur die Kordeln lösen sich stellenweise, weil ich, um Motten und Pelzkäfern keine Chance zu lassen, regelmäßig mit dem Staubsauger darüber gehe.

Filztechnisch mache ich ja auch ganz andere Sachen, die ebenso spannend sind und sich weiterentwickeln. In den letzten Jahren standen trotz allem immer wieder diese Ornamente im Mittelpunkt und haben mich regelrecht vereinnahmt. Sie sprechen eine ganz eigene (Formen-)Sprache und werden traditionell „…sehr spontan und ohne Vollkommenheitsanspruch" eingesetzt. So hat es Katharina Thomas einmal formuliert und besser kann man es nicht beschreiben.
Unsere Reise in die zentralasiatischen Steppenländer steht bisher aus, weshalb ich nur wenige Originale zu Gesicht bekam. Auch habe ich noch nie in einer richtigen Jurte übernachtet. Unser Nomadentum beschränkt sich auf den Wechsel zwischen Mansarde und Sommerküche – im Frühjahr nach draußen und im Herbst wieder rein – und gelegentliche Zelturlaube.
Der Großteil meiner Informationen stammt aus Berichten, Büchern und Ausstellungen und ich erhebe keinerlei Anspruch auf Vollständigkeit.

Ich habe viel gezeichnet, geschnitten, gefilzt, wieder geschnitten, genäht und gestickt und bin dem Bedürfnis, dies (mit) zu teilen mit einer Serie Filzkurse gefolgt. Zuletzt habe ich versucht, manche Formen auch als Reliefs oder sogar als dreidimensionale Figuren zu filzen. Den aktuellen Stand zeigen wir nun mit diesem Buch. Viel Spaß!

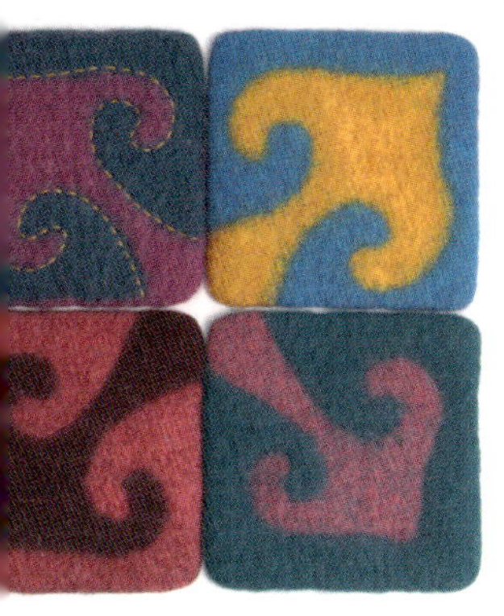

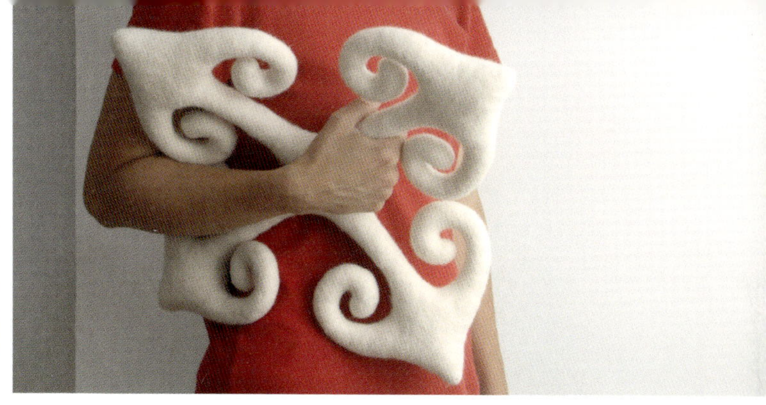

Meine Erkenntnisse haben den Moment ihrer Entstehung Bestand.
Und die Dauer des Prozesses.
Ich will Genauigkeit,
es gibt nur die Metaphorik,
dann Vanille bitte, stimmt so.
Das Rad ist noch dasselbe aber der Weg ist mir neu.

Robert

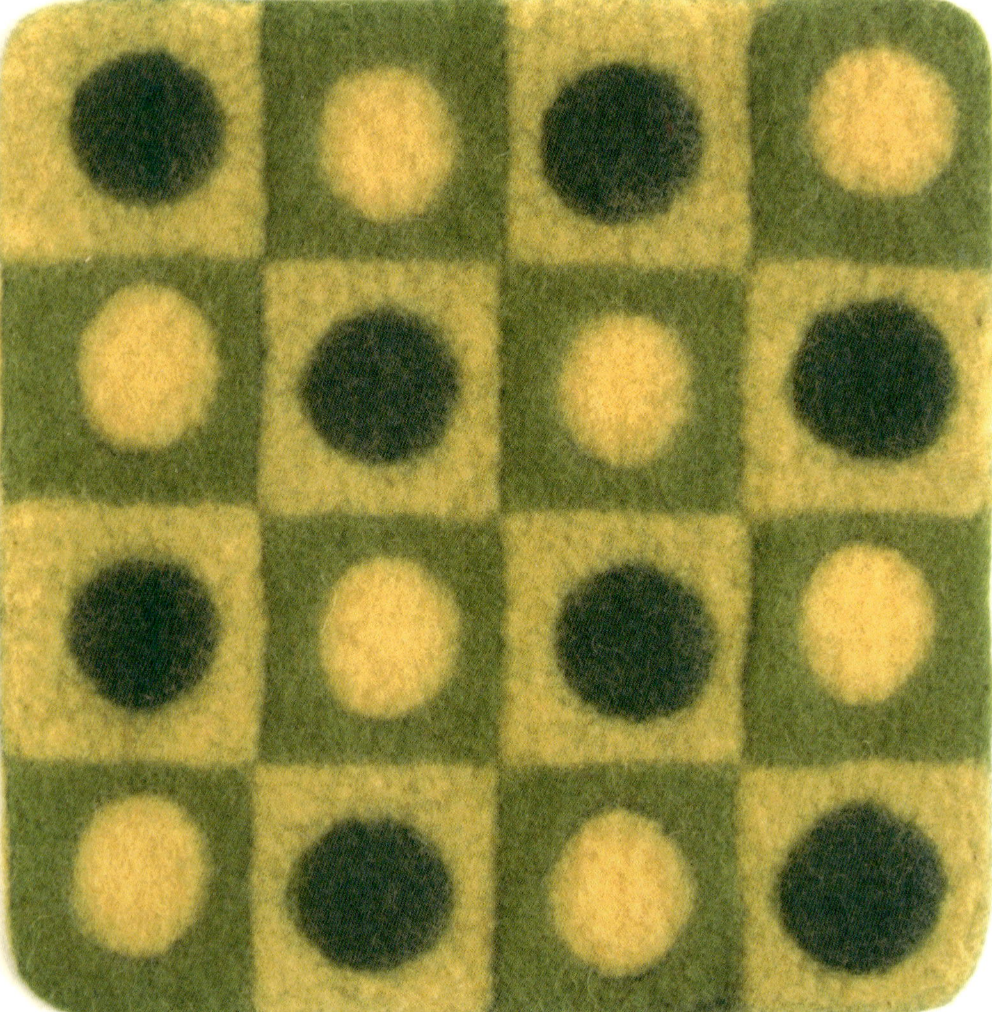

Ornamente ordnen

Ein Ornament ist eine Schmuckform und dient beispielsweise der Verzierung von Gebrauchsgegenständen oder Architektur. Das kann barock-üppig sein oder aber auch ganz schlicht ein Quadrat oder ein Kreis.

Ornamente können einzeln verwendet werden, wie beispielsweise auf einem Wappen, in Form eines verschnörkelten Monogramms oder als Logo. Im Relief oder dreidimensional kann aus der Schmuckform ein Schmuckstück werden.

Links: Schachbrettfilz **Blumenwiese**
Unten: Schmuckstück **Narzisse**

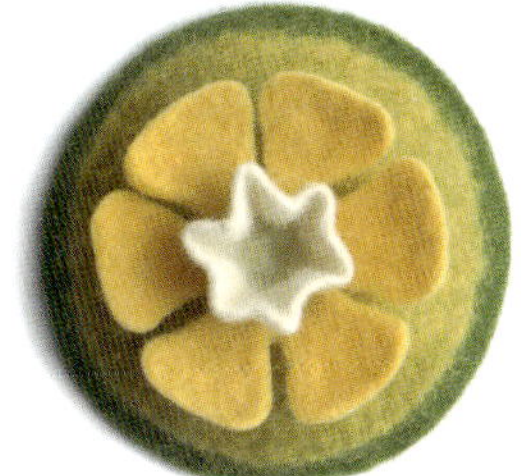
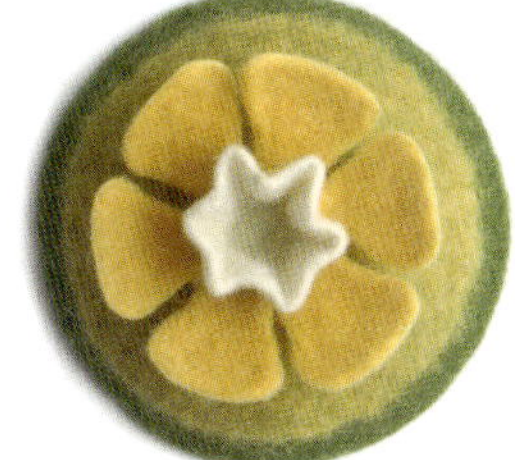
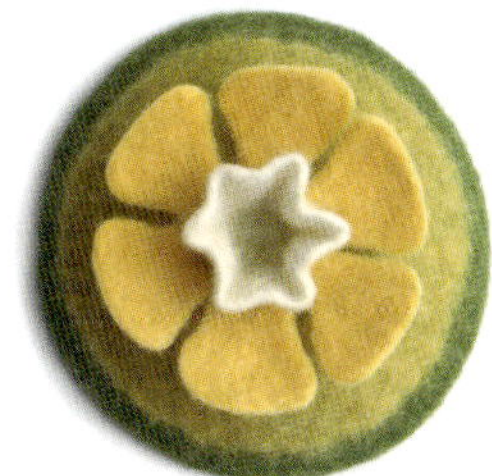

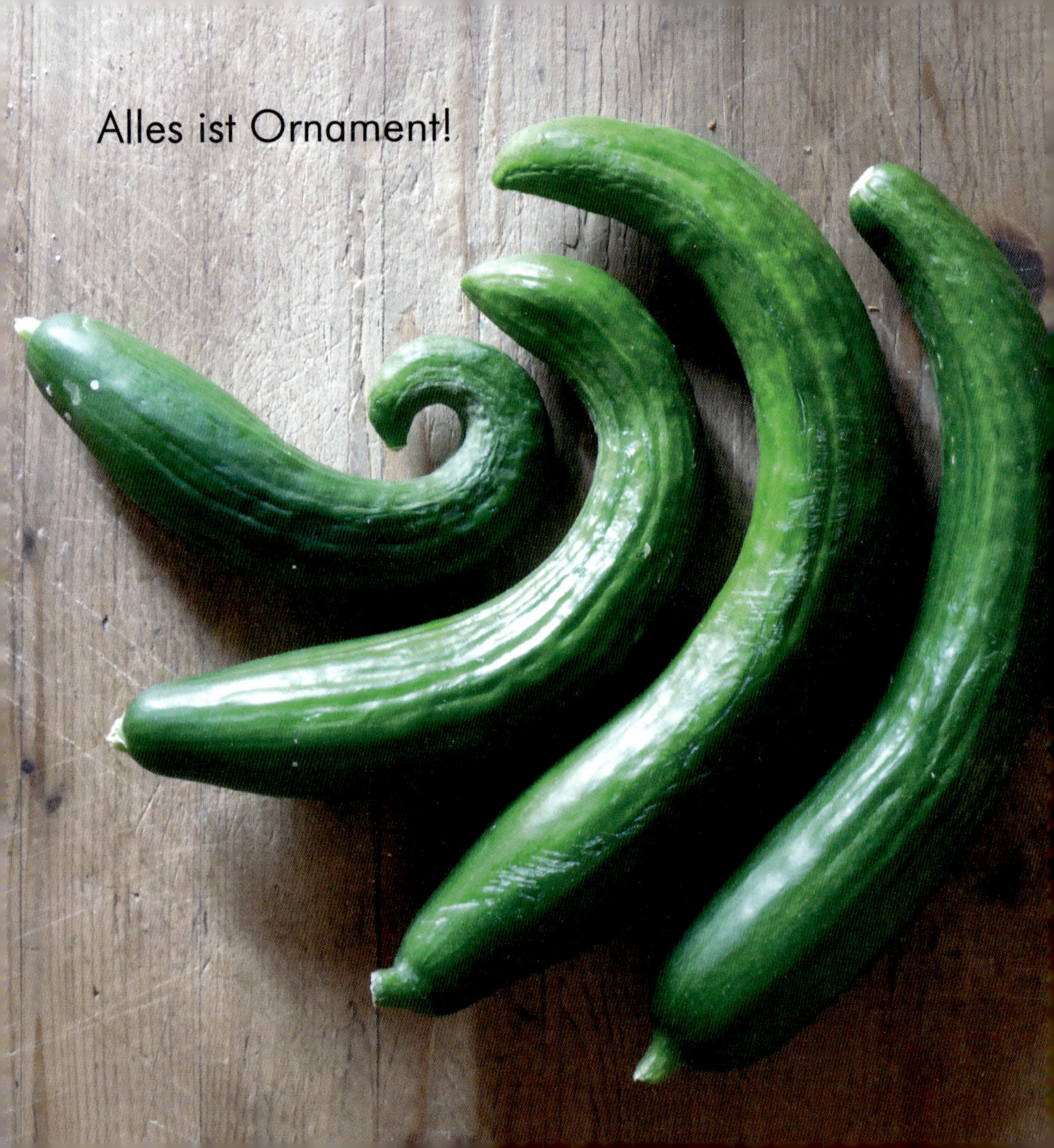
Alles ist Ornament!

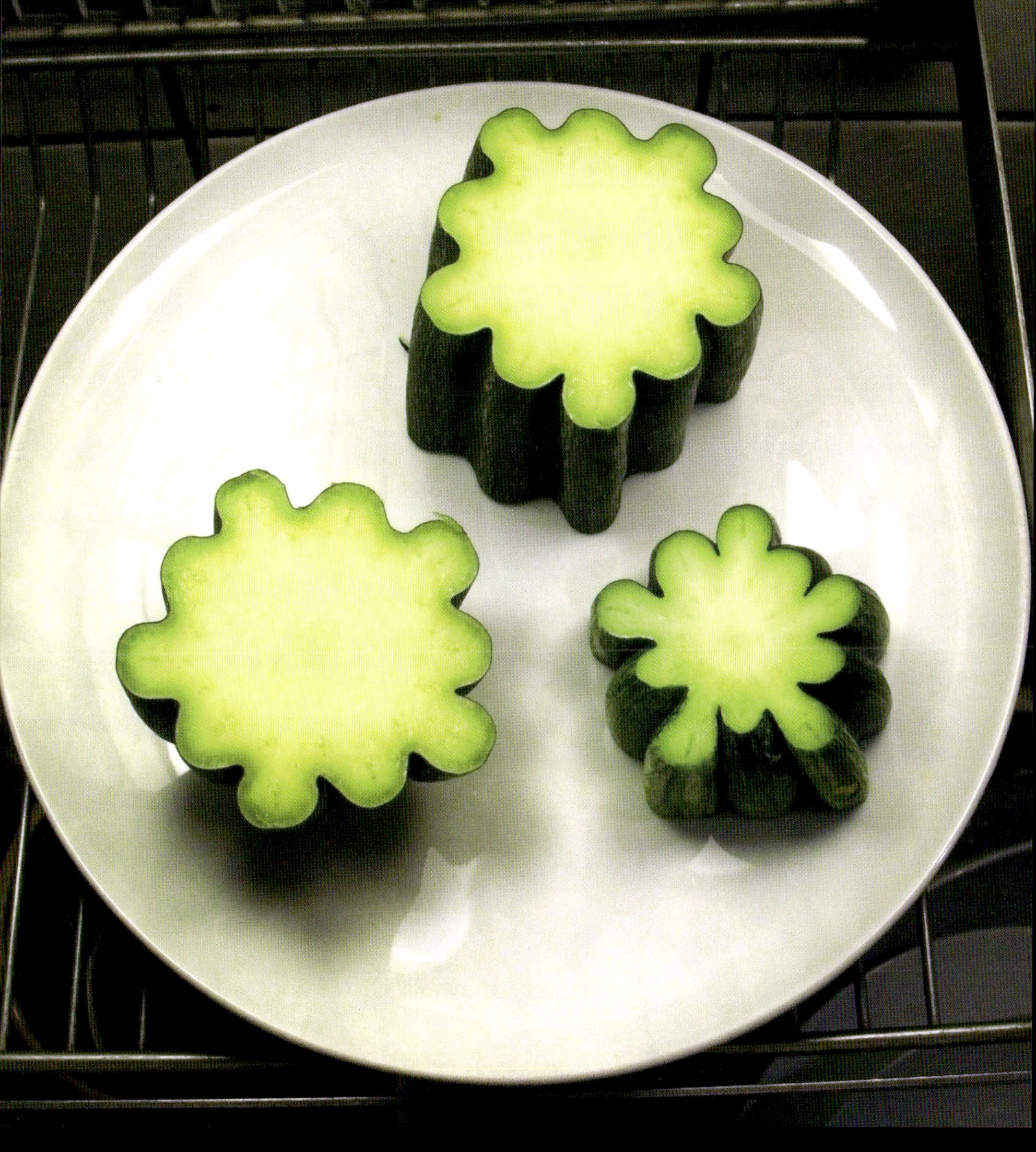

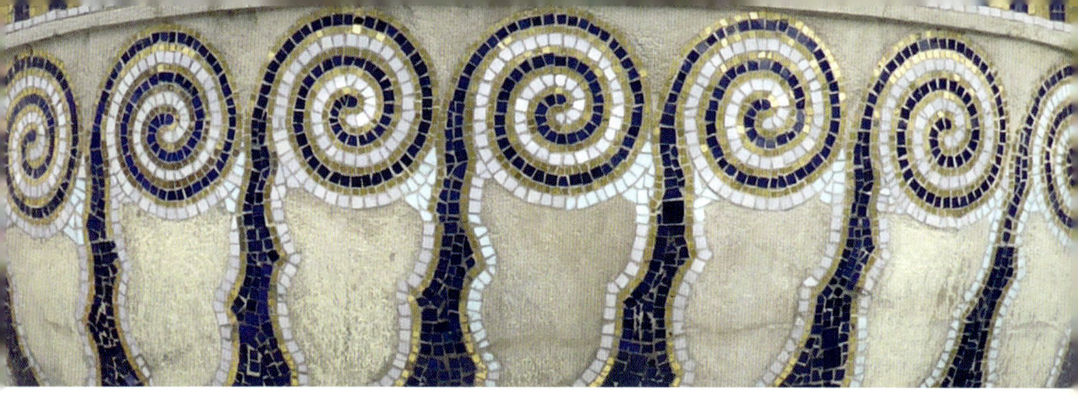

Ornamente können gereiht werden, um ein Band zu bilden, unter anderem als Abschlusskante für ein Stoffmuster, als Zierborte oder -kante an Möbeln und Architektur und im Fall der asiatischen Filzteppiche als Rahmen um das zentrale Muster. In der Natur finden sich Entsprechungen zum Beispiel in der Anordnung von Blättern an einem Zweig.

oben: Spiralmotive, Mosaik auf einem Blumenkübel, Wien
rechts oben: Kreuzförmige Stempelverzierung auf Keramik
rechts: Wellenband, *Filz-Scherenschnitt*
rechts daneben: Laubsägearbeit an einem Zaun
unten: Blasenesche, *koelreuteria paniculata*

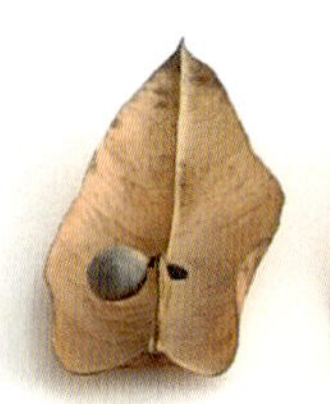
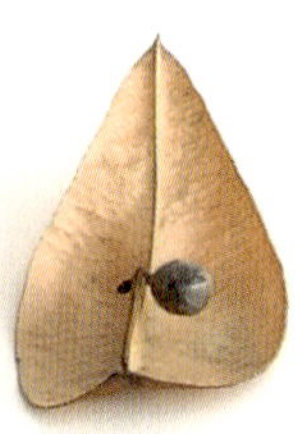
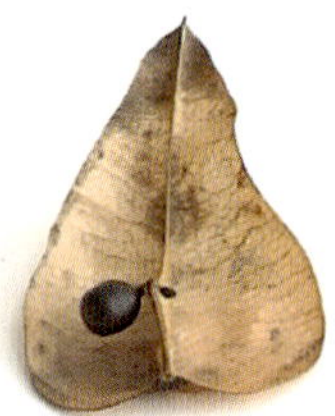
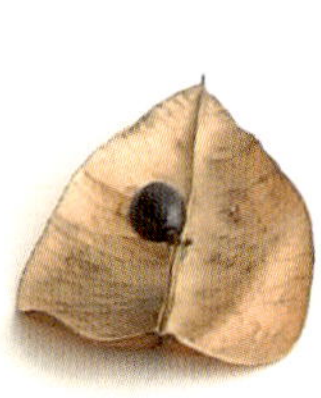
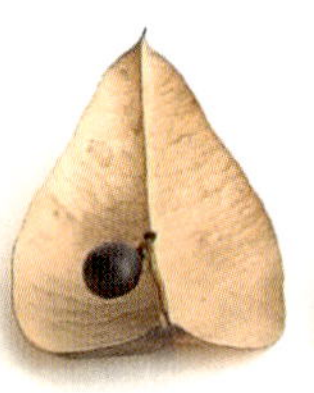
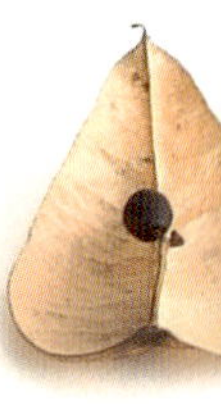

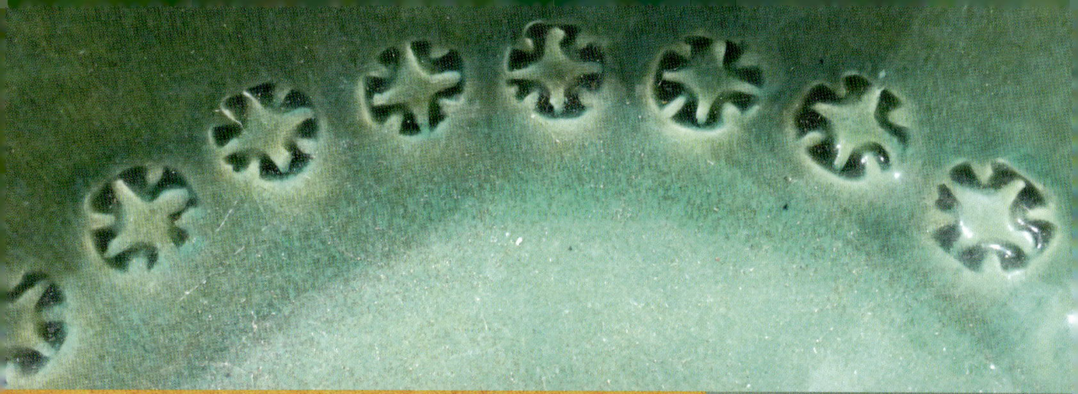

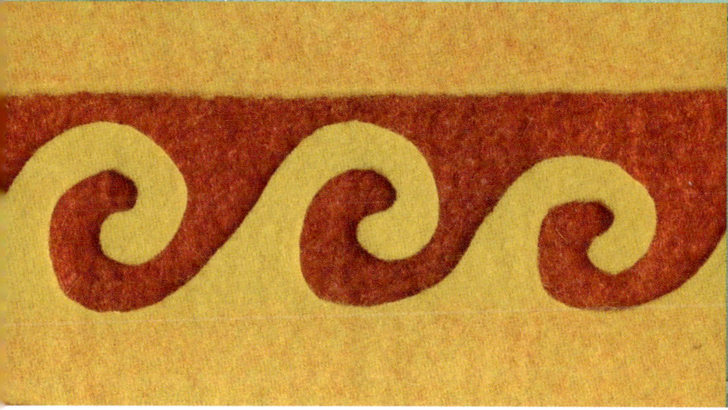

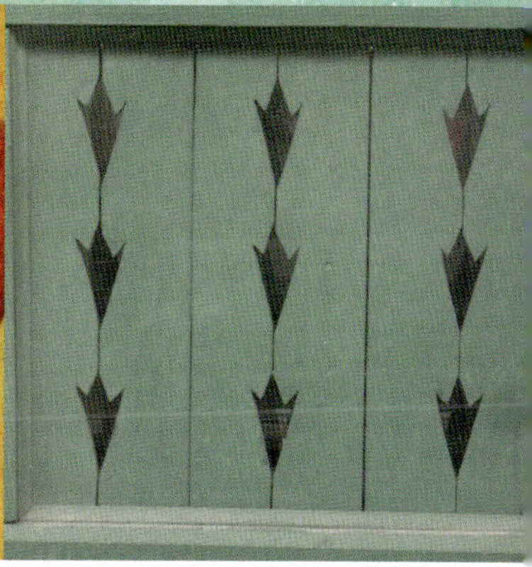

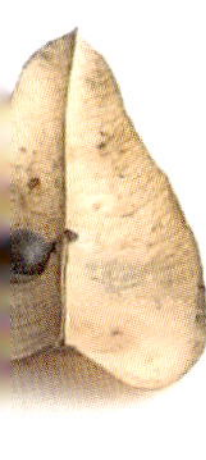
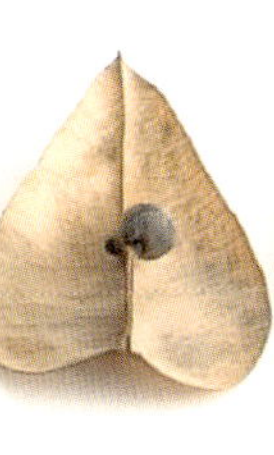
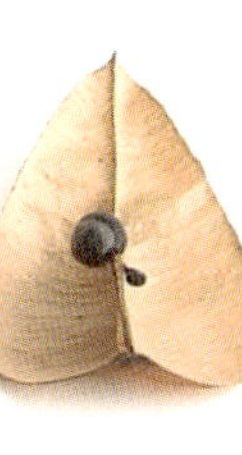
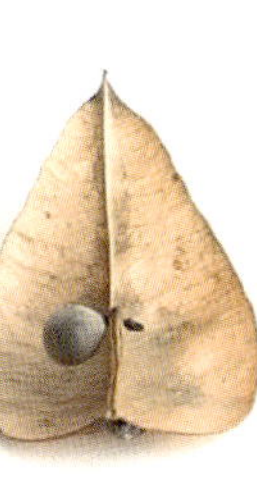
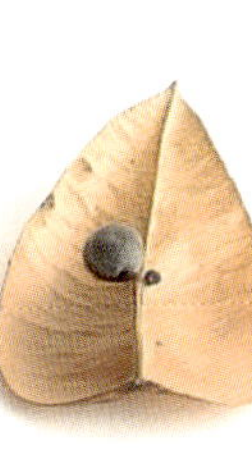
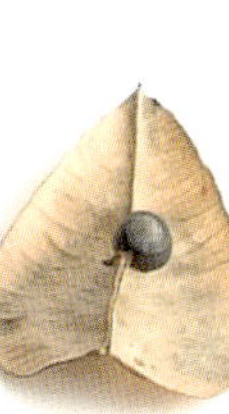

Ornamente können **gespiegelt** werden (hilfreich ist hier beim Entwurf der Scherenschnitt) und bilden dann eine symmetrische Schmuckform, die einzeln verwendet oder wiederum gereiht werden kann. In der Natur kommt die Spiegelung häufig vor, denken wir an einen Schmetterling, aber auch die Mittelachse durch unseren menschlichen Körper.

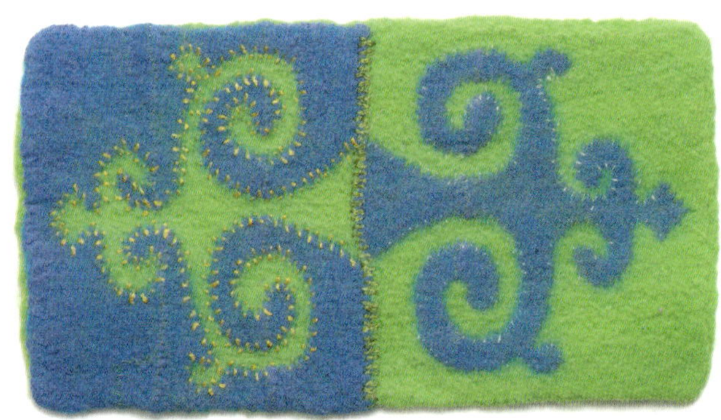

Studien:
Spiegelung
2015
Sternenbaum
2013

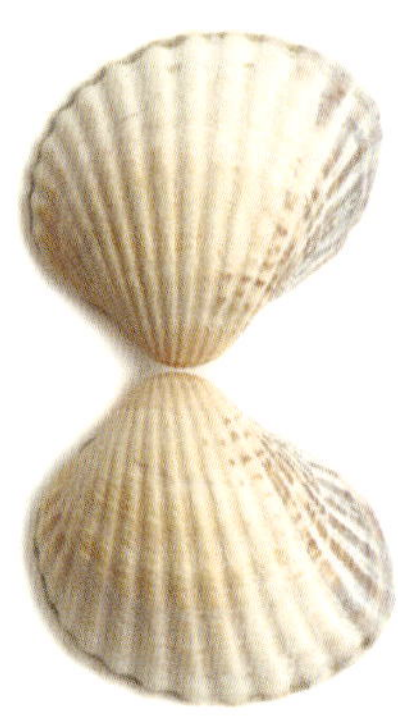

Schmetterling
2017
Bergschafwolle
Merinowolle
Schattenfilz

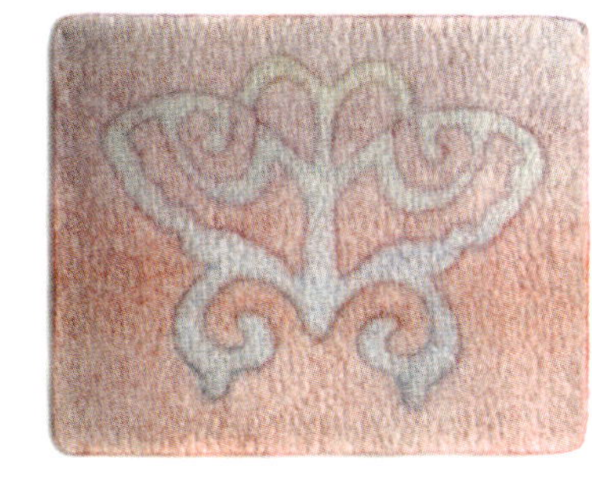

Bodenmosaik
Halle/Saale

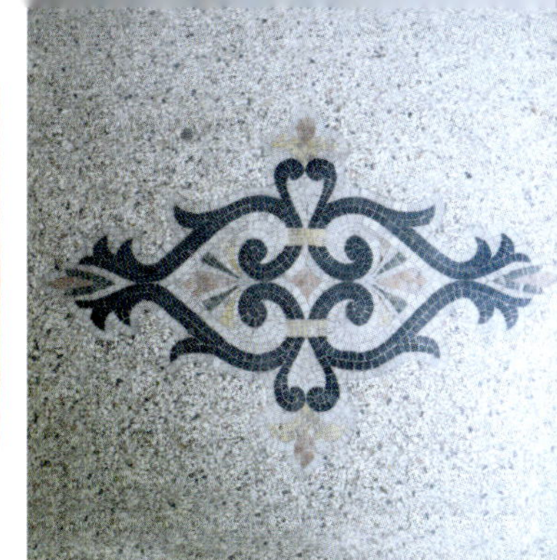

Elch
2014
Merinowolle
Zwillingskissen
Schattenfilz

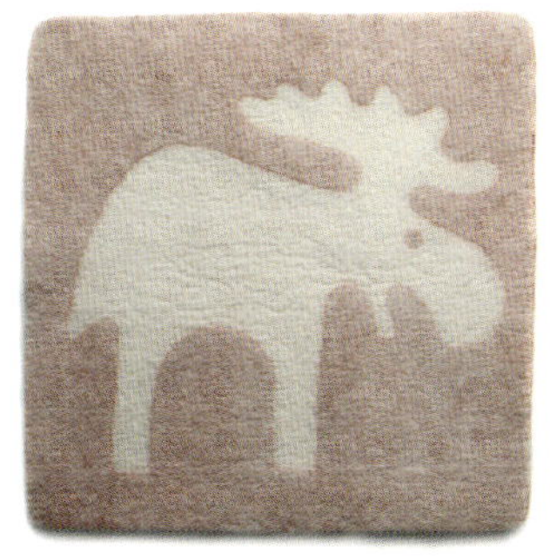

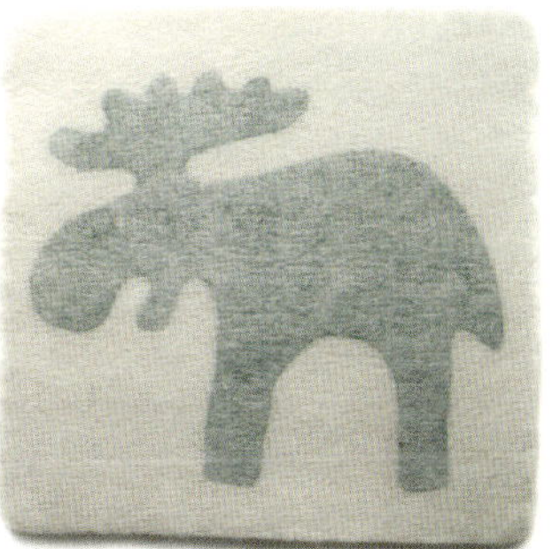

Trinkflasche, Portugal
Fundstück vom
Flohmarkt in Sevilla

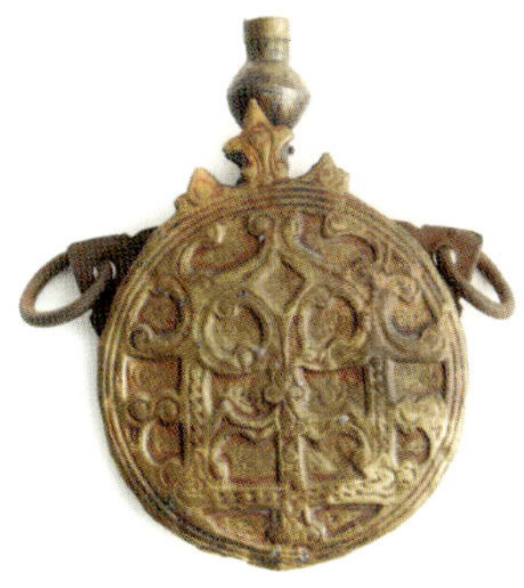

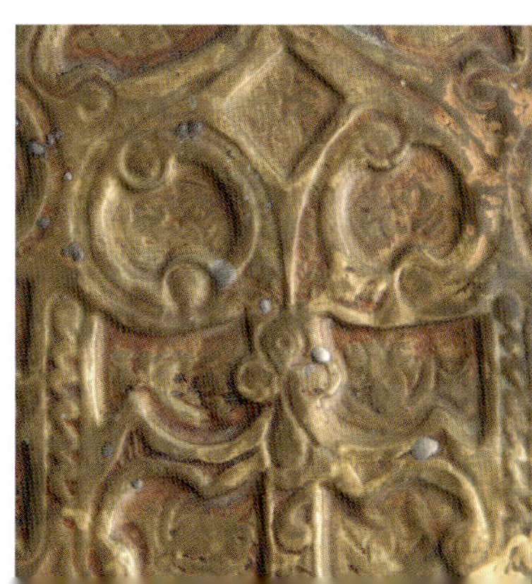

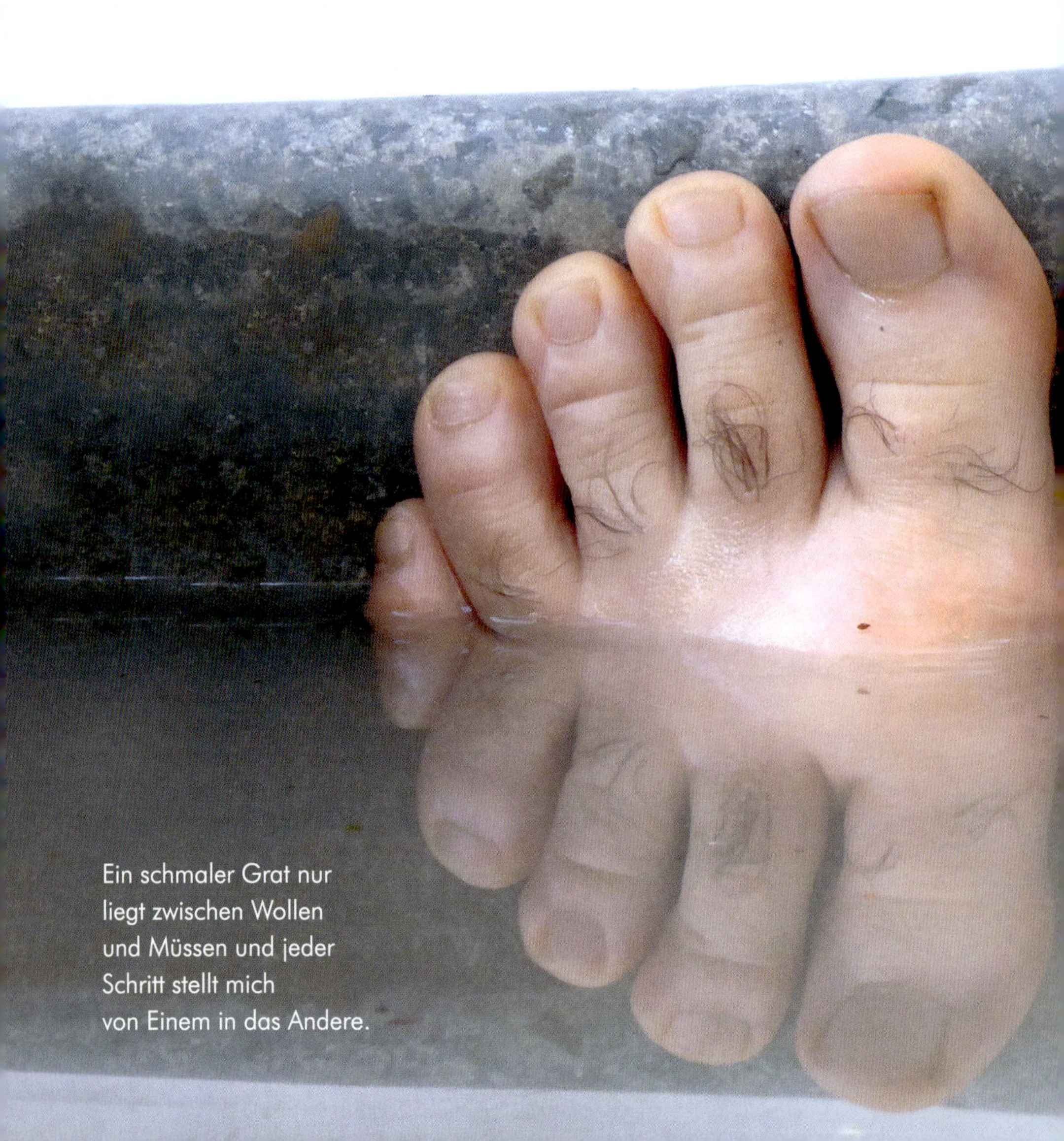
Ein schmaler Grat nur
liegt zwischen Wollen
und Müssen und jeder
Schritt stellt mich
von Einem in das Andere.

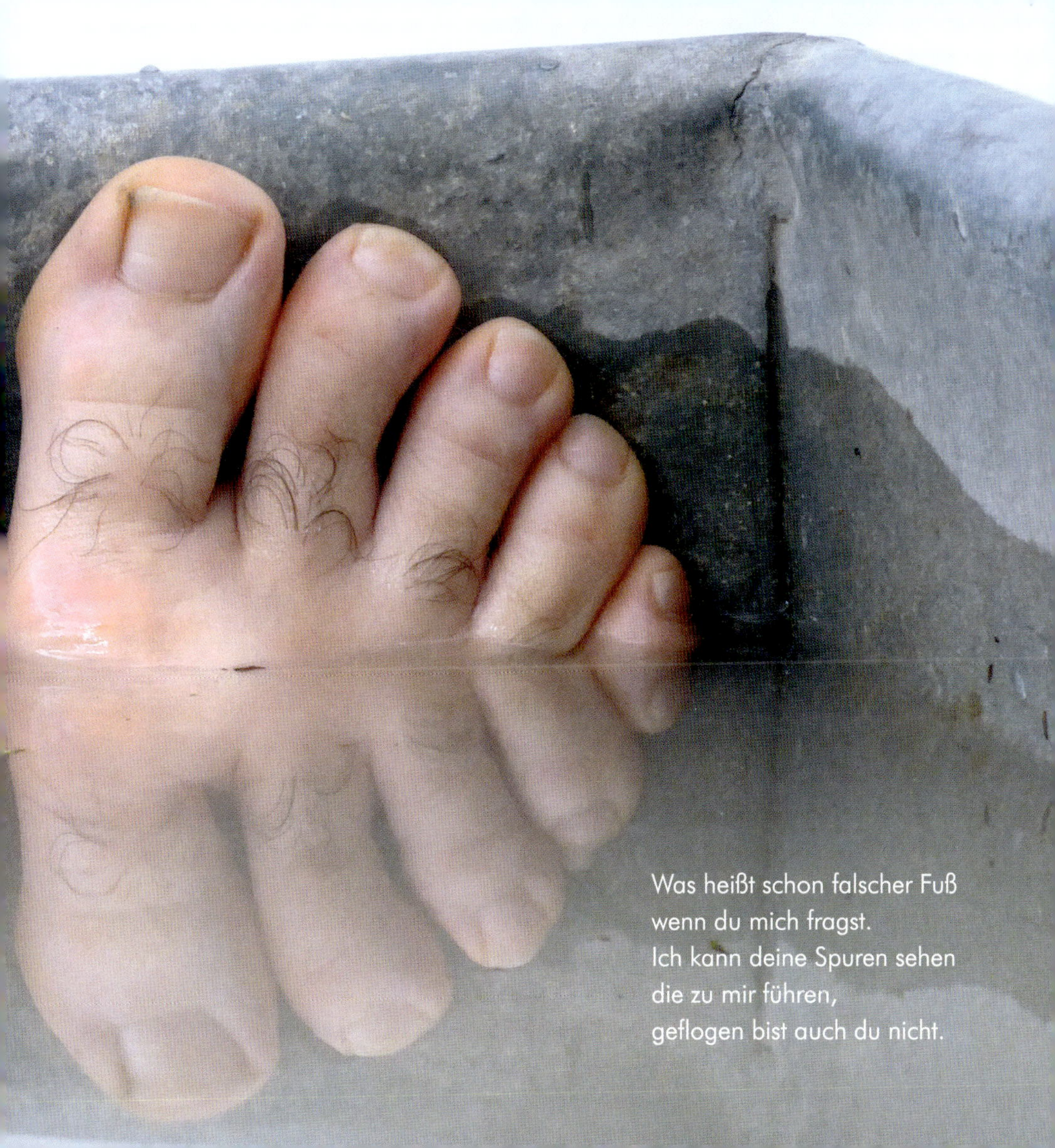

Was heißt schon falscher Fuß
wenn du mich fragst.
Ich kann deine Spuren sehen
die zu mir führen,
geflogen bist auch du nicht.

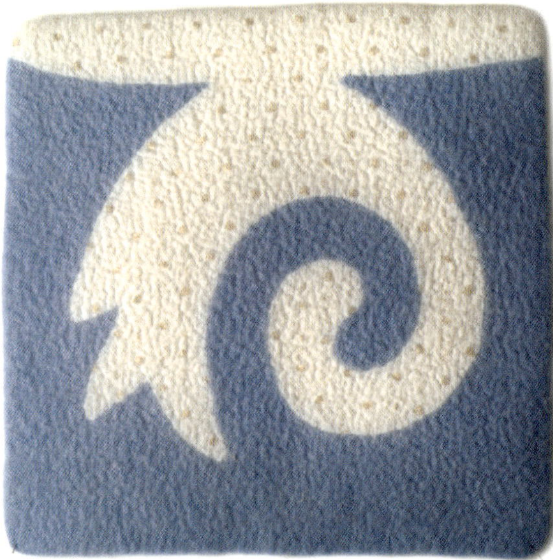

Ornamente können **gedreht** werden (auch: punktsymmetrische Rotation). Dies finden wir in der Natur beispielsweise bei der Anordnung von Blütenblättern der Sonnenblume und anderer Korbblütler. Gedrehte oder gespiegelte Formen bilden meist das zentrale Motiv asiatischer Filzteppiche.
Ich verwende sie gern für die Zwillingskissen.
Die Drehung im Speziellen, wenn ich einseitig gemusterte Vorfilze benutze, da im Falle einer Spiegelung die ungemusterte Rückseite nach oben zeigen würde.

links: **die schlafende Taube**
2015, Bergschafwolle, Merinowolle, Spitzenstoff
Zwillingskissen

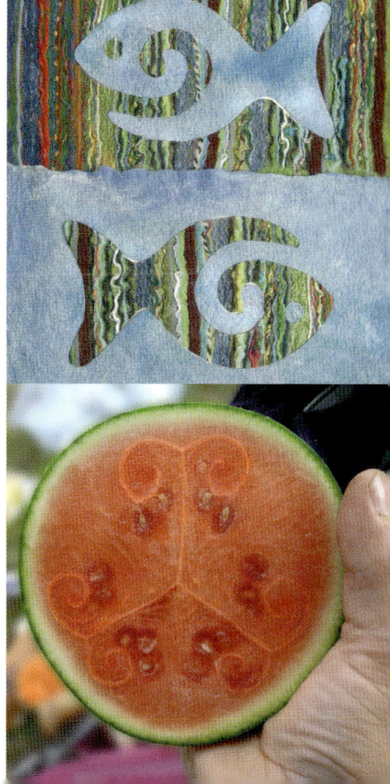

Ornament-Fisch
2015, Merinowolle, Seide, Garne
vor dem Zusammennähen

Zufallsfund beim Picknick:
spiralige Wachstumsstrukturen im Fruchtfleisch einer Melone, punktsymmetrisch angeordnet

Ornamente können **frei** (z.B. als Streublümchen) oder **im Raster** auf einer Fläche angeordnet werden. Diese Fläche kann begrenzt sein oder sich im Rapport wiederholen.

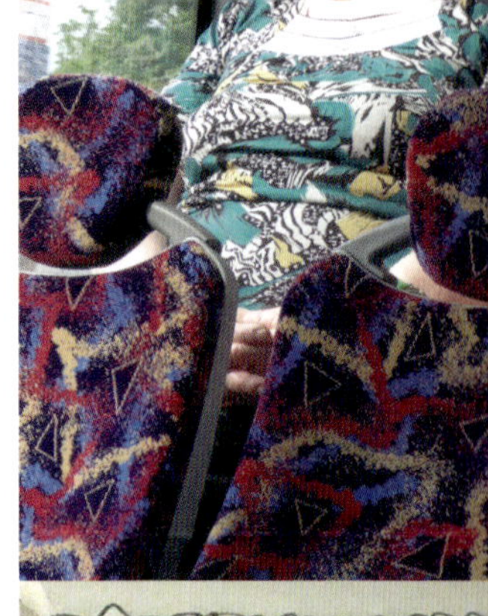

oben rechts: **Mustermix**
rechts: florale Ornamente auf einer begrenzten Fläche
unten: Streublümchen
unten rechts: Spiralformen, frei auf Backblech angeordnet

rechte Seite: **Goldfisch**
2016, Spiralformen, als fortlaufende Linie auf Filz gestickt (die gelbe Form ausfüllend)

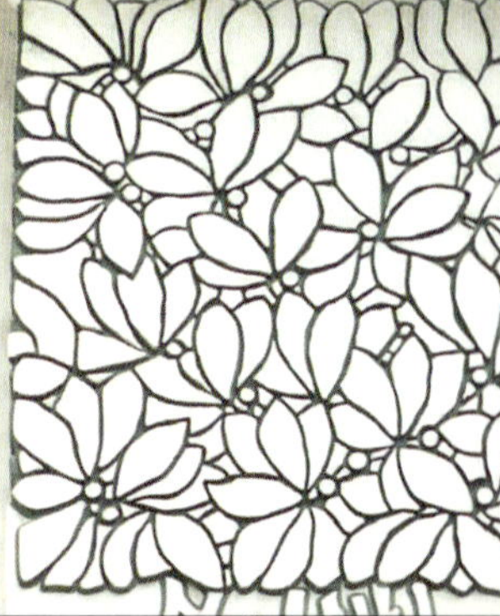

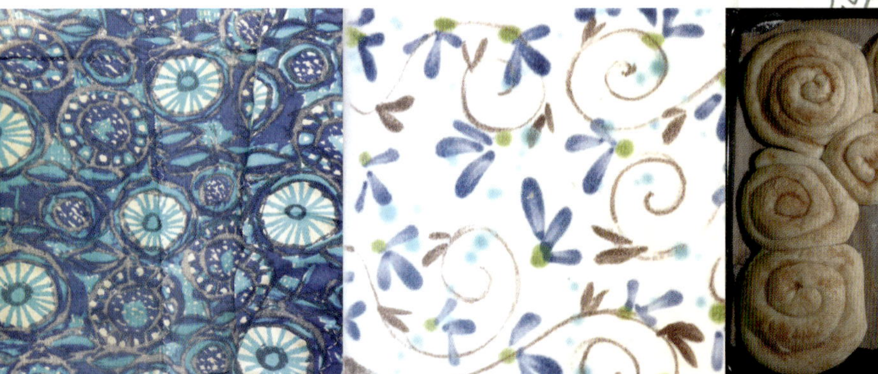

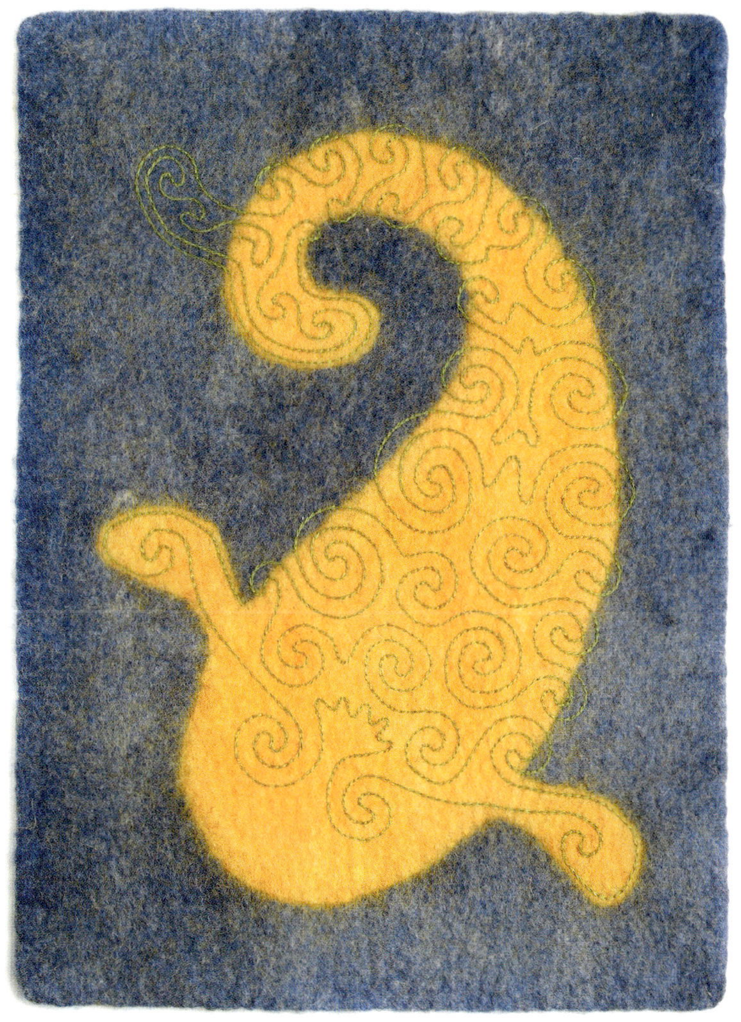

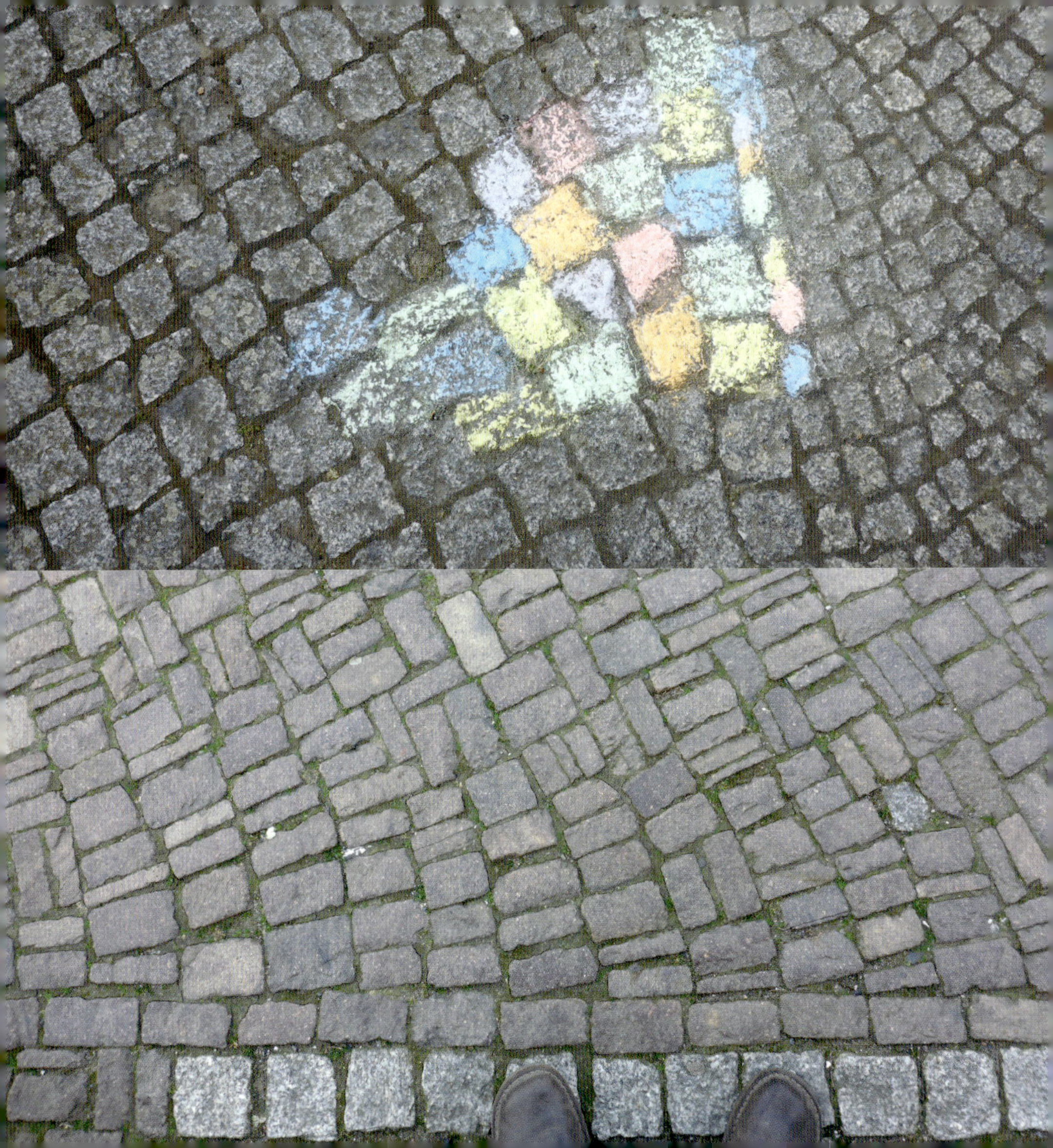

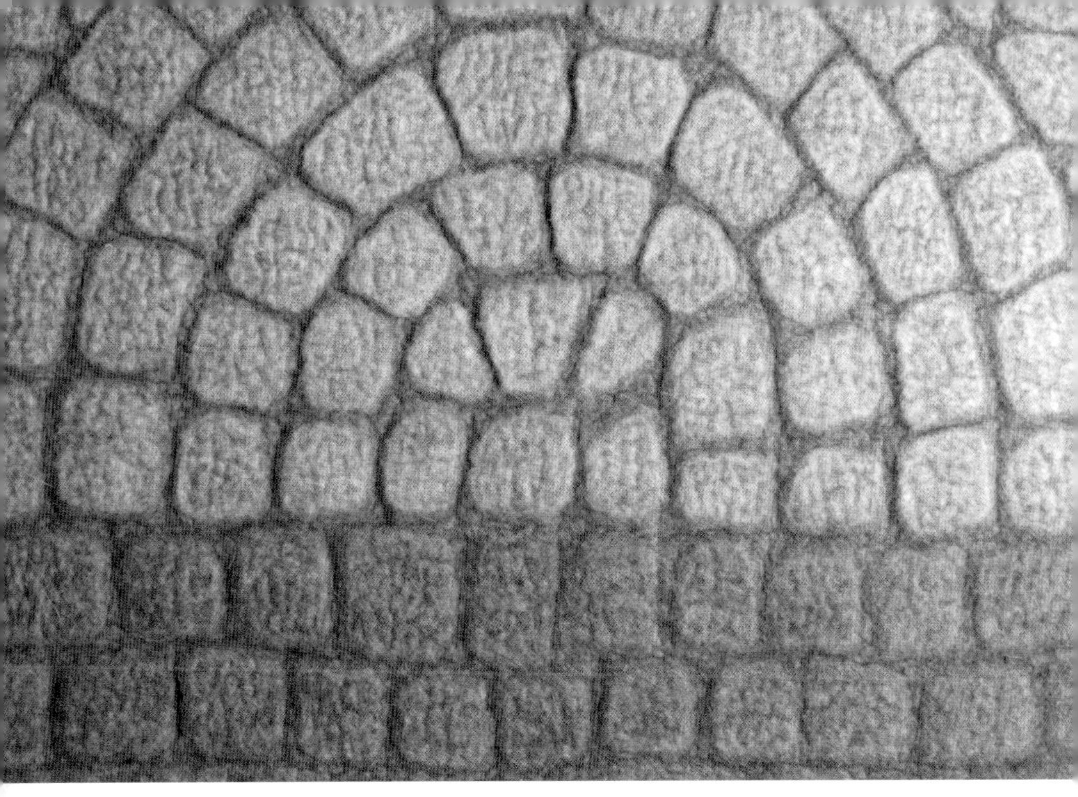

spielende Quadrate im Raster:
Pflastersteine in der Fläche angeordnet

oben: **Pflasterteppich**
2017, Bergschafwolle, Merinowolle, Karakulwolle, *Relief*

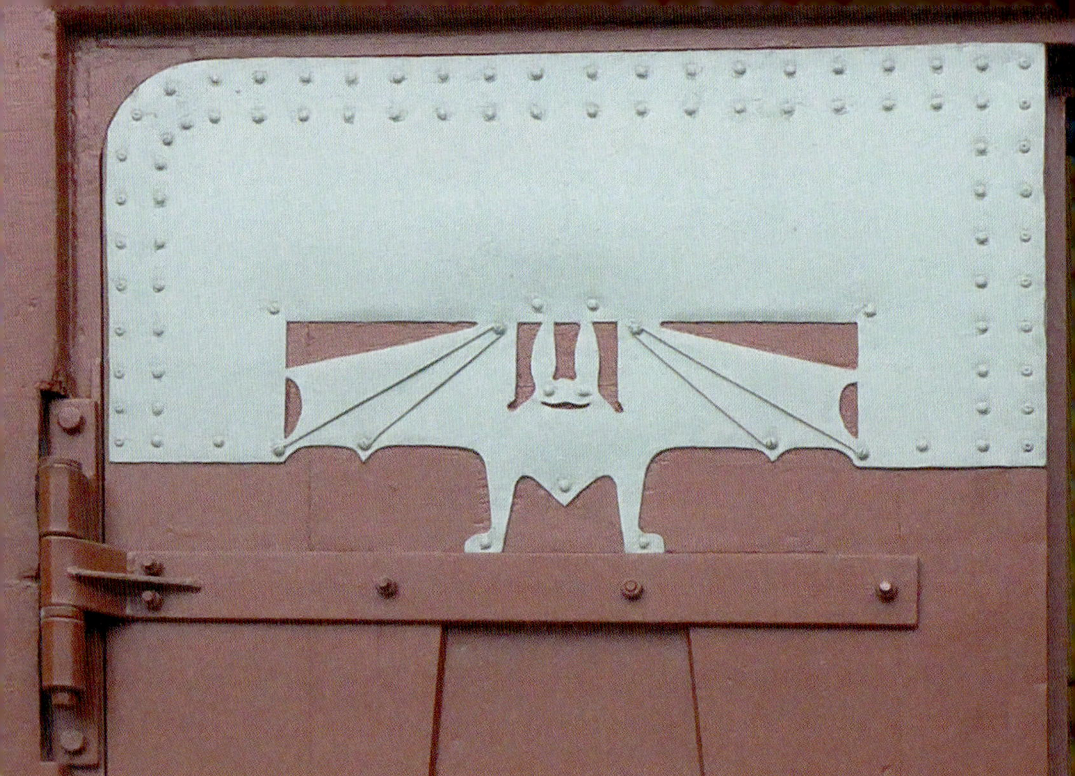

Ornamente im Relief:

oben: Markthalle, Kuopio/Finnland
rechts: Secession, Wien

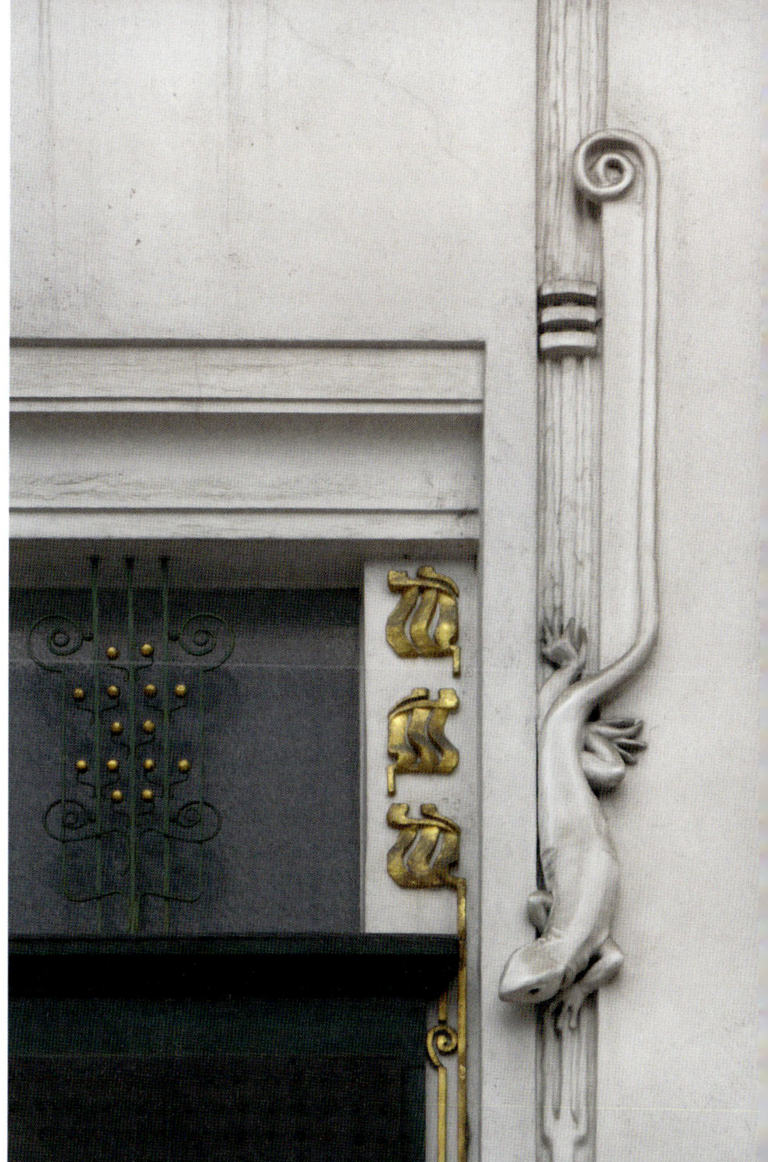

Paisley und Ornamentierchen

Das tropfenförmige Ornament ist nach der englischen Stadt Paisley benannt. Dorthin ist es im 19. Jahrhundert mit indischen Schals und Stoffen gekommen, die so groß in Mode kamen, dass man begann, sie in Großbritannien, eben in Paisley, zu produzieren. Damals war das günstiger als die Stoffe in Massen aus Indien zu importieren. In Indien liegt der Ursprung des Motivs aber auch nicht, sondern in Persien. Dort ist es als florales Ornament entstanden (Boteh-Muster) und dann nach Indien gewandert.
Mich erinnert es auch ein bisschen an ein Pantoffeltierchen, weshalb ich ein Ornament-tierchen daraus gemacht habe, ein fischähnliches kleines Wesen, das aus meiner Phantasie in den Filz schlüpft.

Pantoffeltierchen
rechts: Kiwi mit „Wachstumsstörung"

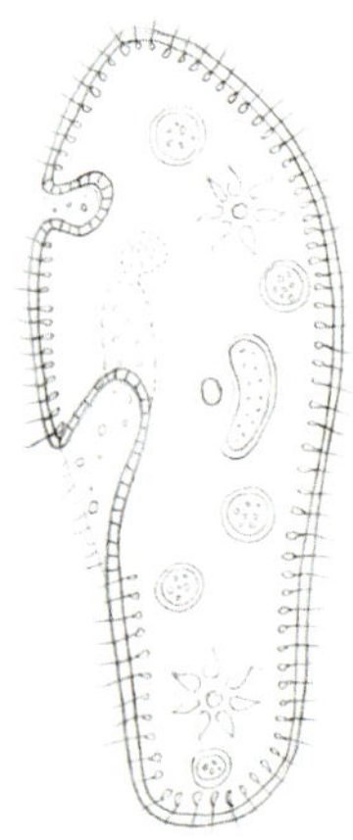

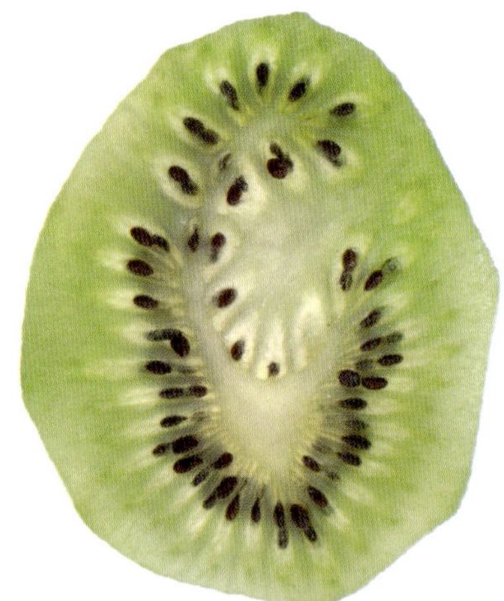

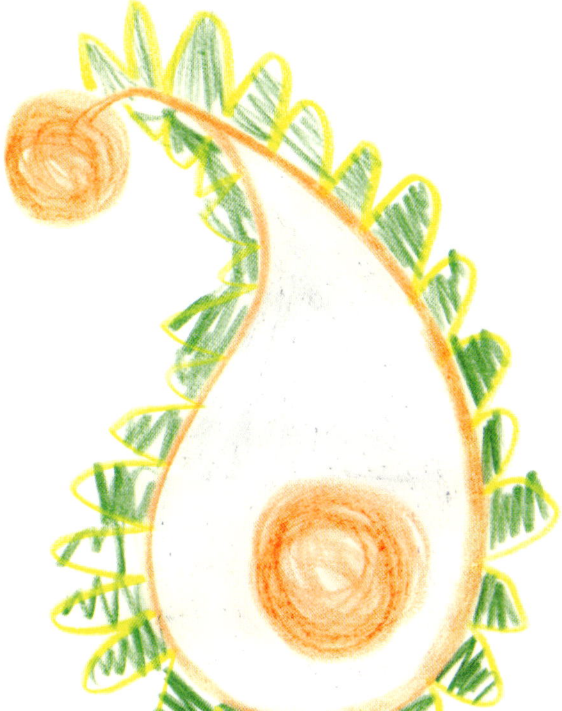

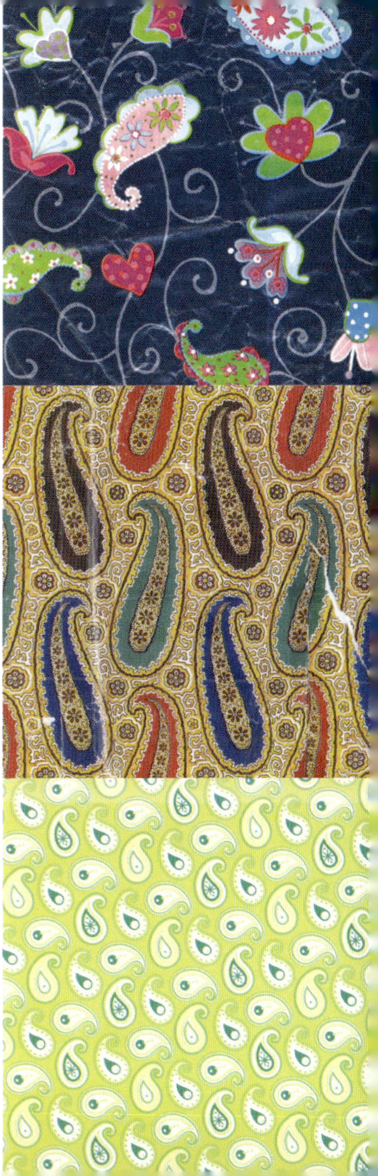

oben: „Ultrakosmisches Plasmaschneetier"
Zeichnung von einer Freundin, 2008
rechts: (gebrauchte) Geschenkpapiere
mit Paisley-Mustern

eine Geschichte.

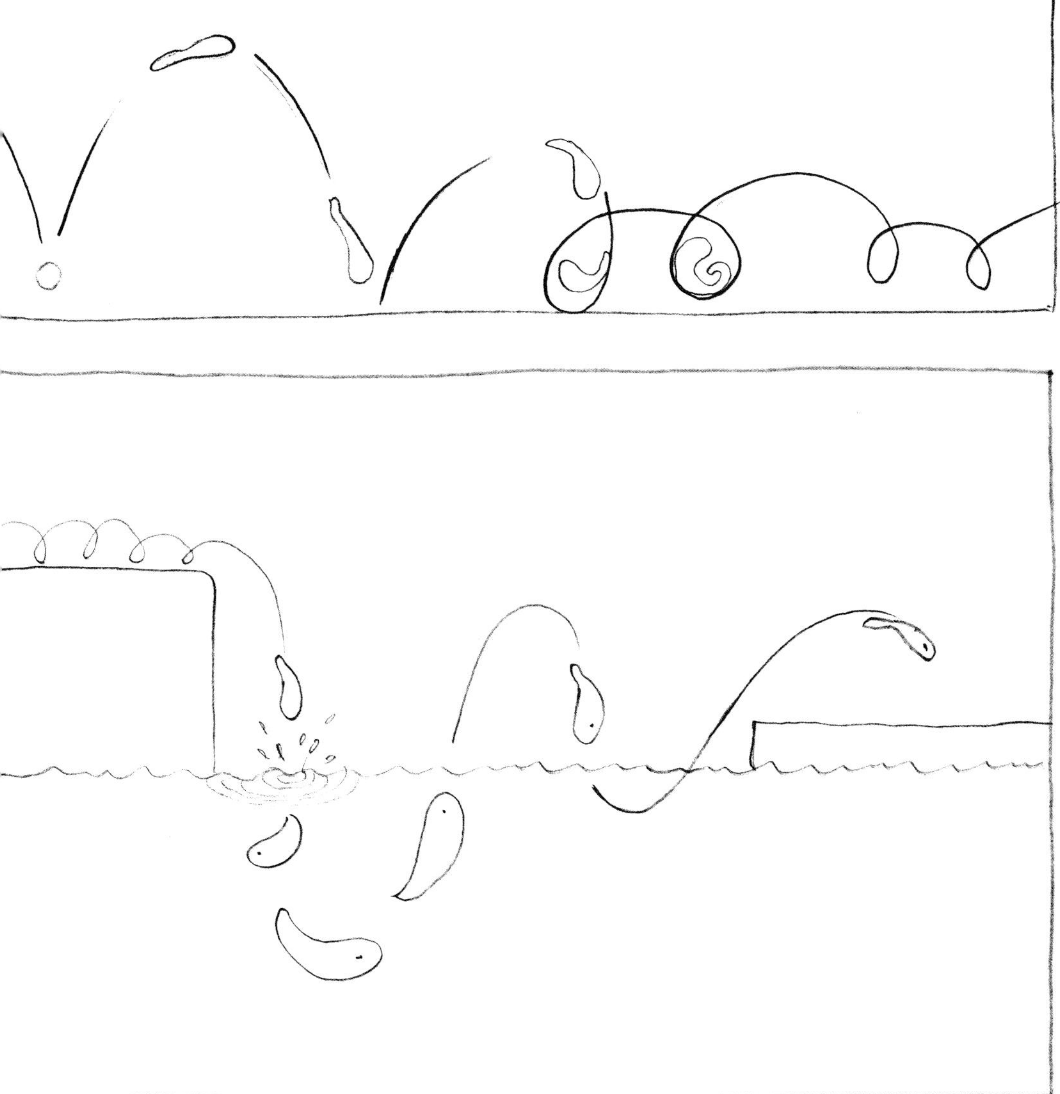

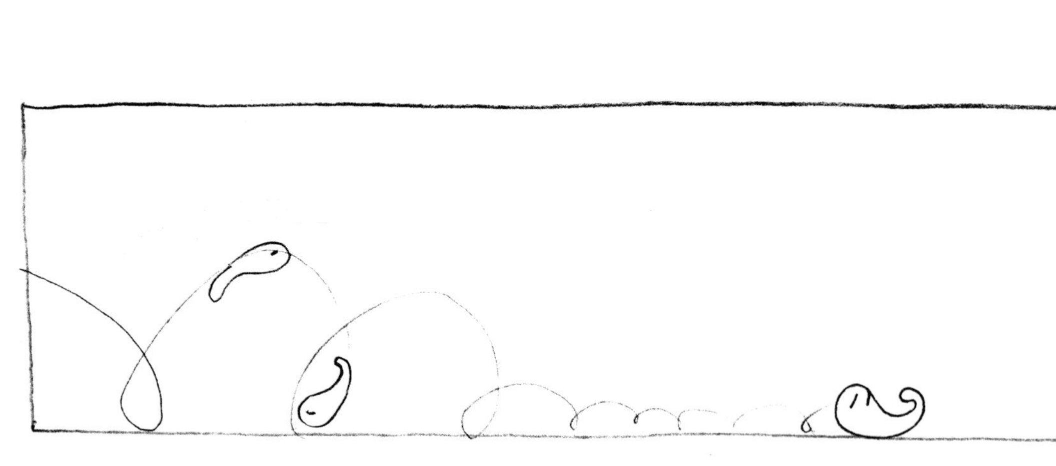

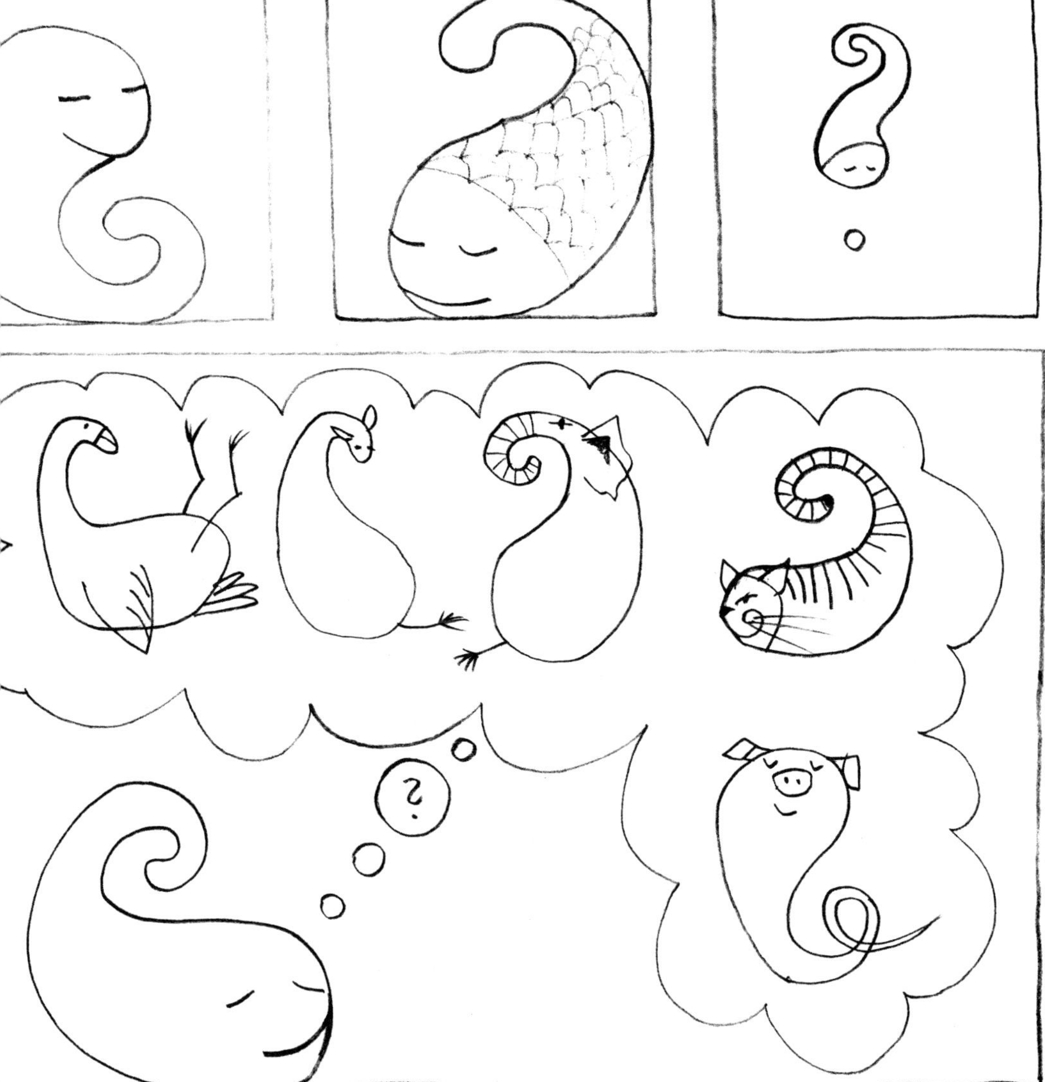

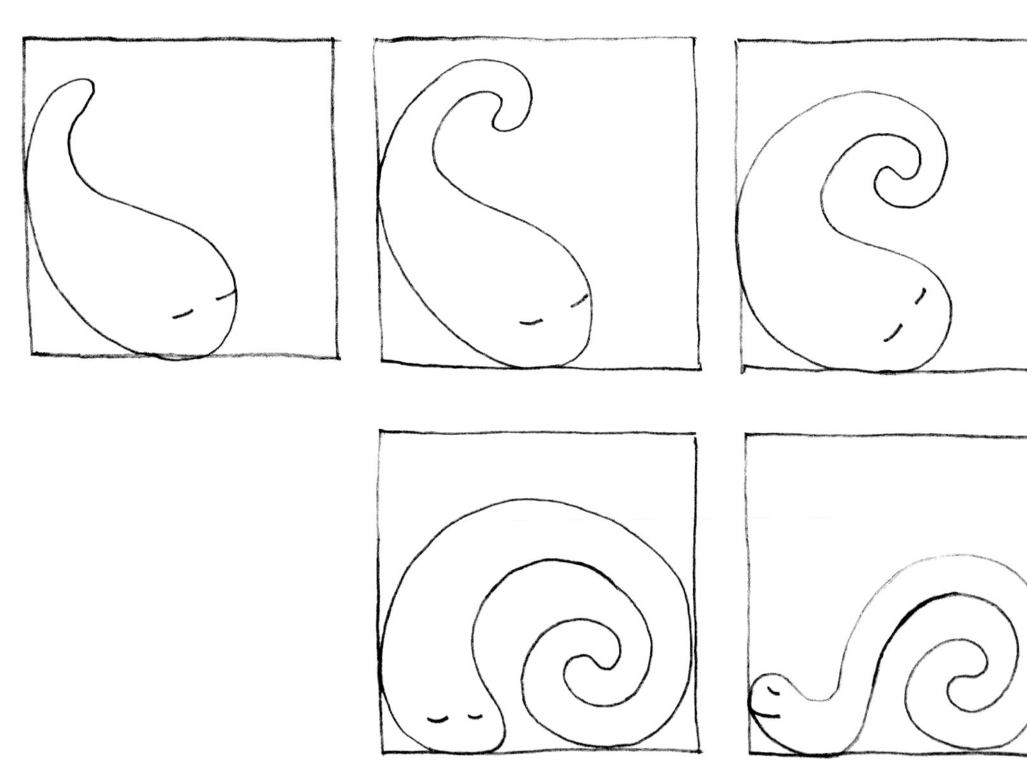

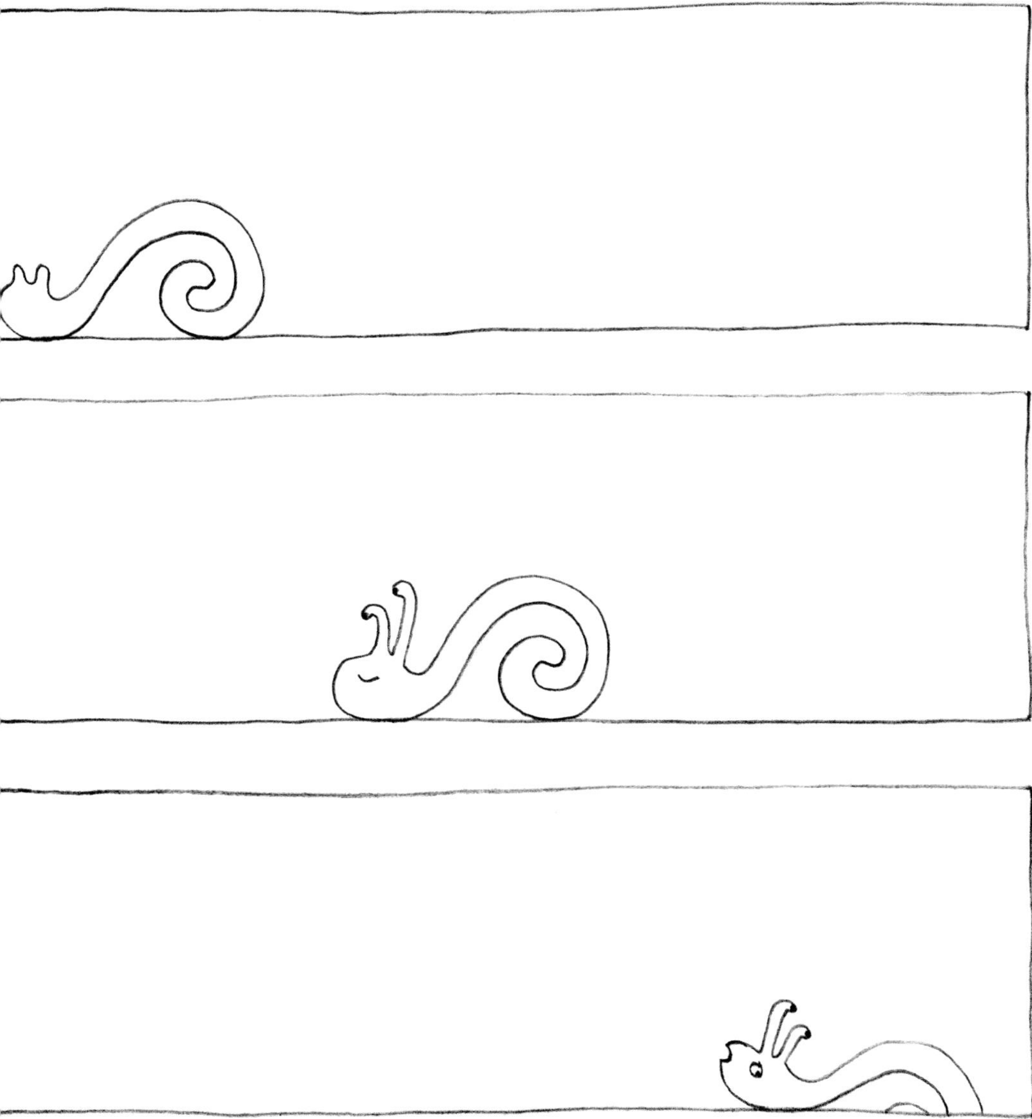

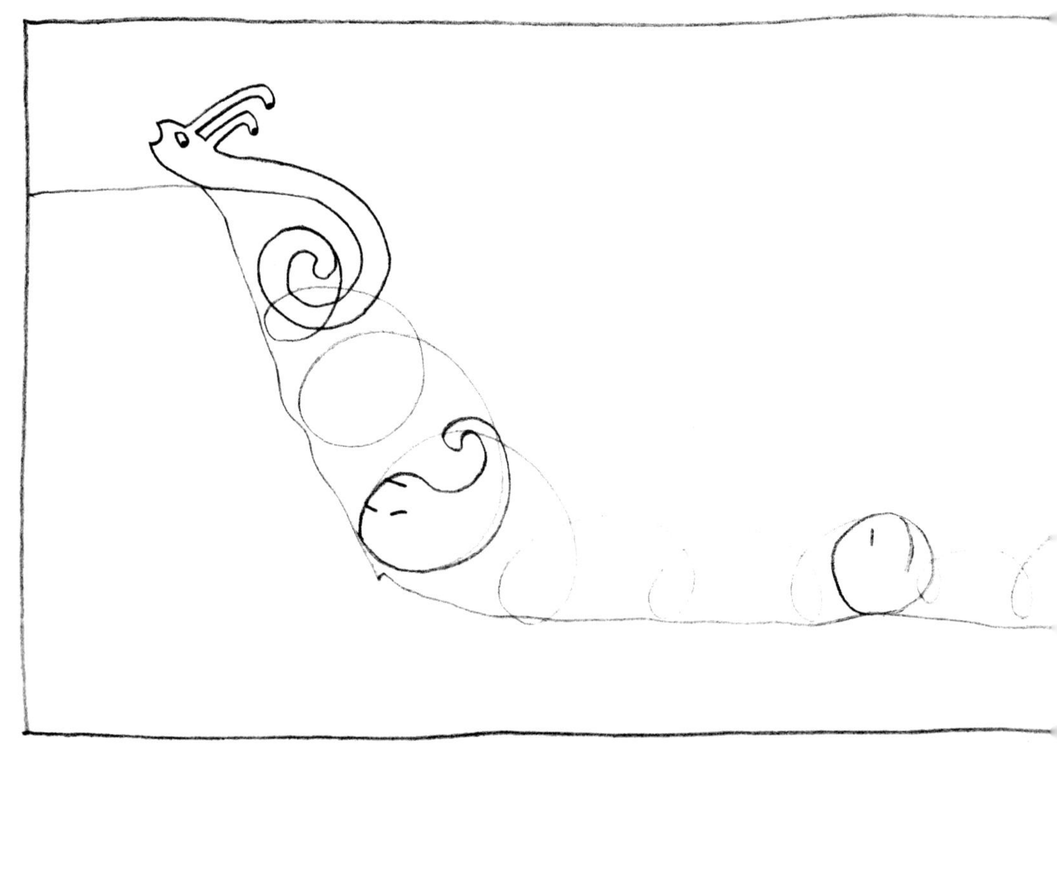

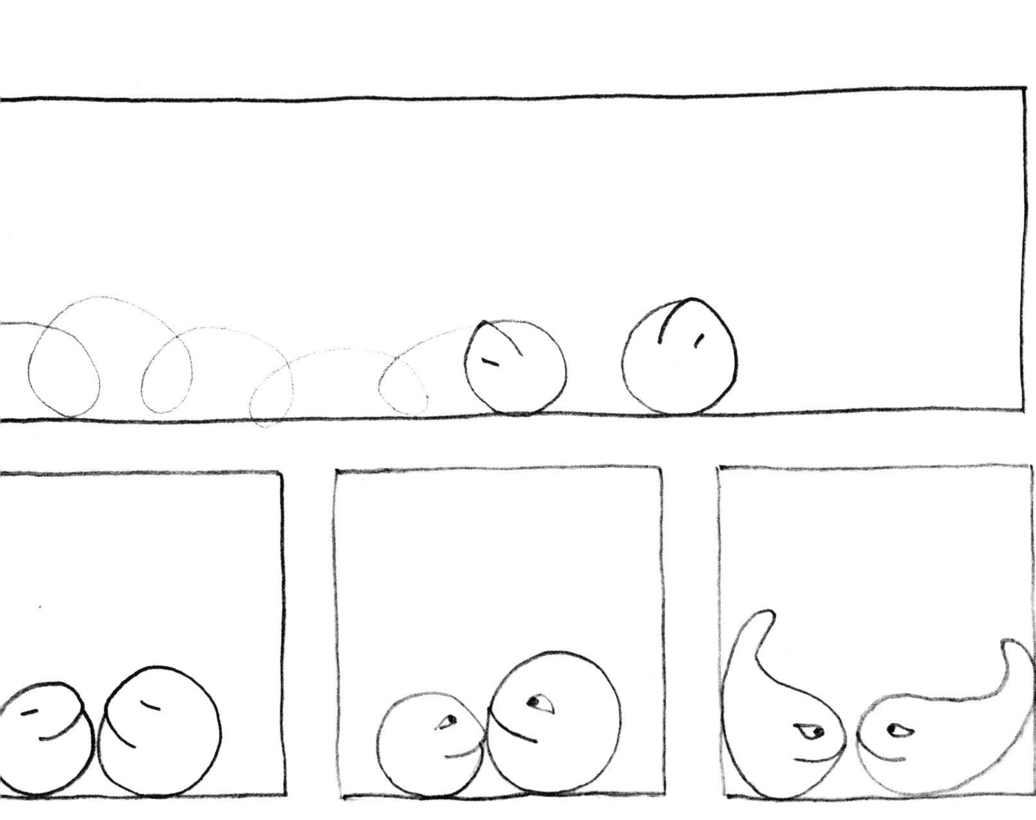

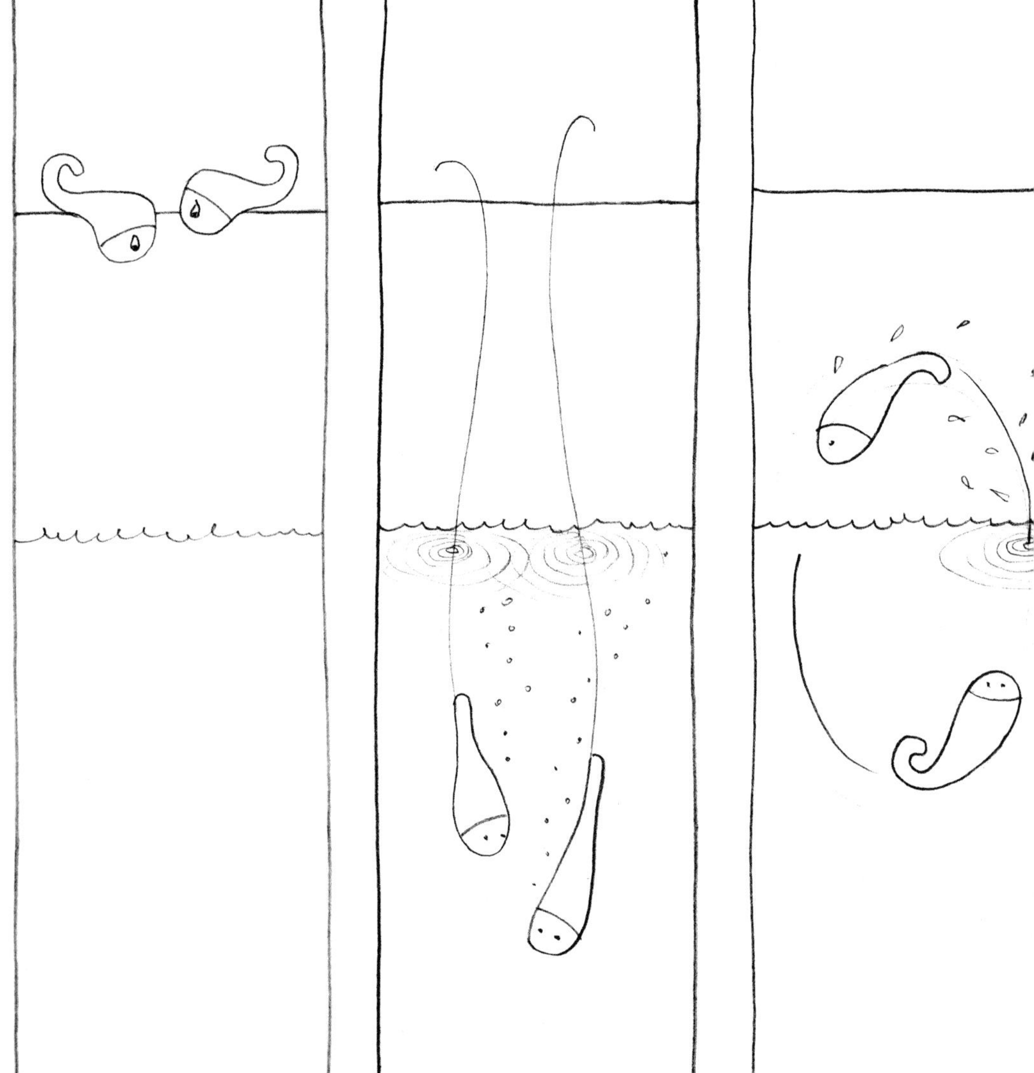

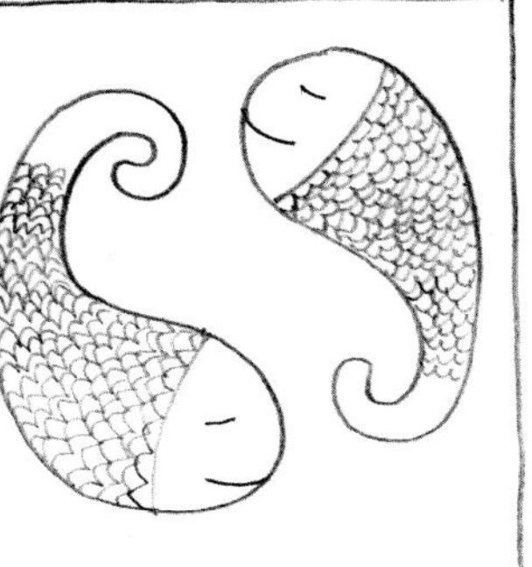
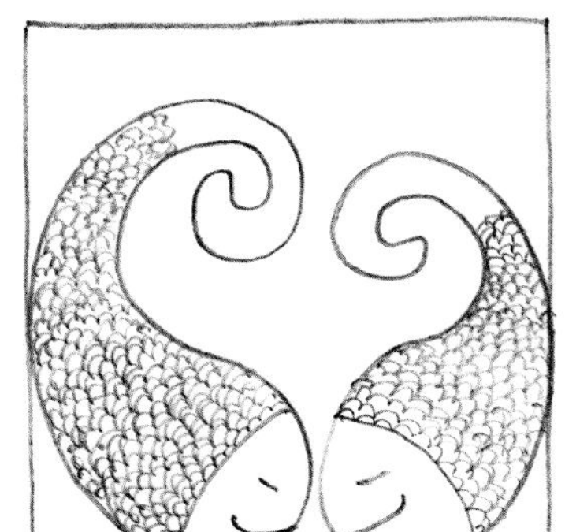
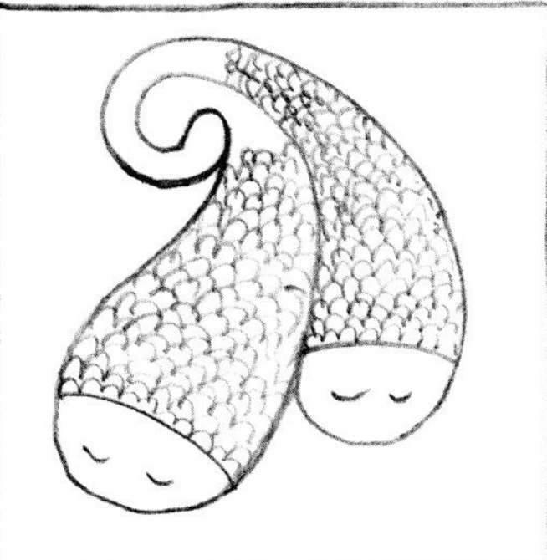

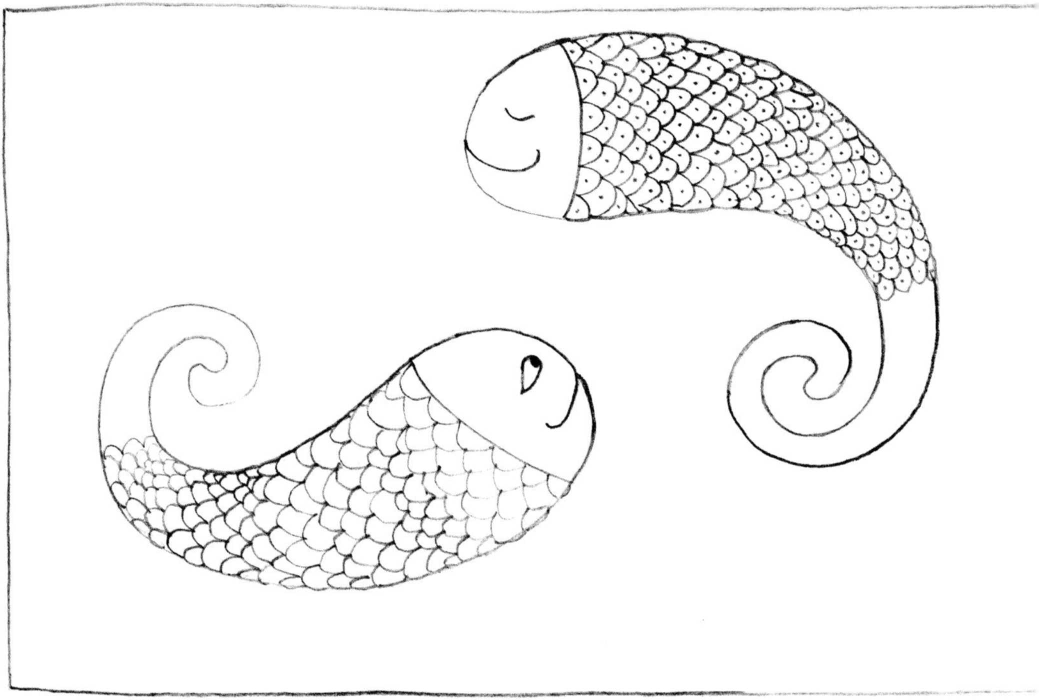

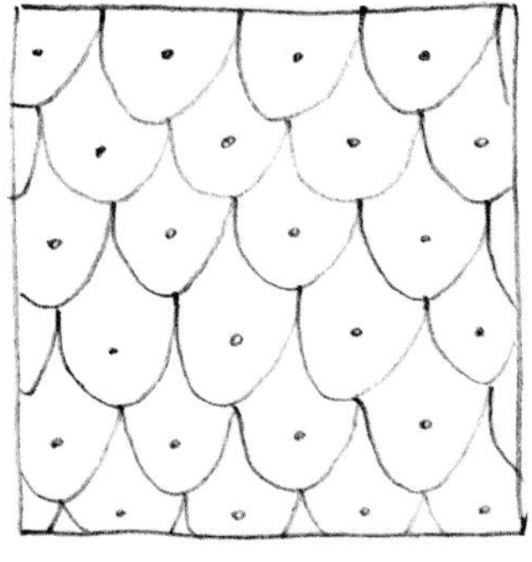
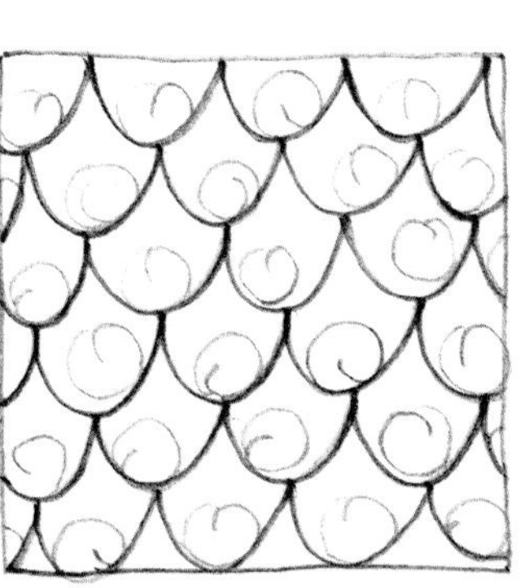
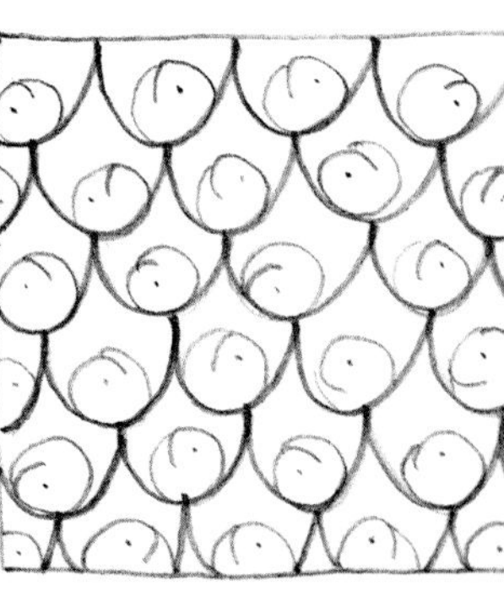

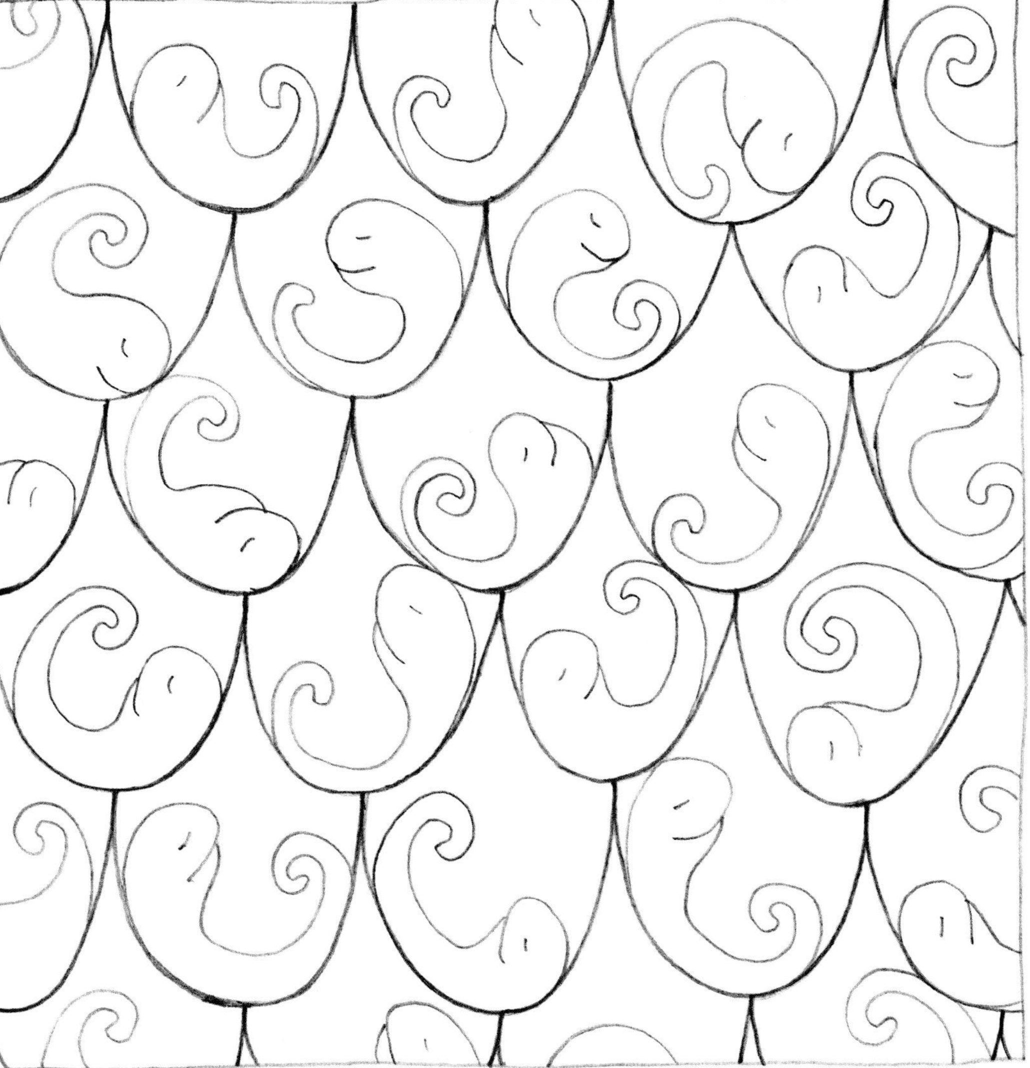

Die Spirale

Die Spirale ist ein zentrales Ornamentmotiv und taucht in vielen Teilen der Welt schon zu einer Zeit auf, in der man davon ausgeht, dass kein Austausch zwischen den Menschen auf weit voneinander entfernten Erdteilen stattgefunden haben kann. Irgendwo habe ich gelesen, dass dieses Phänomen mit einem vermuteten kollektiven Unterbewusstsein begründet wird (leider konnte ich die Quelle nicht mehr ausfindig machen, um sie hier anzugeben, wollte es aber trotzdem erwähnen, weil ich es interessant finde).
Nach dieser Theorie hatten also Menschen unabhängig und weit entfernt voneinander etwa gleichzeitig die Idee, Spiralen zu zeichnen, zu schnitzen und zu meißeln, von denen manche noch heute existieren.
In der Natur taucht sie z.B. als Schneckenhaus, im geringelten Schwanz des Chamäleons und entfernt auch in Form von Blütenranken auf. Auch das Wollhaar wächst spiralförmig und sorgt damit für isolierendes Volumen:
Dazwischen ist viel Platz für die Luft, die Wärme und Kälte kaum weiterleitet.

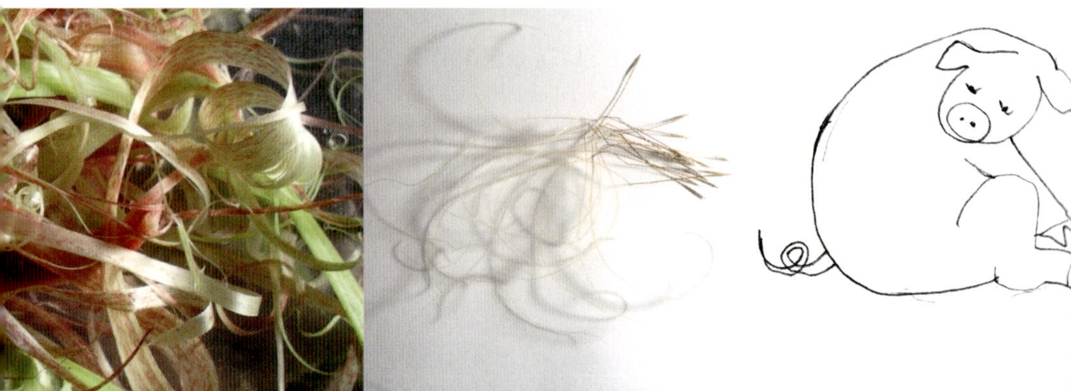

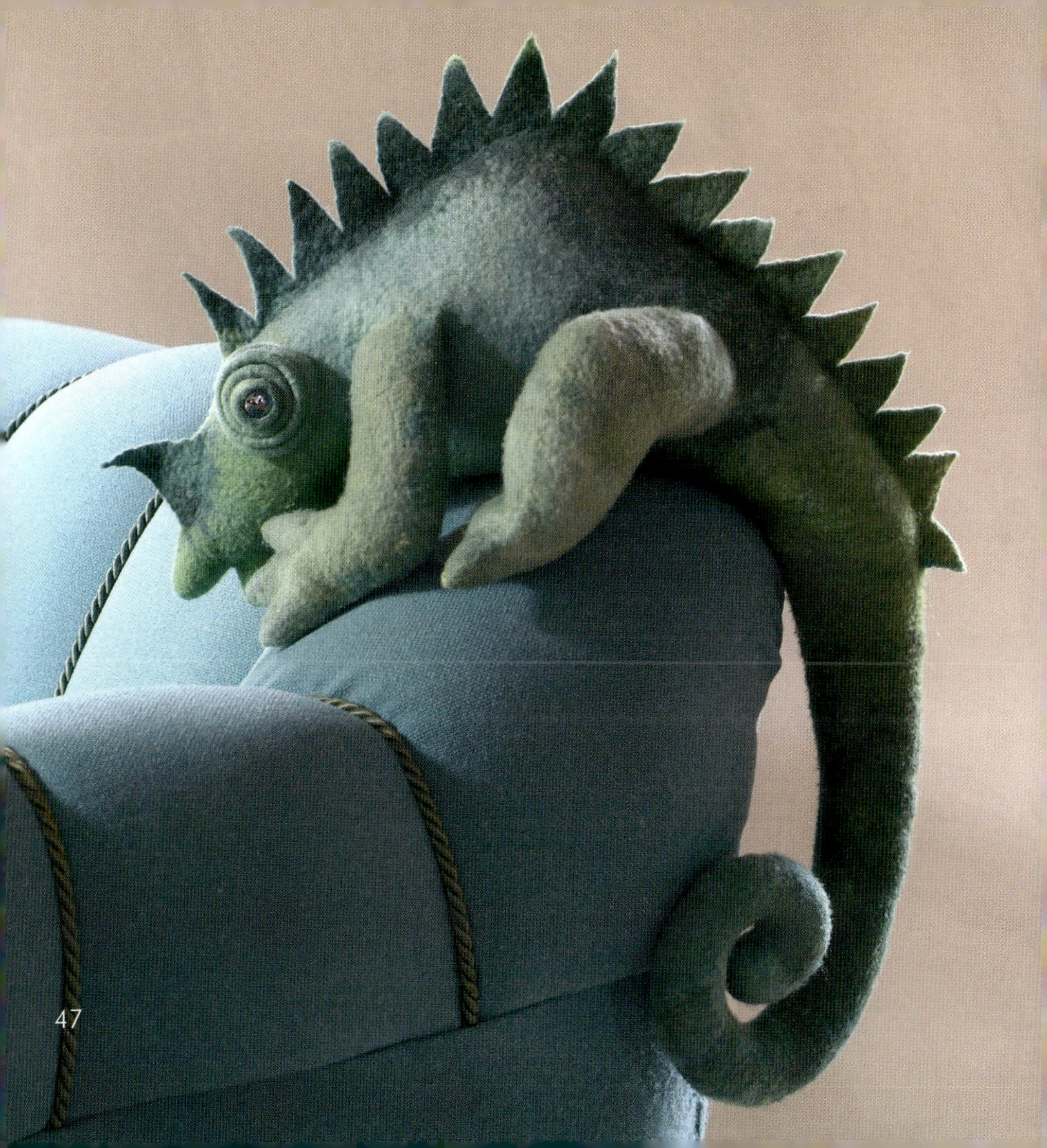

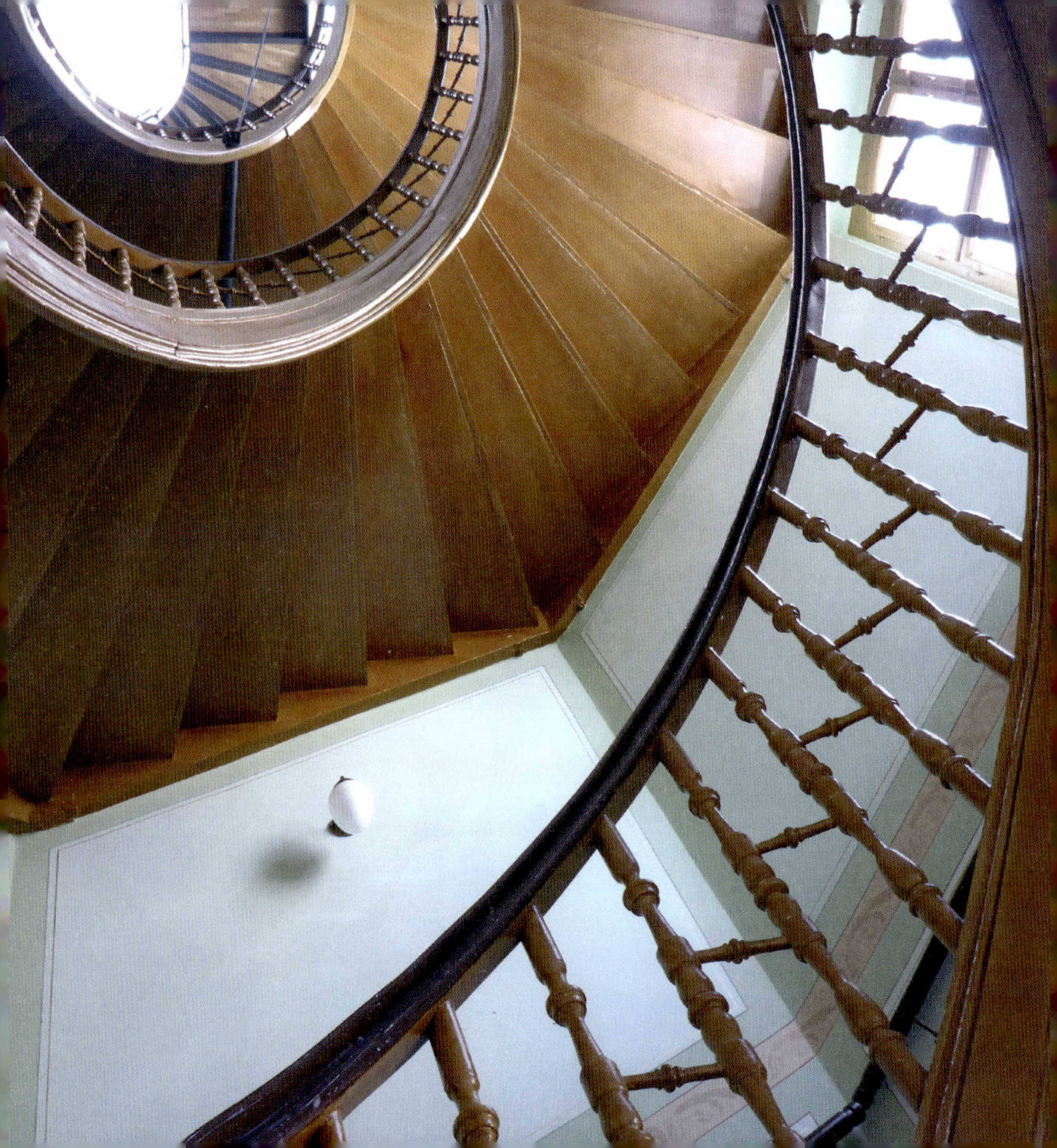

Die vermutete Bedeutung, die Forscher aus der Kombination von Spiralen mit z.B. Rindermotiven auf Felsritzungen ausmachen, ist die der Nabelschnur, des Lebenswegs, Mutter bzw. Eltern und Kind, von Anfang und Ende, dem Weg nach Innen, aber z.B. auch die Sonne (worauf Spiralen, die strahlenförmige Pfeile aussenden, hinweisen). Die älteste bislang gefundene Spirale ist in Mammutelfenbein geritzt und stammt aus Sibirien. Spiralen zierten Tongefäße, wurden von frühen Menschen schon kunstvoll aus Draht gebogen, in Blech geprägt und auf die Haut tätowiert, später auch in Boden- und Wandmosaiken aus kleinen Fliesen zusammengesetzt.
Die Kirche übernahm das Ornament u.a. für die Krümme des Bischofsstabs (nächste Seite) und Steinmetze gestalteten damit Säulenkapitelle und andere Architekturelemente. Als Verzierung und Gestaltungselement sind Spiralen auch heute überall präsent.

Die Spirale gilt als Vorläufer des Labyrinths.

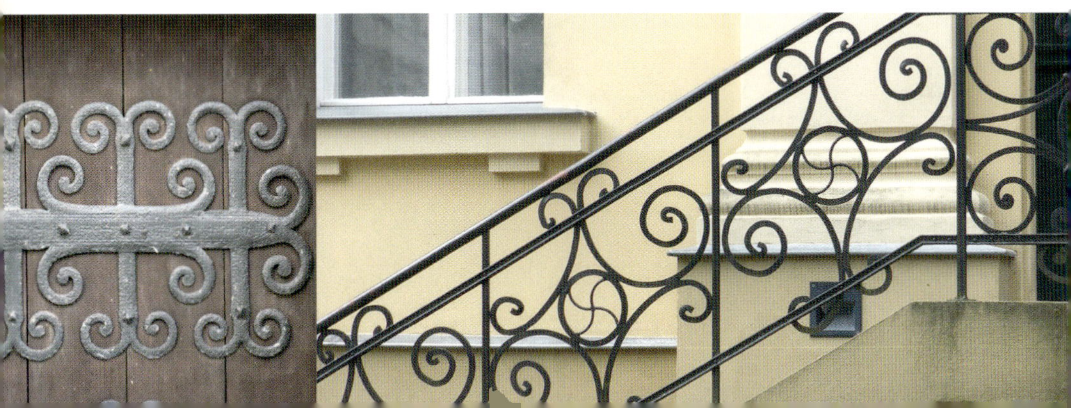

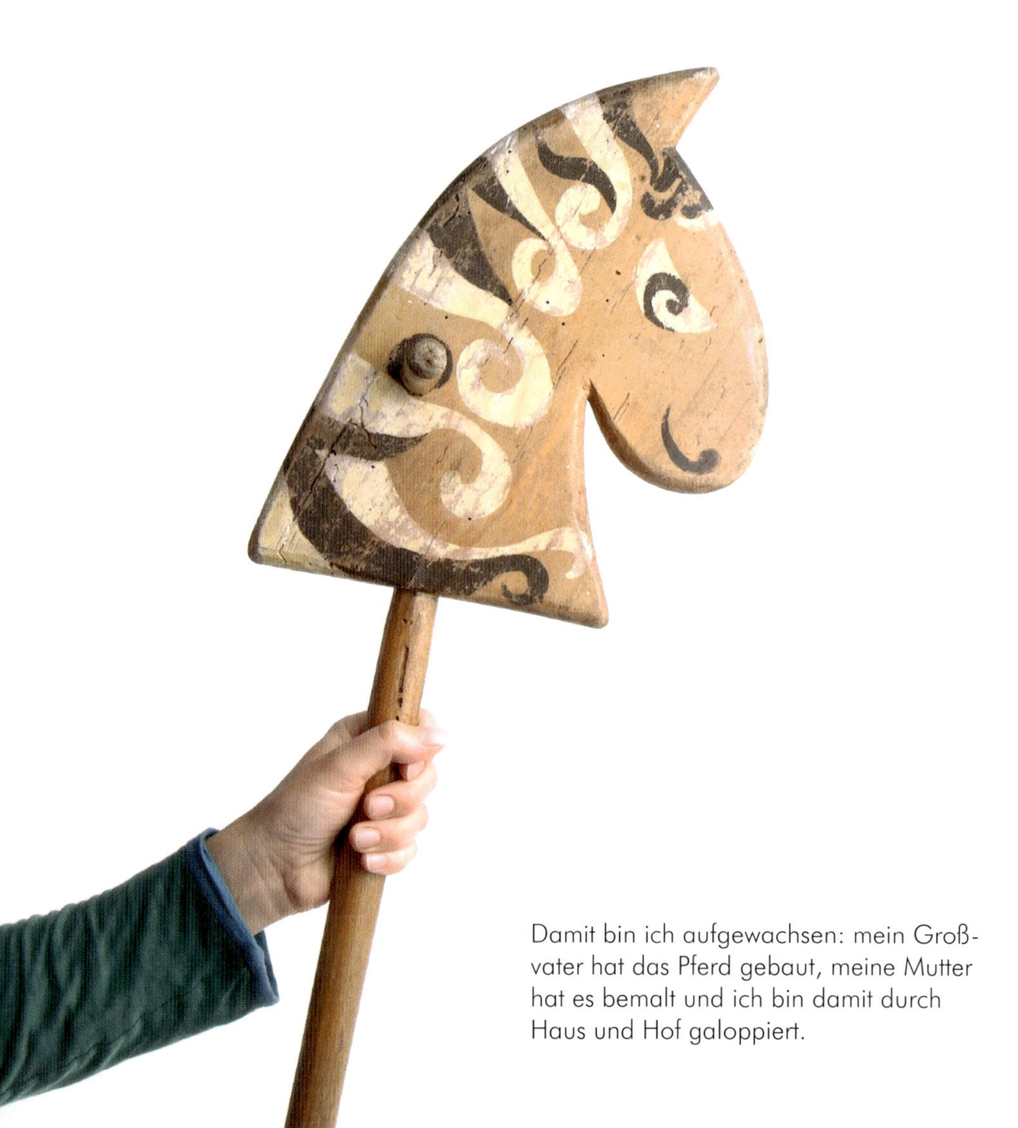

Damit bin ich aufgewachsen: mein Groß-
vater hat das Pferd gebaut, meine Mutter
hat es bemalt und ich bin damit durch
Haus und Hof galoppiert.

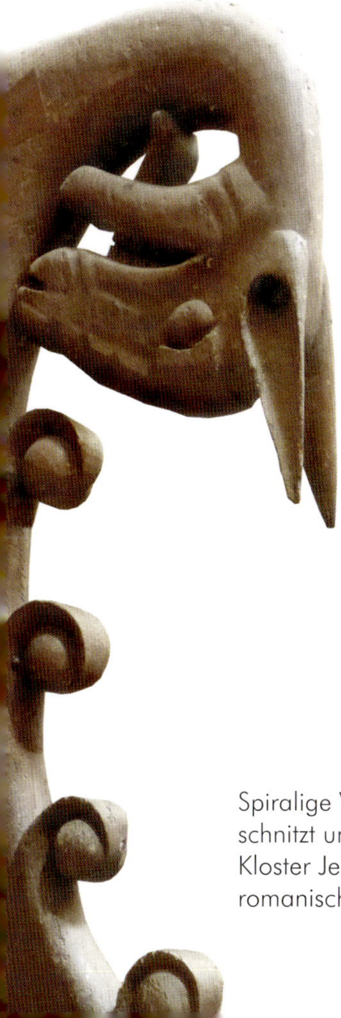

Spiralige Verzierungen in Holz geschnitzt und in Ton gebrannt, beides Kloster Jerichow (eine wunderschöne romanische Klosteranlage an der Elbe)

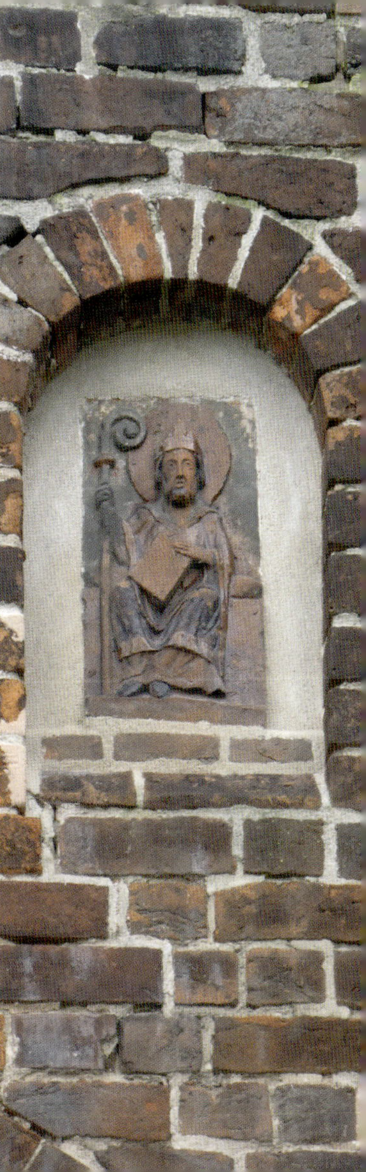

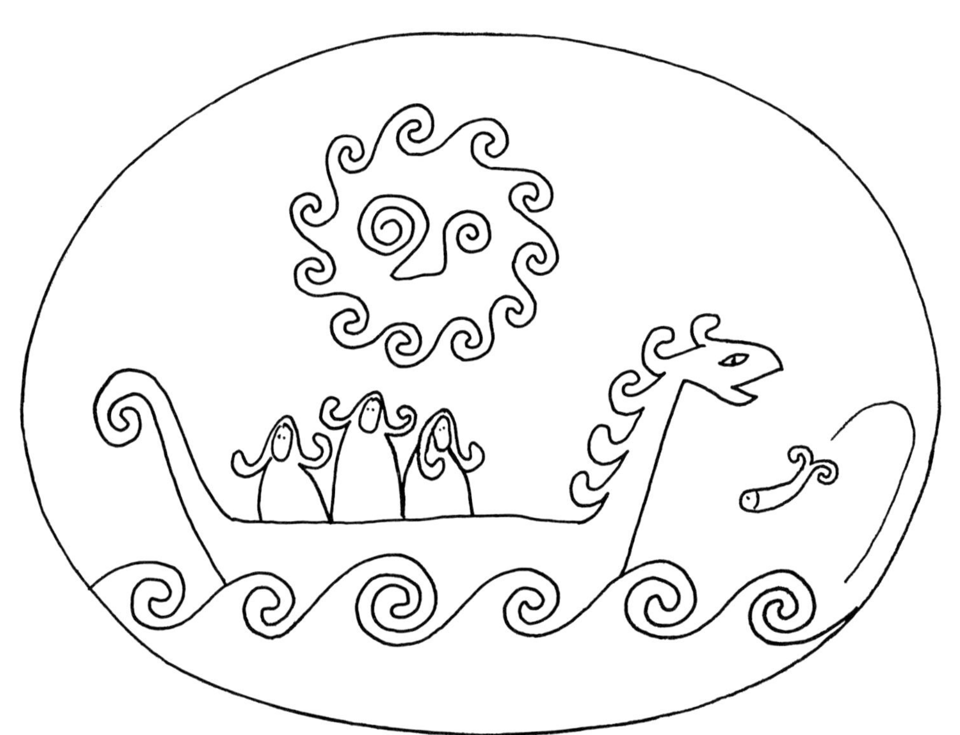

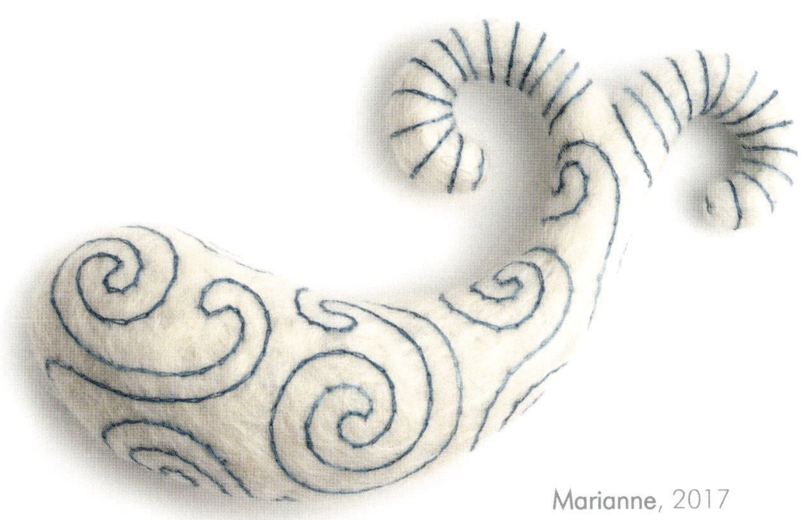

Marianne, 2017

Zeichenschule1: Form und Gegenform

Angeschnittene flächige Spiralform im Rahmen

Der Rahmen ist vorgegeben durch die zu gestaltende Fläche (z.B. ein Sitzfilz).
Um eine flächige Spiralform zu umreißen, muss die Linie vom Rahmen bis zur Wendung in der Mitte und von dort wieder zurück bis zum Rahmen gezogen werden. Dazu reicht mir das Augenmaß. Sicher lassen sich die Abstände zwischen den Linien auch exakt kalkulieren und mit dem Lineal abmessen, das Ergebnis würde dadurch aber an Lebendigkeit verlieren.
Wir beginnen an der linken Seite des Rahmens, im oberen Drittel und zeichnen einen Bogen, dabei achten wir auf den Abstand zum oberen, rechten und unteren Rahmenrand, der etwa gleich sein sollte (rote Pfeile markieren hier den Abstand).
Jetzt nähert sich die Linie ihrem ersten Abschnitt und wir halten dazu den doppelten Abstand wie den zum Rahmen, denn dazwischen soll nachher die Linie wieder zurück nach außen laufen. Wir zeichnen so lange wie es möglich ist, mit diesem doppelten Abstand etwa parallel zur nächstäußeren Spiralwindung, bis es dafür zu eng wird. An dieser Stelle kommt die Wendung und die Linie führt nun genau mittig zwischen den bereits gezeichneten Windungen nach außen, bis sie wieder auf den Rahmen trifft.

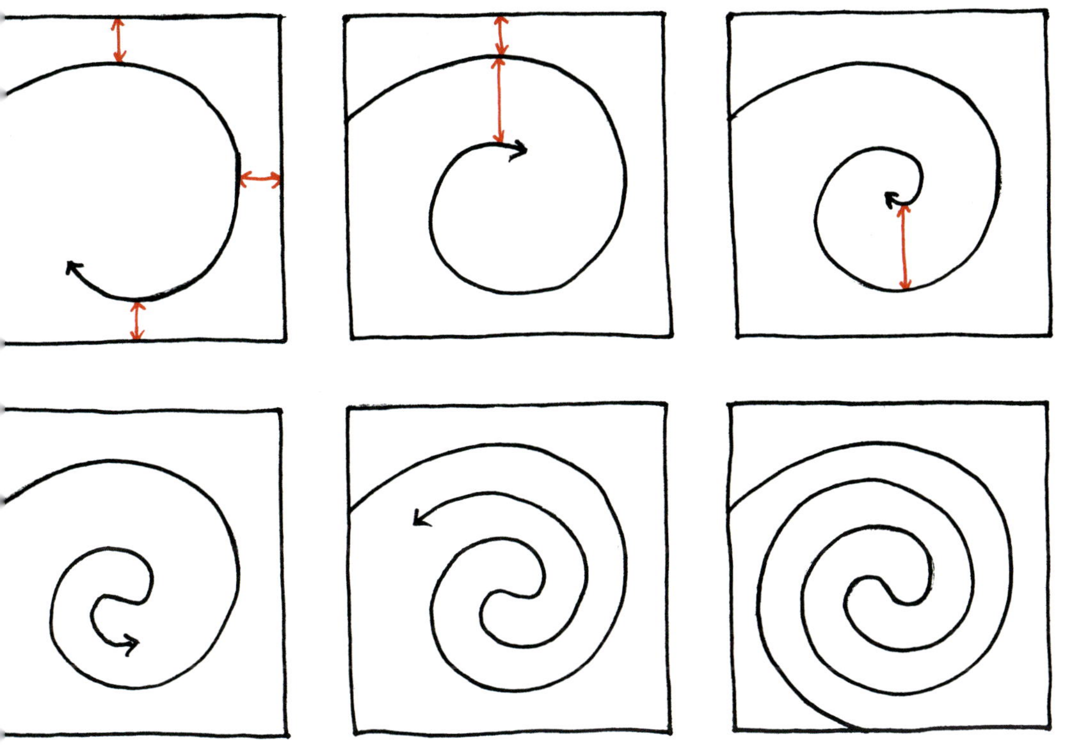

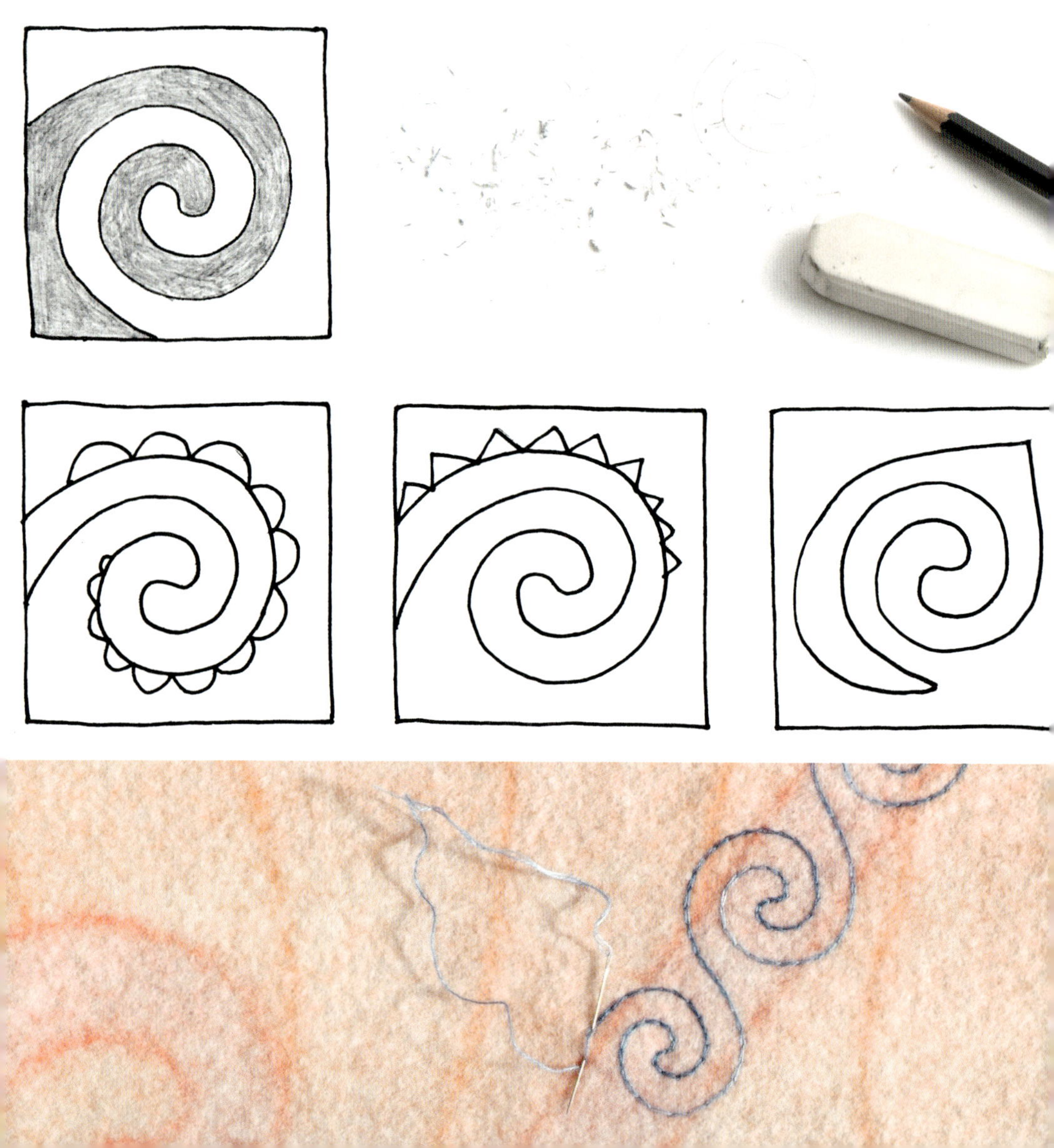

Falls es nicht gleich gelingt, nicht aufgeben! Ich habe es immer und immer wieder geübt und inzwischen geht es ganz gut. Papier ist geduldig und es lohnt sich, wenn wir es auch sind. Es braucht eben Zeit und Radiergummi. Und irgendwann ist die Wendung in der Mitte auch auf Anhieb schön.
Beim Zeichnen gelingt es mir am besten, wenn ich die Linie nicht mit Schwung, sondern ganz langsam ziehe, denn dabei kann ich die Abstände konzentrierter im Auge behalten. Ideal ist das Tempo beim Sticken: da muss ich selten korrigieren, bei jedem einzelnen Stich überprüfe ich die Abstände zu den umgebenden Linien. So besticke ich Flächen, ohne dass ich vorher auf den Filz zeichnen muss.
Nun haben wir Linien auf weißem Grund. Durch Ausmalen der Form mit dem Zeichenstift erreichen wir das Ziel: es gibt nun zwei Spiralformen, die ineinander greifen. Jetzt kann man sehen, ob das Verhältnis ausgewogen ist. Ich denke nicht, dass es eine perfekte Variante gibt, sondern einen recht großen Spielraum, der viele Möglichkeiten zulässt. Jede neu gezeichnete Form fällt ein bisschen anders aus und das macht es für den Betrachter interessant.

Wenn dies gut gelingt, können Varianten gezeichnet werden: Die Spiralform kann z.B. außen genauso dünn sein wie in der Mitte oder aber sich verbreitern. Sie kann an der Außenseite Zacken oder Bögen bekommen und wird zum Drachen oder zur Blütenform.
Eine weitere Möglichkeit ist das Zeichnen einer geschlossenen Form, die den Rahmen nicht berührt usw.

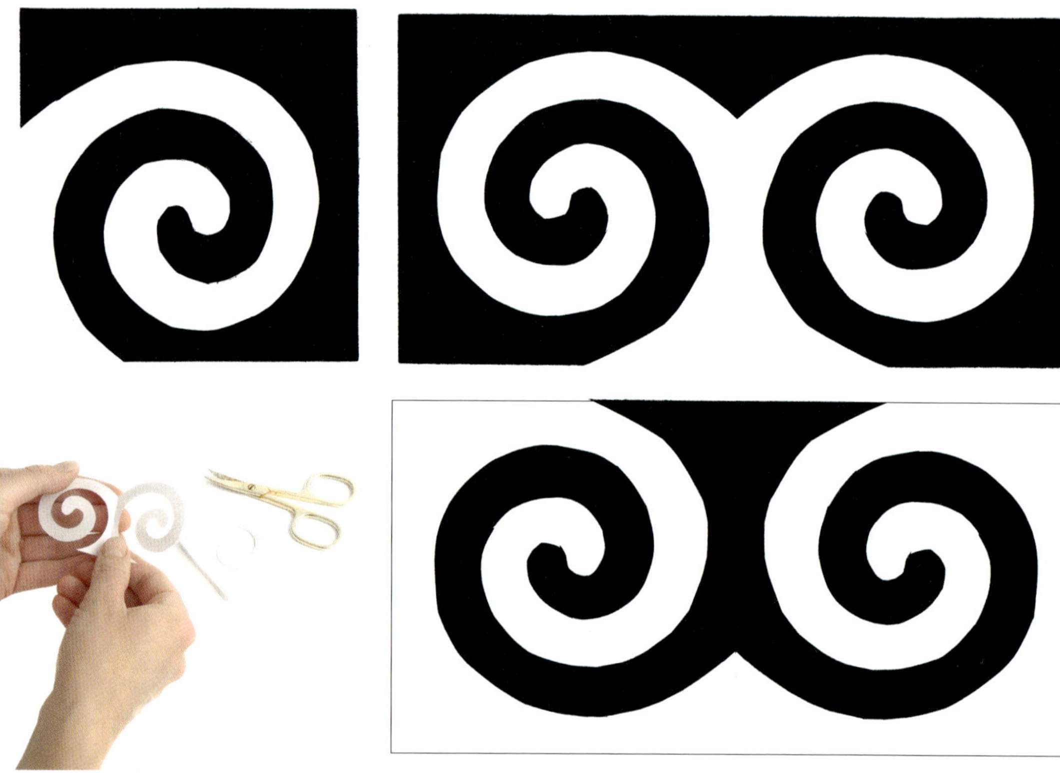

Scherenschnitt 1:
Spiegeln, Drehen und Reihen

Eine andere Möglichkeit ist, die Spiralform auszuschneiden und auf kontrastfarbiges Papier zu legen.
Schneide ich aus einem gefalteten Papier (die Bruchkante ist die linke Rahmenseite) erhalte ich nach dem Auseinanderfalten eine Spiegelung.
Die weggeschnittene Gegenform, nach unten geklappt, ergibt eine weitere Spiegelung mit vertauschten Farben (Positiv-Negativ).

Wenn ich nun an der Spiegelachse auseinanderschneide, kann ich die Form drehen. Rechts eine Möglichkeit von vielen, die gedrehten Formen anzuordnen.
Mehrere ausgeschnittene Formen können gereiht werden.

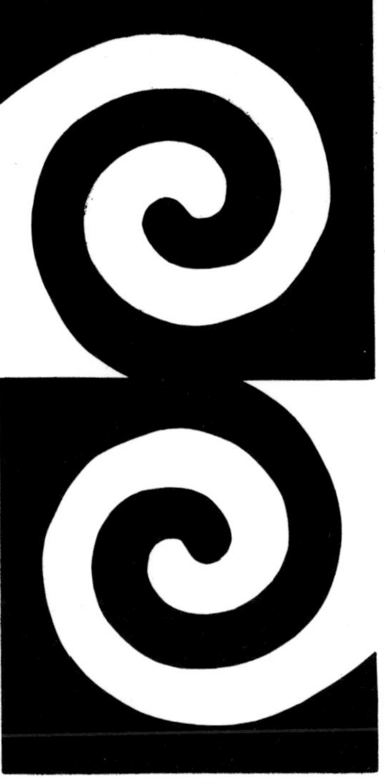

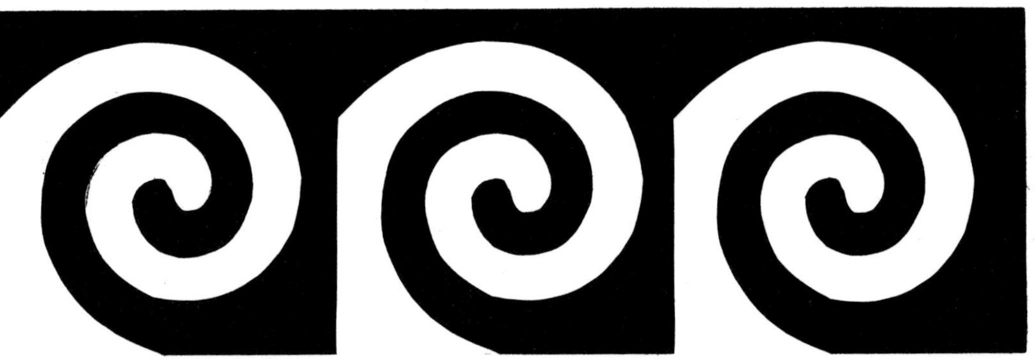

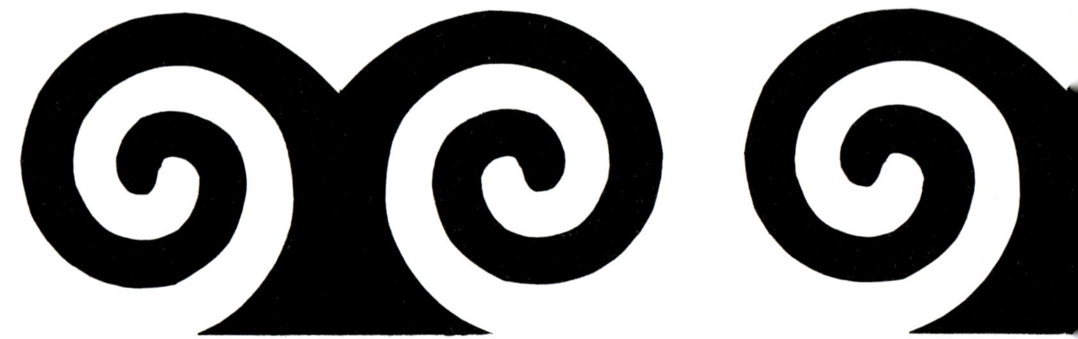

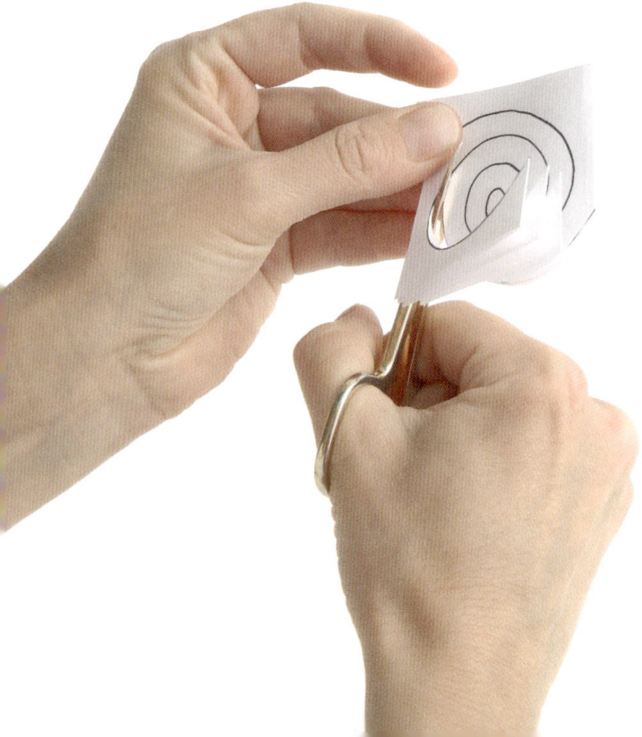

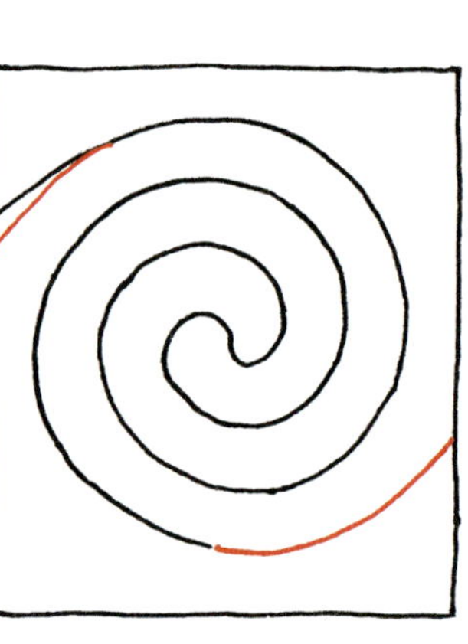

Schneide ich die Form aus einem Leporello, bekomme ich das obige Ergebnis: ein Band und lose Teile (in diesem Fall die schwarzen Formen). Ergänze ich jetzt am unteren Rand noch einen schwarzen Streifen und vergrößere damit den Rahmen, bleiben durch eine geringfügige Veränderung der Schnittlinie nach dem Auseinanderschneiden zwei fast identische Borten (Veränderung der Schnittlinie in der Zeichnung rot). Bänder mit gereihten Ornamenten bilden oft einen oder mehrere Rahmen um das zentrale Muster großer Teppiche.
Wer etwas Zeit investiert, kann auf diese Weise erst spielerisch, dann immer gezielter Bandmuster entwerfen.

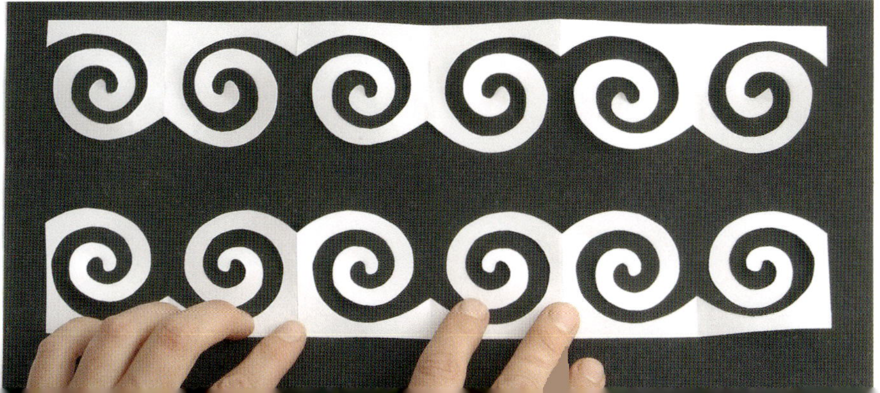

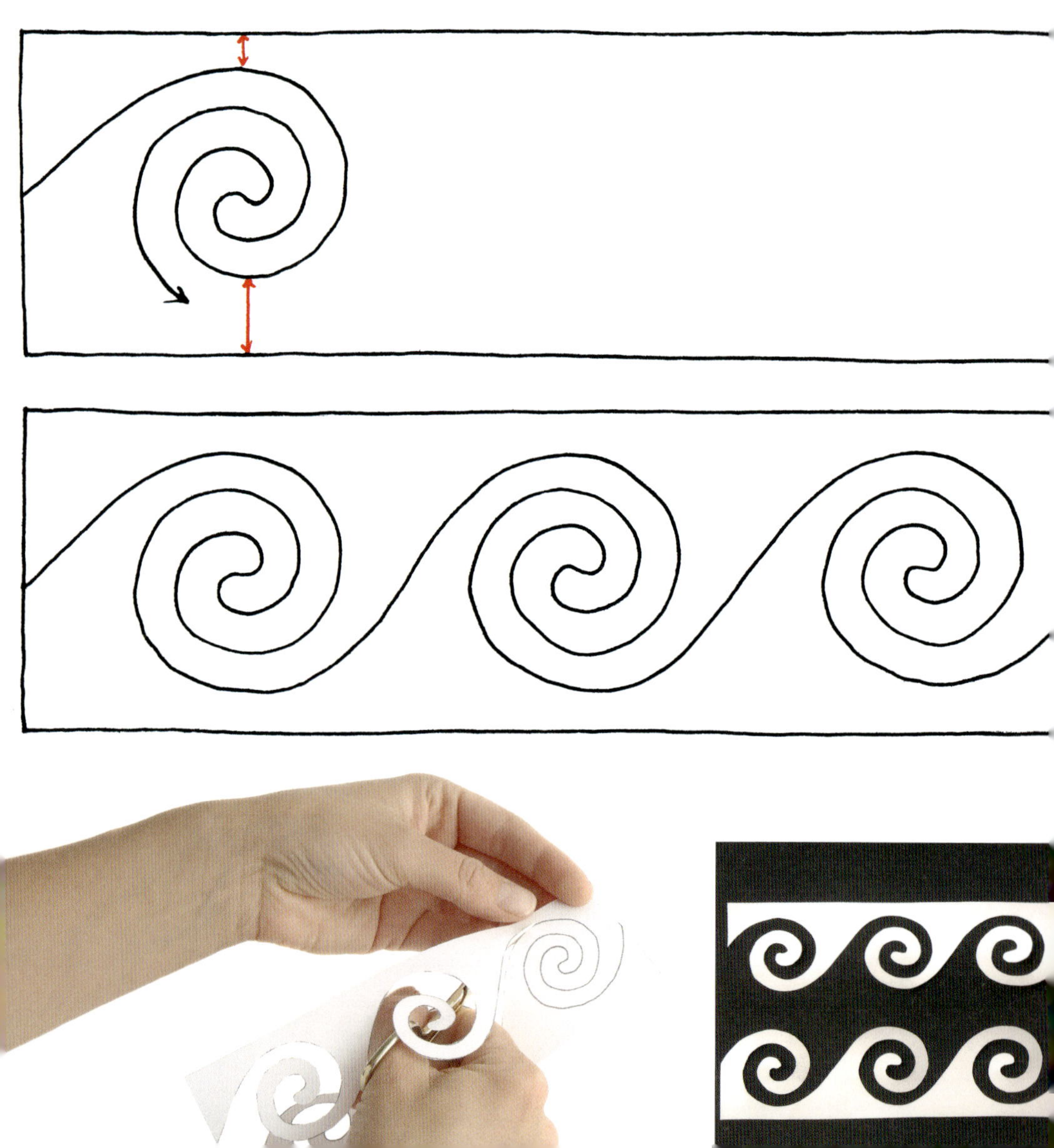

Zeichenschule 2: eine Linie geht spazieren

Um solche Bänder zu zeichnen (ich nenne das „eine Linie geht spazieren"), brauche ich einen länglichen Rahmen in Form eines breiten Streifens.
Die bereits geübte Spirale beginnen wir diesmal in der Mitte der linken Rahmenseite. Jetzt wird gezeichnet wie bei Übung 1. Durch die vorherige Übung gelingt es schon, die Rundung zu ziehen, ohne sich am rechten Rahmenrand zu orientieren. Und der Abstand zum unteren Bildrand sollte nun doppelt so groß sein wie der Abstand zum oberen Bildrand. Die Linie führt nach der Wendung in der Mitte nicht zurück zum linken Rand, sondern zwischen der zuerst gezeichneten Rundung und dem unteren Rand weiter nach rechts, um die nächste Spirale zu zeichnen. Und so weiter, bis wir den rechten Rahmenrand erreichen. Ein Wellenband ist entstanden. Schneiden wir dieses entlang der gezeichneten Linie auseinander, haben wir zwei etwa gleiche Wellenbänder.

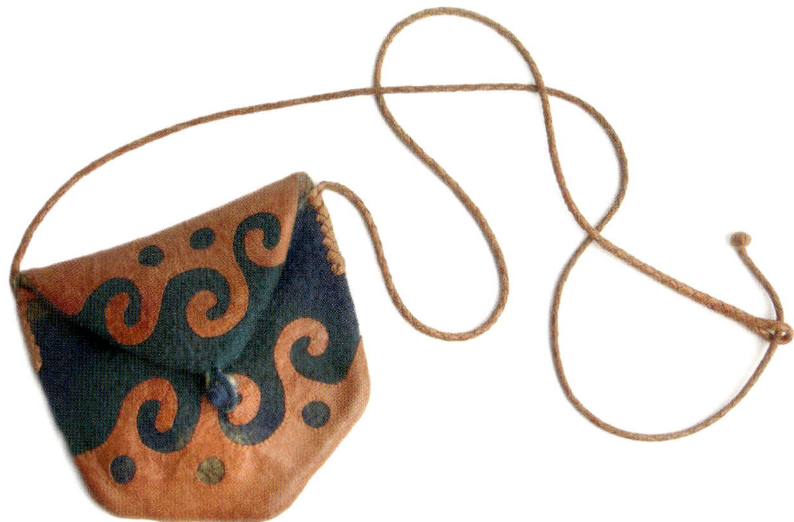

Mit solch einer fortlaufenden Linie können nun auch florale, tierische oder Phantasieformen gezeichnet werden. Dabei entstehen zufällige Gegenformen. Mit etwas Übung und kleinen Veränderungen gelingt es manchmal, auch diese zum Leben zu erwecken, Inspirationen hierzu kann man sich zum Beispiel bei M.C. Eschers Grafiken holen.

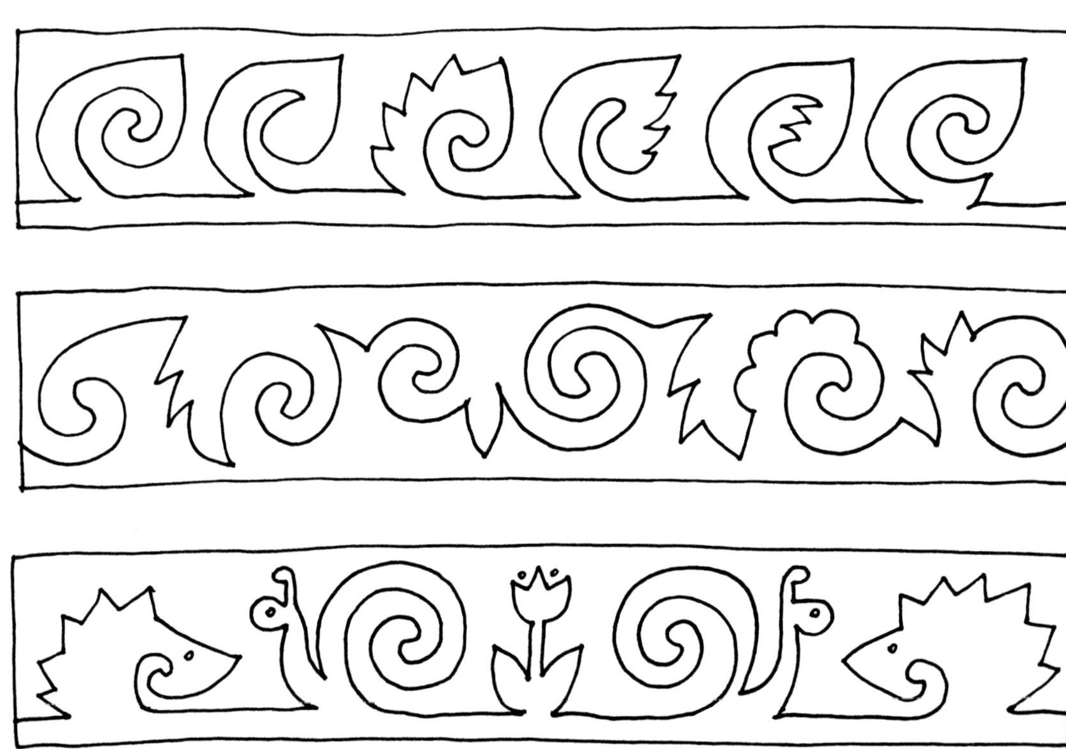

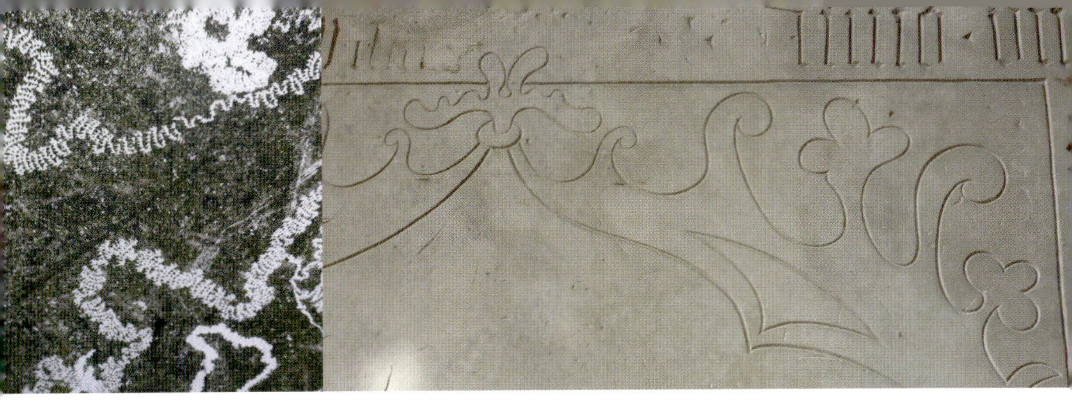

In der Natur finde ich solche spazierenden Linienverläufe zum Beispiel im Fraßgang des Holzwurms oder, wie im Bild oben links, die Fraßspur einer Schnecke im Algenbelag eines Altglascontainers. Oben rechts eine Grabplatte aus dem Dom in Havelberg, auf der ein Steinmetz auf diese Art einen Rahmen „gezeichnet" hat. Komplizierter wird es, wenn sich die Linien überkreuzen, wie wir es von den keltischen Knotenmustern kennen. Die Schlange unten links schmückt ein Kapitell im Kloster Jerichow. Unsere Kinder zeichnen gern mit vom Löffel rinnendem Sirup in Joghurt (unten rechts).

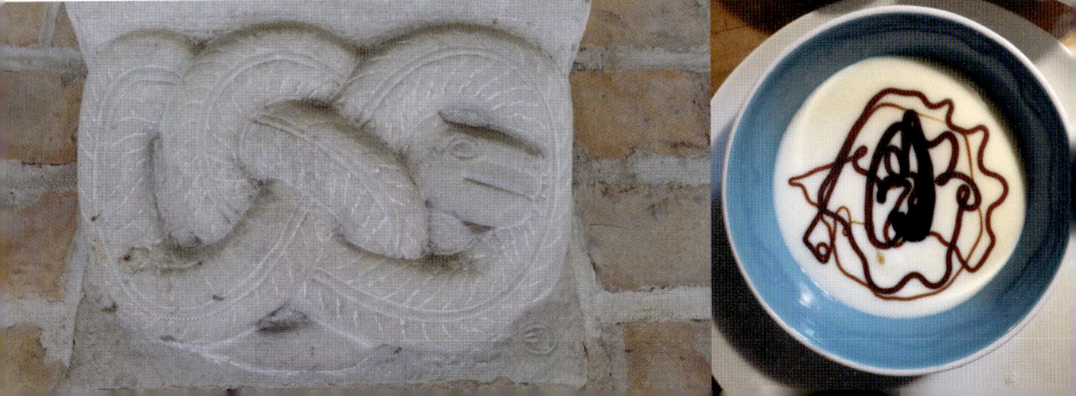

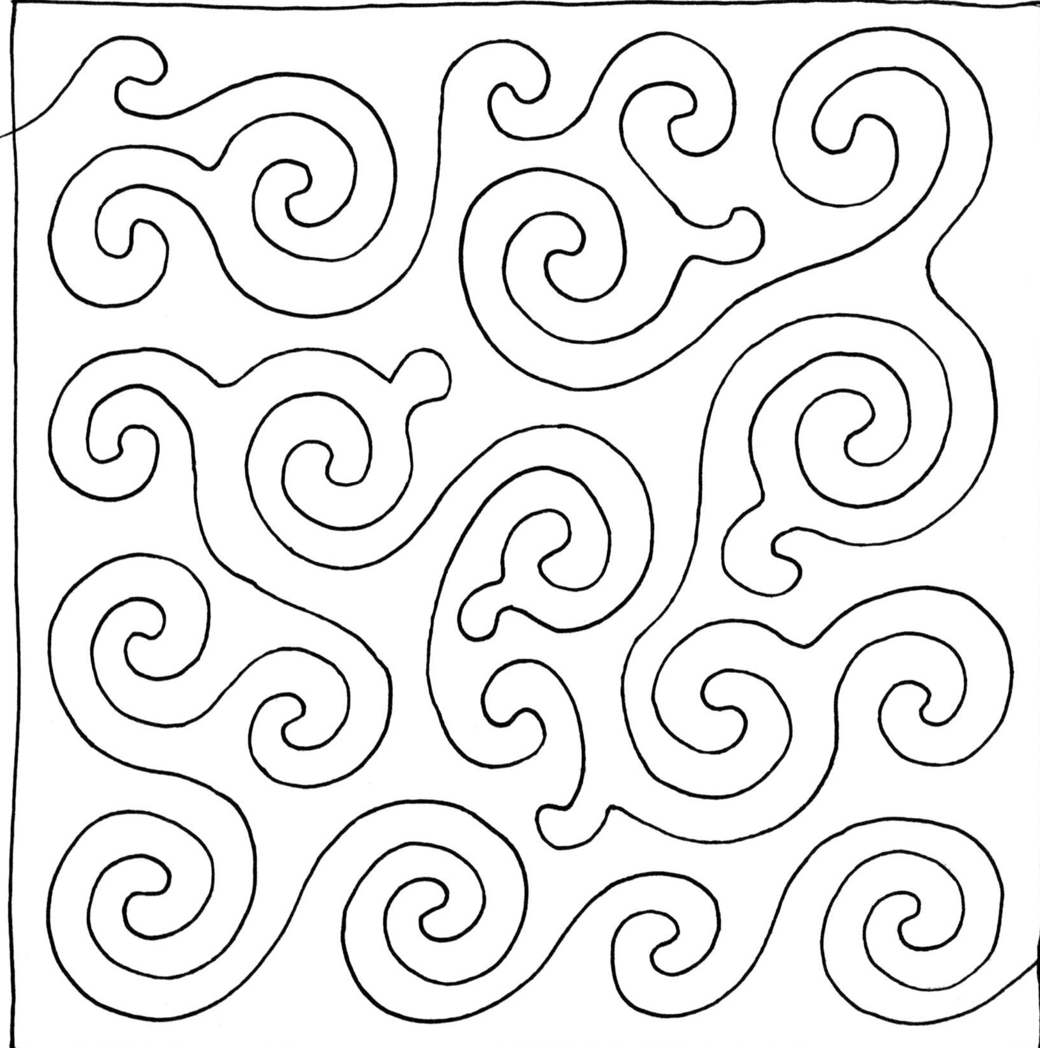

Mit einer spazierenden Linie kann ich auch Flächen füllen.

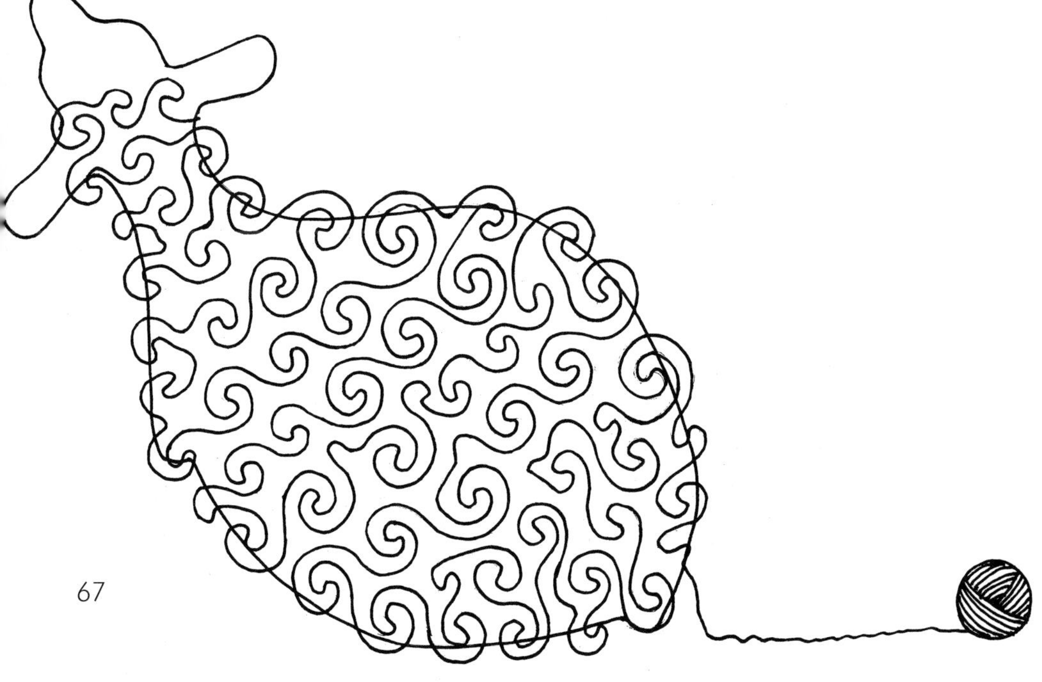

Scherenschnitt 2: Entwürfe aus Geschenkpapieren

Meine Unfähigkeit, Geschenkpapiere nach dem Auspacken in den Papierkorb wandern zu lassen, hat ihren Ursprung in meiner Kinderzeit, als solcherlei Material rar und damit kostbar war. Buntgemustertes Papier war ein Schatz, manchmal gab es sogar etwas Goldfolie aus einer Pralinenschachtel, alles wurde aufgehoben und weiterverwendet. Heute muss ich mich darin üben, nicht jeden noch so kleinen Schnipsel zu sammeln, sondern loszulassen, denn die Überfluss- und Wegwerfgesellschaft garantiert: das nächste kostbar eingewickelte Geschenk kommt bestimmt.
Papiere aller Art mit ihren verschieden strukturierten, gefärbten, bedruckten und gemusterten Oberflächen sind eine schöne Anregung für die Flächengestaltung von Filzen. Ich sammle und benutze sie für Entwürfe. Mit Gebrauchsspuren entsprechen sie der Lebendigkeit eines Filzes oft eher als homogen eingefärbte Neuware.

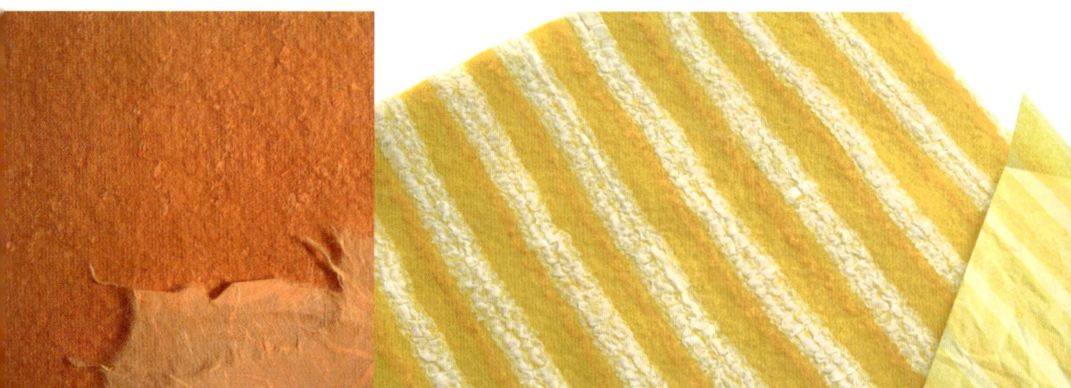

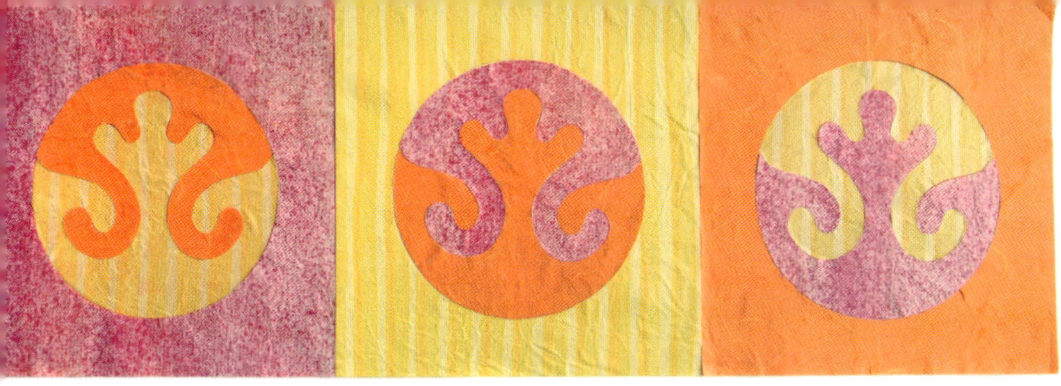

Im Beispiel oben kann man sehen, wozu so ein Entwurf gut ist: anhand des Papiermodells zeigt sich, dass die Helligkeit von Pink und Orange fast gleich ist, so dass die Blütenform im mittleren Feld kaum erkennbar ist. Deshalb mache ich einen zweiten Entwurf mit einer dunkleren Variante für den pinkfarbenen Teil. Jetzt sind die Formen besser zu erkennen (siehe unten).

2. Entwurfsvariante aus Papier

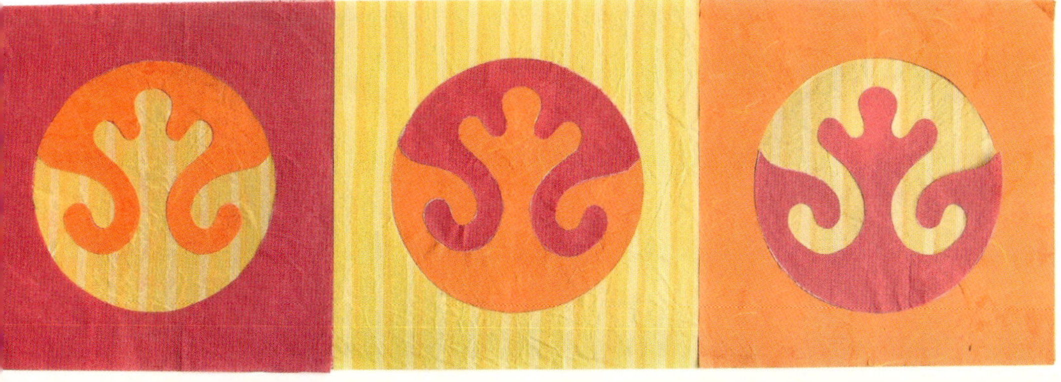

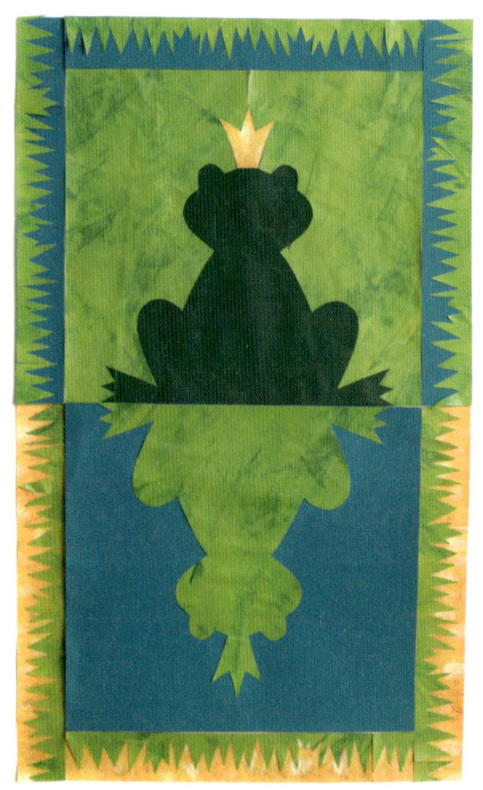

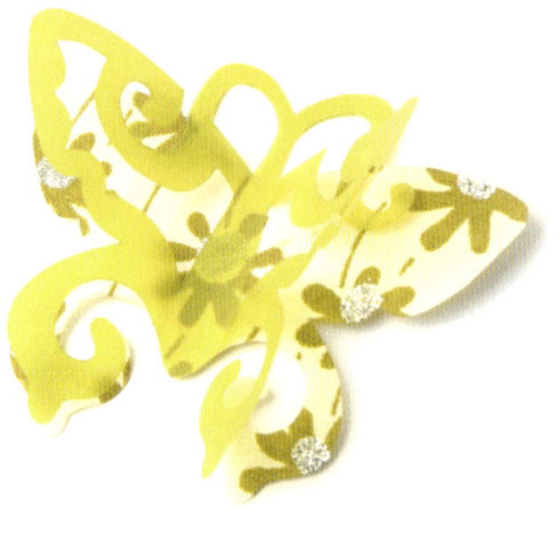

Ausgehend vom Entwurf fertige ich eine Schablone aus dickerem Papier. Damit übertrage ich die Form auf die ausgewählten Geschenkpapiere. Alles wird ausgeschnitten, mit vertauschten Mustern oder Farben wieder neu zusammengefügt und aufgeklebt.

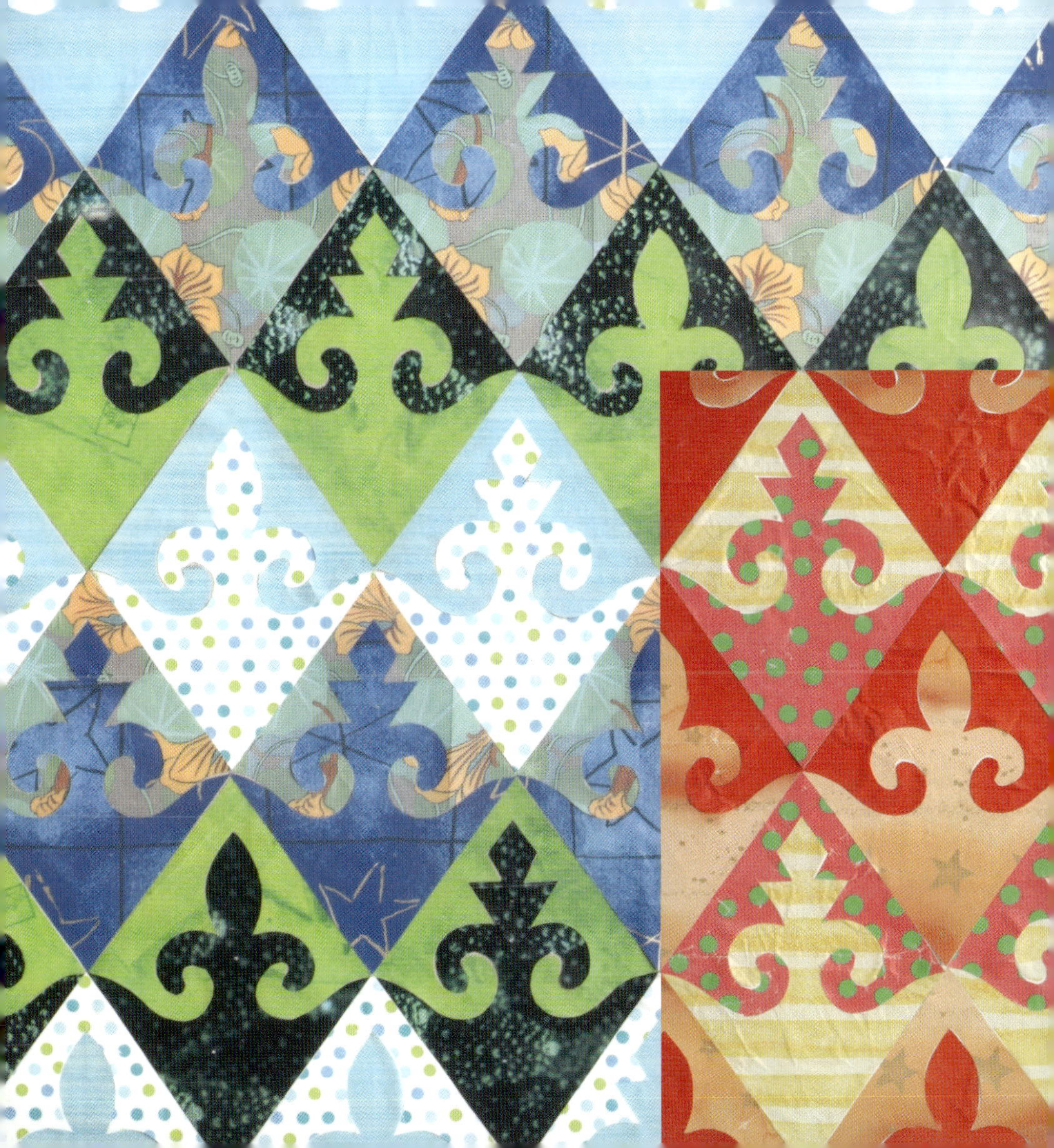

Herstellung von kleineren Mengen Vorgarn

Der Begriff Vorgarn bezeichnet die Vorstufe der Wolle für die Spinnerei: das Vlies, als hauchdünne Lage kardiert, wird in viele schmale Streifen aufgeteilt, die dann durch Reiben zwischen Gummibahnen verdichtet werden. Das Ergebnis ist eine Art Garn, bei dem die Fasern noch nicht verdreht (versponnen) sind und das sich deshalb leicht auseinanderreißen lässt. Beim Filzen bietet es sich z.B. für Konturen an, weil die gelegte Linie vergleichsweise gerade bleibt, während ein gesponnenes und verzwirntes Garn meist „aus der Reihe tanzt". Außerdem verbinden sich die noch losen Fasern leichter mit der Filzwolle als die durch Spinnen und Verzwirnen dicht zusammengedrückten Fasern eines gesponnenen Garns. Vorgarn ist also ein für Filzer interessantes Halbfabrikat aus der Spinnerei. (Auch für Strickerinnen: in Island wird Vorgarn dreifädig zu Pullovern verstrickt, es ergibt ein sehr weiches und vor allem gut isolierendes Gestrick.)

Es gibt Vorgarn in großen flachen Knäueln, die ein bisschen aussehen wie Kuchen (finde ich) und ewig reichen. Schöne Exemplare mit Farbverläufen habe ich 2005 aus Finnland mitgebracht und werde noch eine Weile Freude daran haben. Inzwischen hat auch ein deutscher Wollhändler das Vorgarn entdeckt.

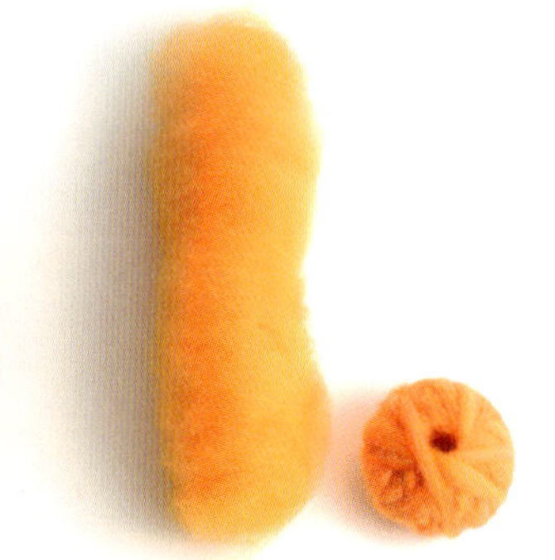

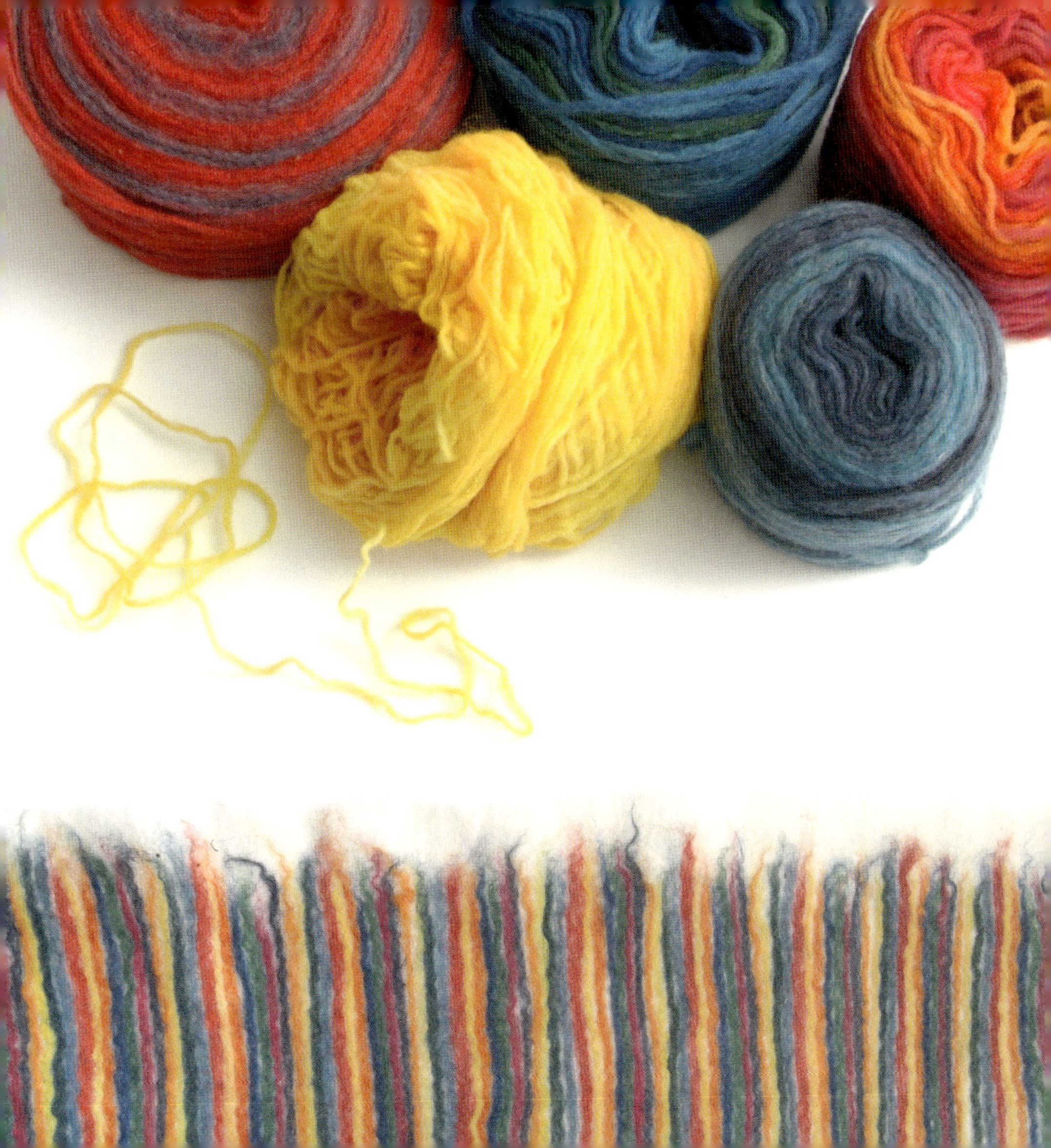

Kleinere Mengen Vorgarn kann man mit etwas Zeit und Übung auch selbst herstellen. Dazu verwende ich gern Kammzug-Fasern aus der Restekiste. Die Idee dazu kam mir beim Anschauen des Films „Sailan und Gotschak. Bei den Turkmenen" von István Vidák und Mari Nagy. Dort zeigt Ogulsirin Gurbanguliev die Herstellung eines Teppichs in turkmenischer Technik. Aus gefärbter, ungekämmter Wolle stellt sie Vorgarn für die Muster her.

Für ein meliertes Garn zum Beispiel suche ich zur Hauptfarbe (im Bild rechts Türkis) noch kleinere Mengen Fasern in Farben, die im Farbkreis benachbart sind, hier Blau- und Grüntöne und ein Hauch Flieder. Fasern, die schon oft hin- und hertransportiert oder selbst gefärbt wurden, sind manchmal ein bisschen angefilzt und müssen vor dem Auslegen gelockert, d.h. etwas auseinandergezupft, werden. Dann nehme ich die Farb- und Fasermischung als Bündel in die linke Hand und zupfe mit der rechten Hand die Spitzen (einklemmen zwischen Daumen und Zeigefinger) wie beim Auslegen mit Kammzug in mehreren Reihen zu einer länglichen Fläche.

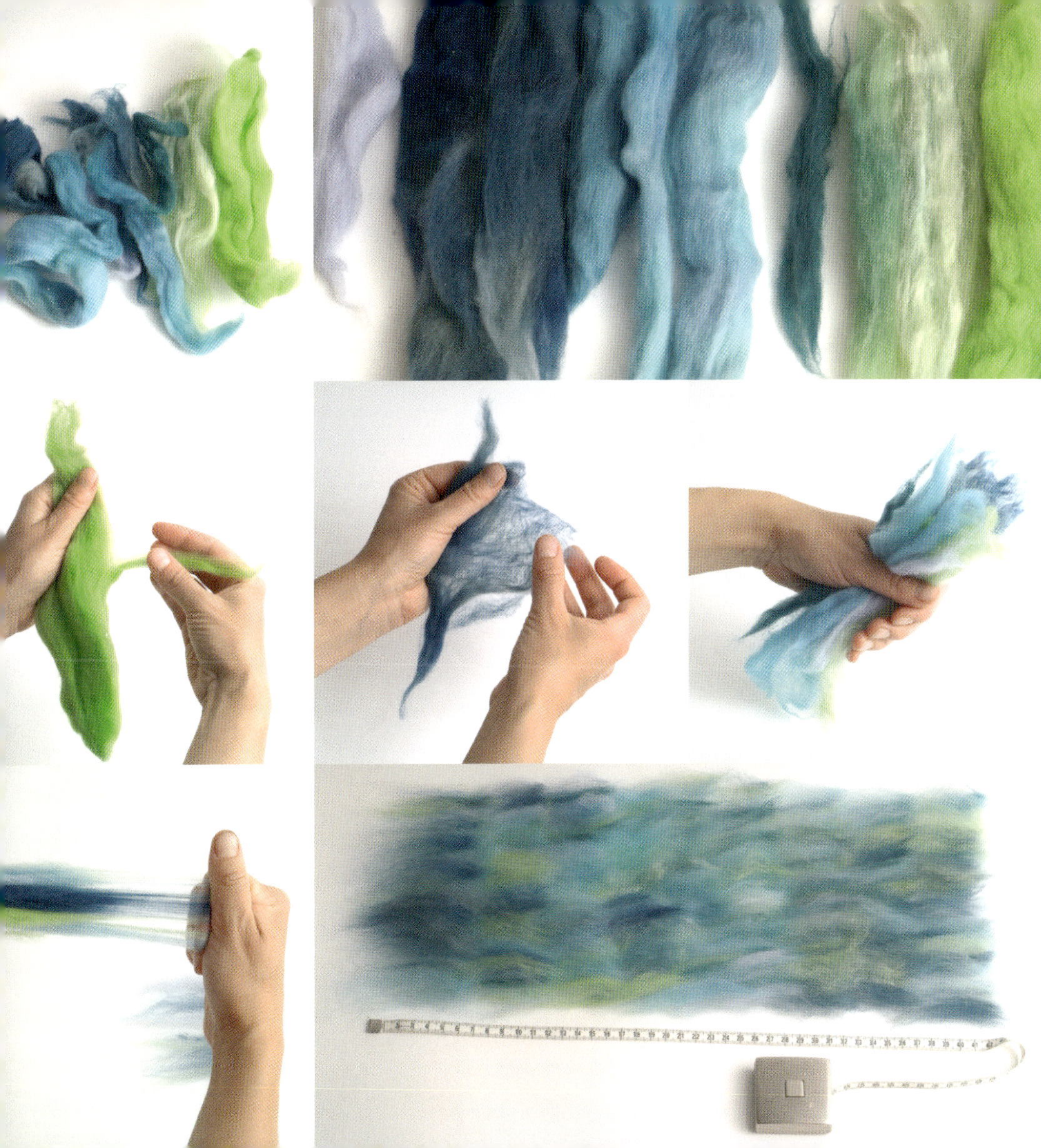

Diese Fläche wird dann in Längsrichtung locker aufgerollt. (Genau solche Röllchen sind auch Ogulsirins Zwischenprodukt im Film.)

Für ein farblich homogeneres Vorgarn verwende ich Fasern in nur einer Farbe bzw. mische Fasern, die im Farbton nur einen Hauch variieren (zum Beispiel verschiedene Gelbtöne).
Aus dem Röllchen ziehe ich nun die Fasern zu einem gleichmäßig dünnen Strang, der dann ganz kurz übers Knie gerollt wird, um ihn ein bisschen zu verdichten. (Ogulsirin spuckt dazu noch in die Hände, eine der schönsten Stellen im Film).
Das fertige Vorgarn wird zum Knäuel gewickelt und wartet so auf die weitere Verarbeitung.
Ein ähnliches Ergebnis erreiche ich, wenn ich vom Kammzug einen schmalen Strang abteile.

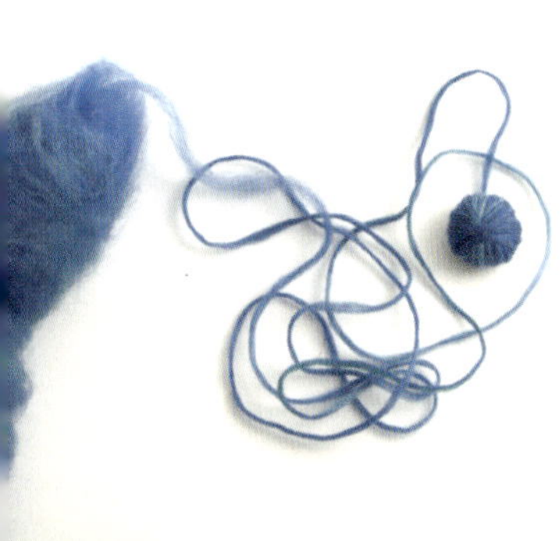

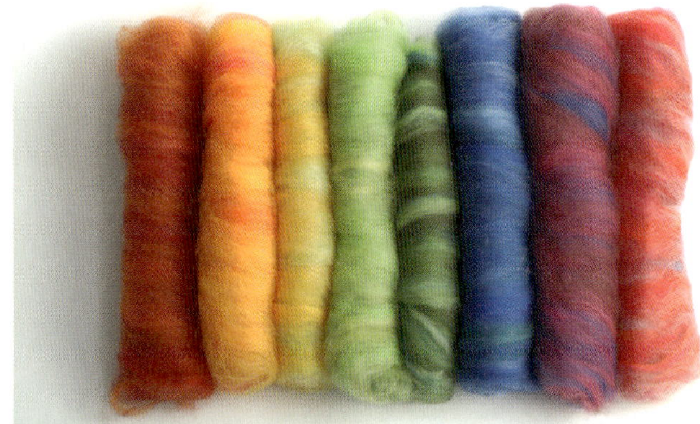

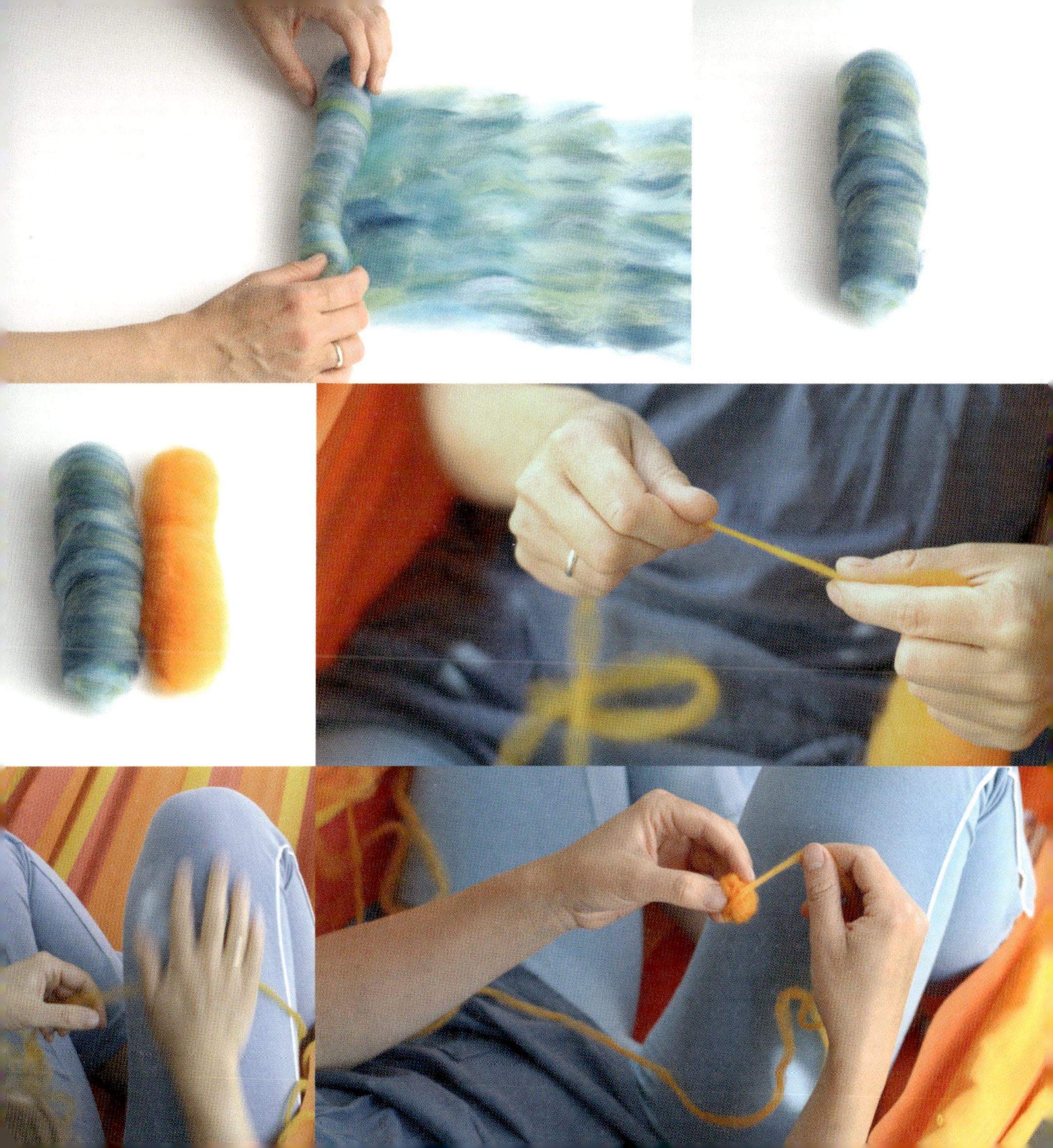

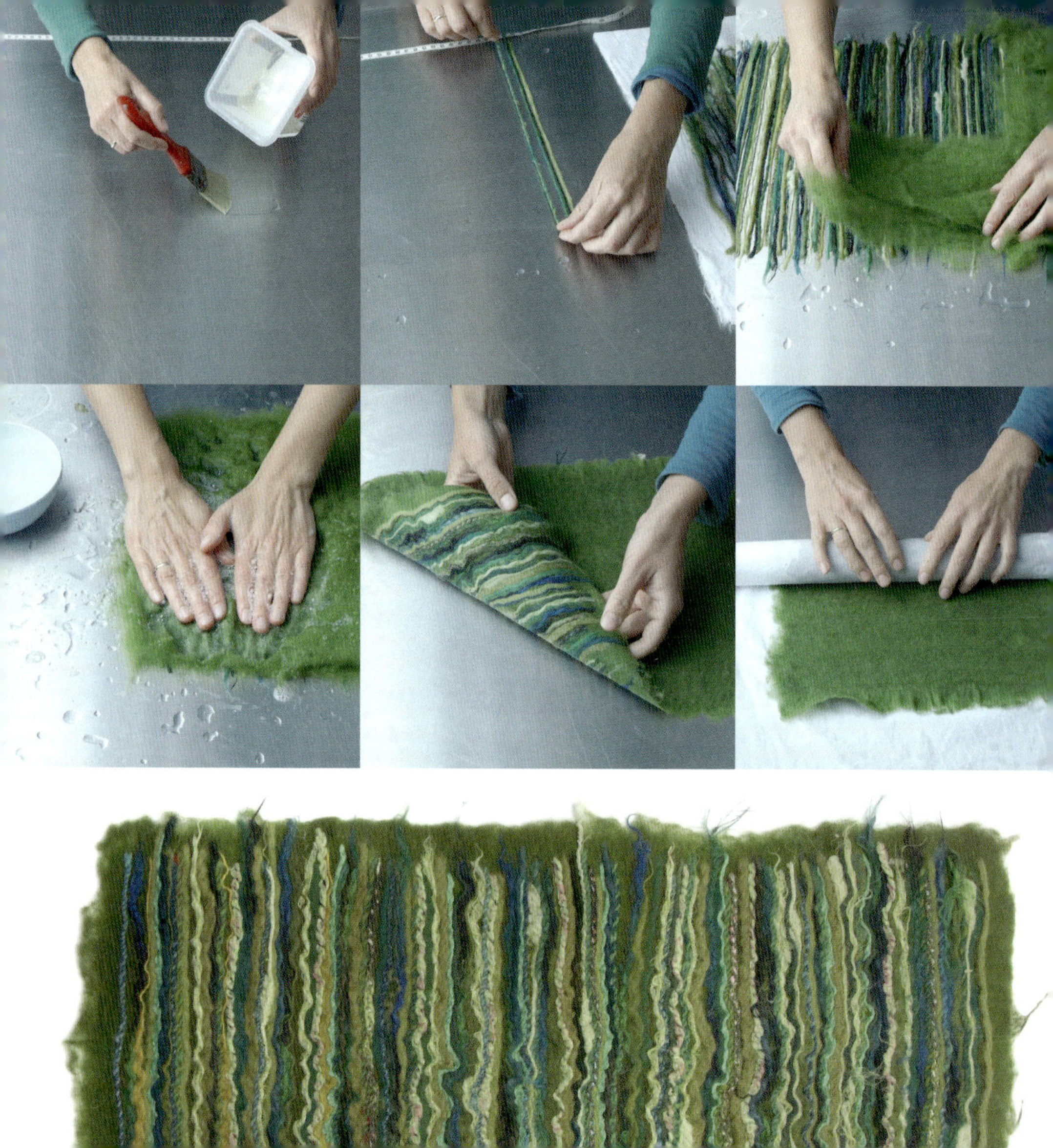

Fadenmalerei 2:
Gestreifter Vorfilz mit Vorgarn, Astgabelgarn und anderen Garnen

(Teil 1 findet sich in den FilzGeschichten, Maro 2013.) Hier passt „Malerei" noch besser, weil sozusagen eine ganze Fläche mit den Fäden ausgemalt wird.
Zuerst streiche ich die Arbeitsfläche mit Tapetenkleister ein (diese Neuerung ergab sich zufällig in einem Filzkurs), dadurch bleiben die Fäden dort, wo ich sie hinlege, anstatt herumzuschwimmen. Dann feuchte ich die vorsortierten Garne an und lege sie dicht an dicht auf die klebende Fläche. Darauf kommen zwei Lagen Merinowolle und alles wird mit wenig Wasser Stück für Stück vorsichtig angefilzt. Dabei kommen die Wollgarne den auf der Rückseite aufgelegten Fasern ein Stück entgegen, weil sie ja auch aus filzenden Fasern bestehen. Bei den synthetischen Garnen muss die Filzwolle die ganze Arbeit allein leisten: die Fasern wandern beim Reiben nach unten und durch die Garne hindurch oder schlingen sich darum herum und zurück, um sich dann wiederum mit den wollenen Fasern zu verbinden. Nur so kann eine feste Verbindung entstehen. Hilfreich ist hierbei eine glatte Unterlage, denn so bleibt den Wollfasern, wenn sie unten angekommen sind, nichts anderes übrig als die Richtung zu ändern.
Ist alles gut angefilzt, wird das Arbeitsstück vorsichtig auf ein Tuch gelegt und mit einem festen Kern kurz gerollt, einmal längs, einmal quer. Dann lasse ich es trocknen bis zur weiteren Verwendung. (Der Kleister wird während des Filzprozesses mit ausgewaschen.)

Spinnen mit der Astgabel

Den Reiz handgesponnener Garne habe ich vor einigen Jahren entdeckt und verbringe vor allem in den Wintermonaten so manche Stunde am Spinnrad. Die Vielfalt der Fasern zu mischen und als Garn in Form zu bringen, weckt, ähnlich wie beim Filzen, die Experimentierlust. Und nicht zuletzt lässt sich beides kombinieren. Außerdem ist das Astgabelspinnen ein meditativer Zeitvertreib für unterwegs und eine Möglichkeit, Wollreste zu verwerten. Die kostbaren, weil zeitaufwändig hergestellten und mit (Reise-)Erinnerungen verknüpften Garne eignen sich, um Filze zu mustern oder z.B. auch mit einer gehäkelten Kante zu ergänzen.
Ich habe das Spinnen mit der Astgabel von Anke gelernt, die bei jeder Wanderung ein bisschen bunte Wolle dabei hat. Eine Astgabel ist schnell gefunden, geschnitten und zurechtgeschnitzt. Ich zupfe mir die Wolle vorher noch und wickle sie zu einem Röllchen wie beim Vorgarn (s.o.). Je stärker das Ausgangsmaterial in Helligkeit und Farbtönen variiert, umso kräftiger fällt die Melierung im fertig gesponnenen Garn aus.

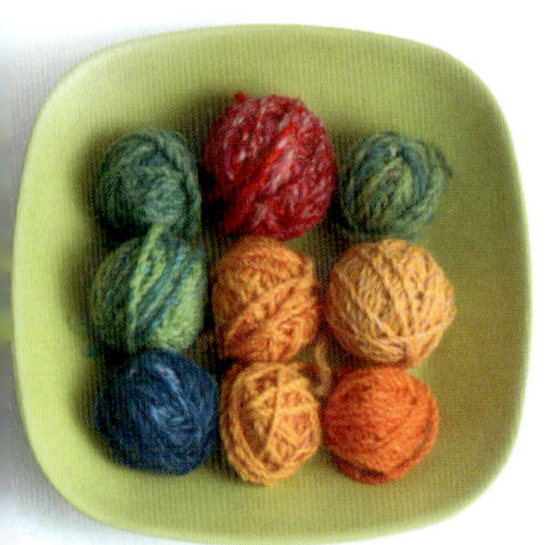

links: die Ausbeute der Fahrten des vergangenen Jahres.

rechts: handgesponnene und verzwirnte Garne auf einer Fläche aufgefilzt

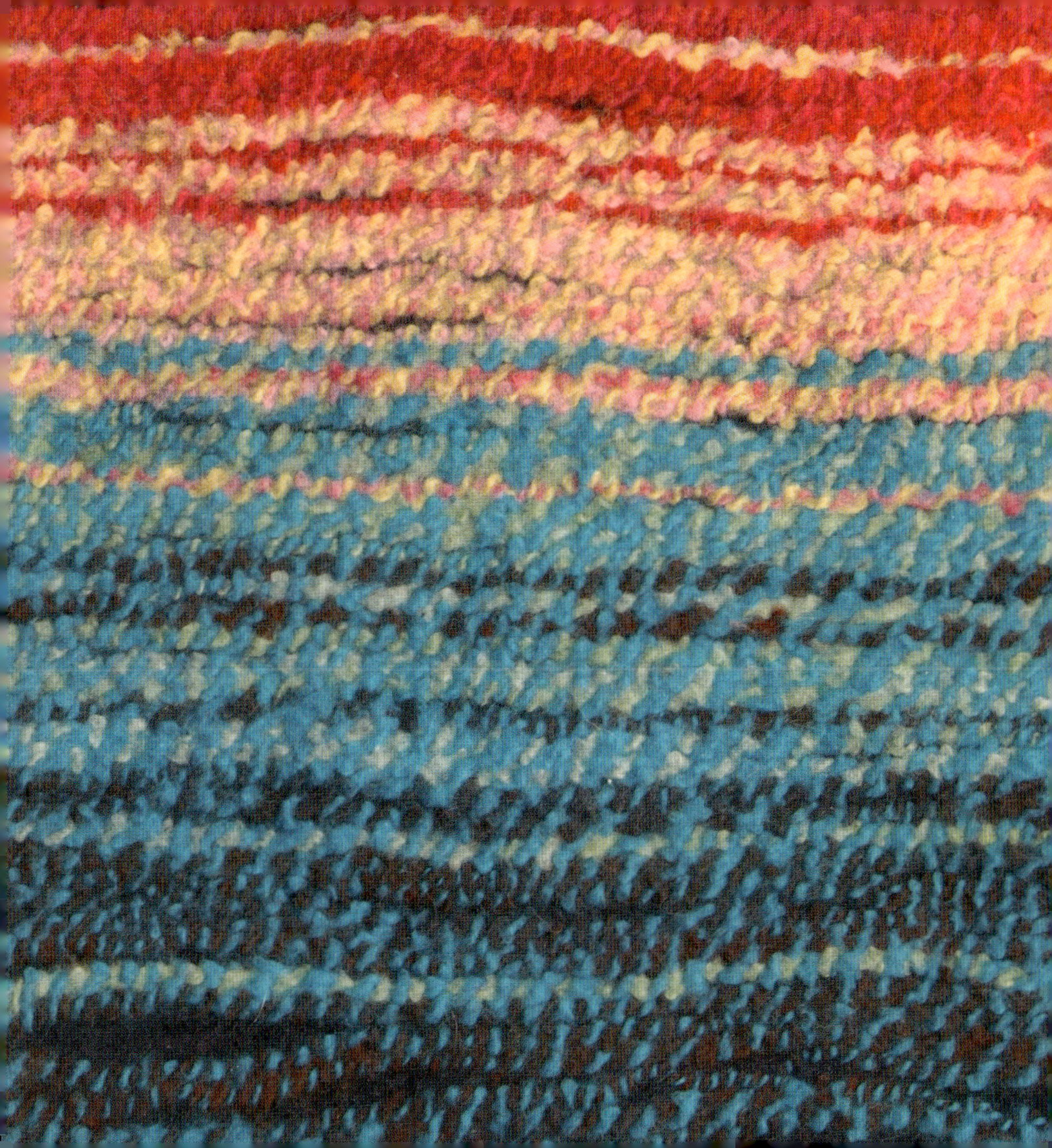

Aus diesem Röllchen zupfe ich wie für das Vorgarn einen gleichmäßig dünnen Faserstrang, der dann zwischen den Fingern der rechten Hand verdreht wird, bis der gesponnene Faden so unter Spannung steht, dass er sich mit sich selbst verdrillt, wenn man ihn locker lässt. (Etwas schneller geht es, wenn ich den Faden übers Knie rolle.) Mit der linken Hand muss ich zwischen Daumen und Zeigefinger die Übergangsstelle zwischen dem Faserstrang und dem Röllchen festhalten, damit nur das gleichmäßig ausgezogene Stück verdreht wird. Dieser Faden wird nun auf das Ästchen aufgewickelt und mit einer Schlinge an einem der beiden Gabelenden gesichert. Dann kommt das nächste Stück: Strang aus dem Röllchen ziehen, verdrehen, Schlinge lösen, aufwickeln, mit einer neuen Schlinge sichern und so weiter, bis das Röllchen aufgebraucht ist. Da ich beim Wandern meist nichts von der schönen Landschaft verpassen möchte, spinne ich eher bei langen Autofahrten, wenn ich nicht selbst fahren muss, vor allem bei den Autobahnabschnitten, die landschaftlich nicht so viel hergeben. Schön ist es auch beim Picknick (unten) und in der Hängematte (rechts).

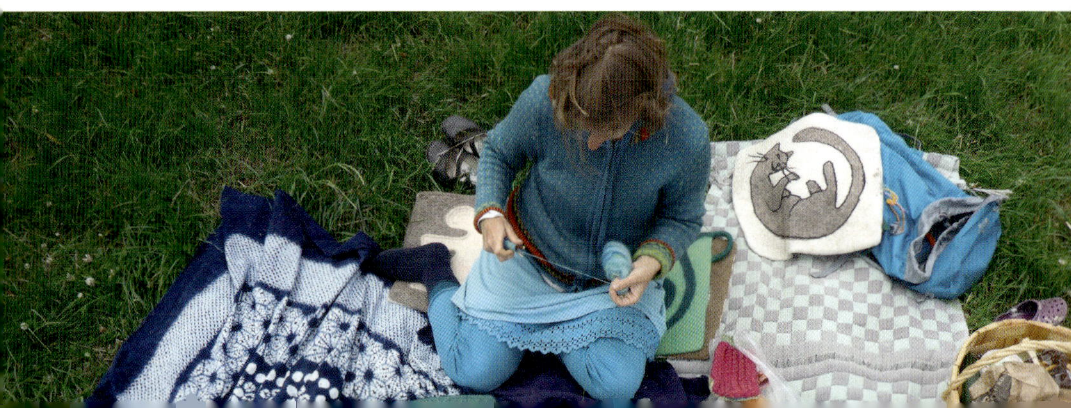

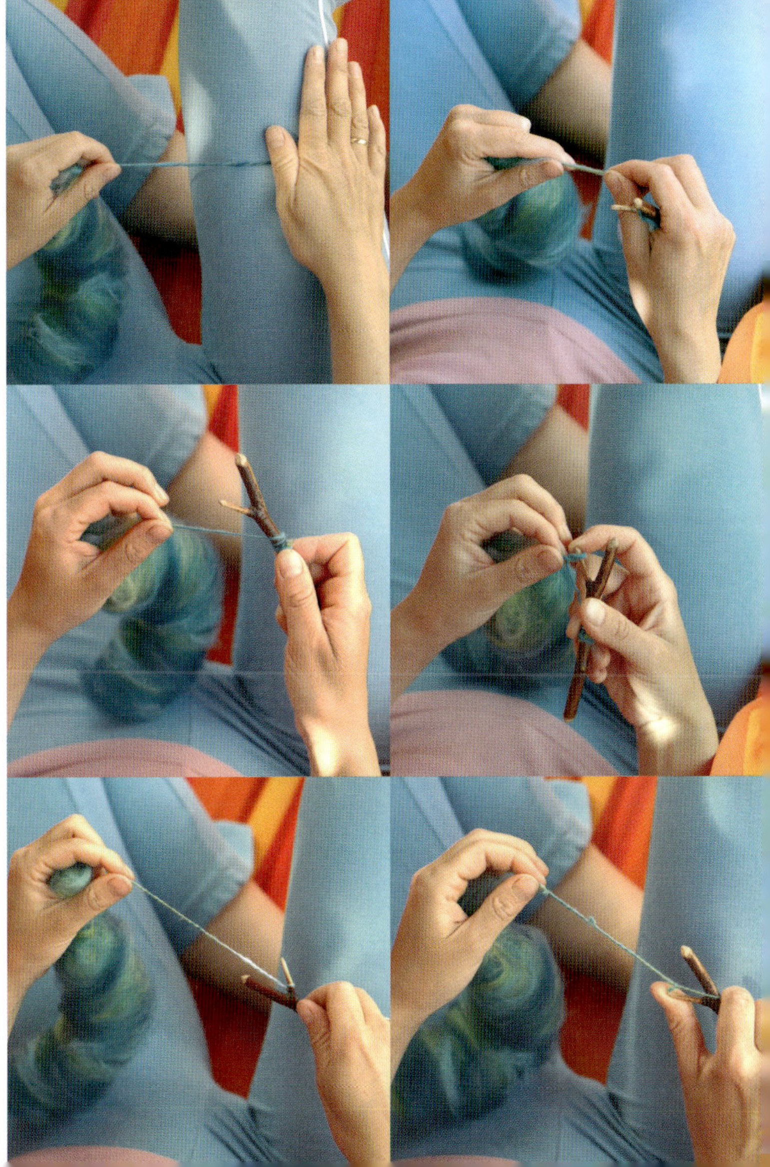

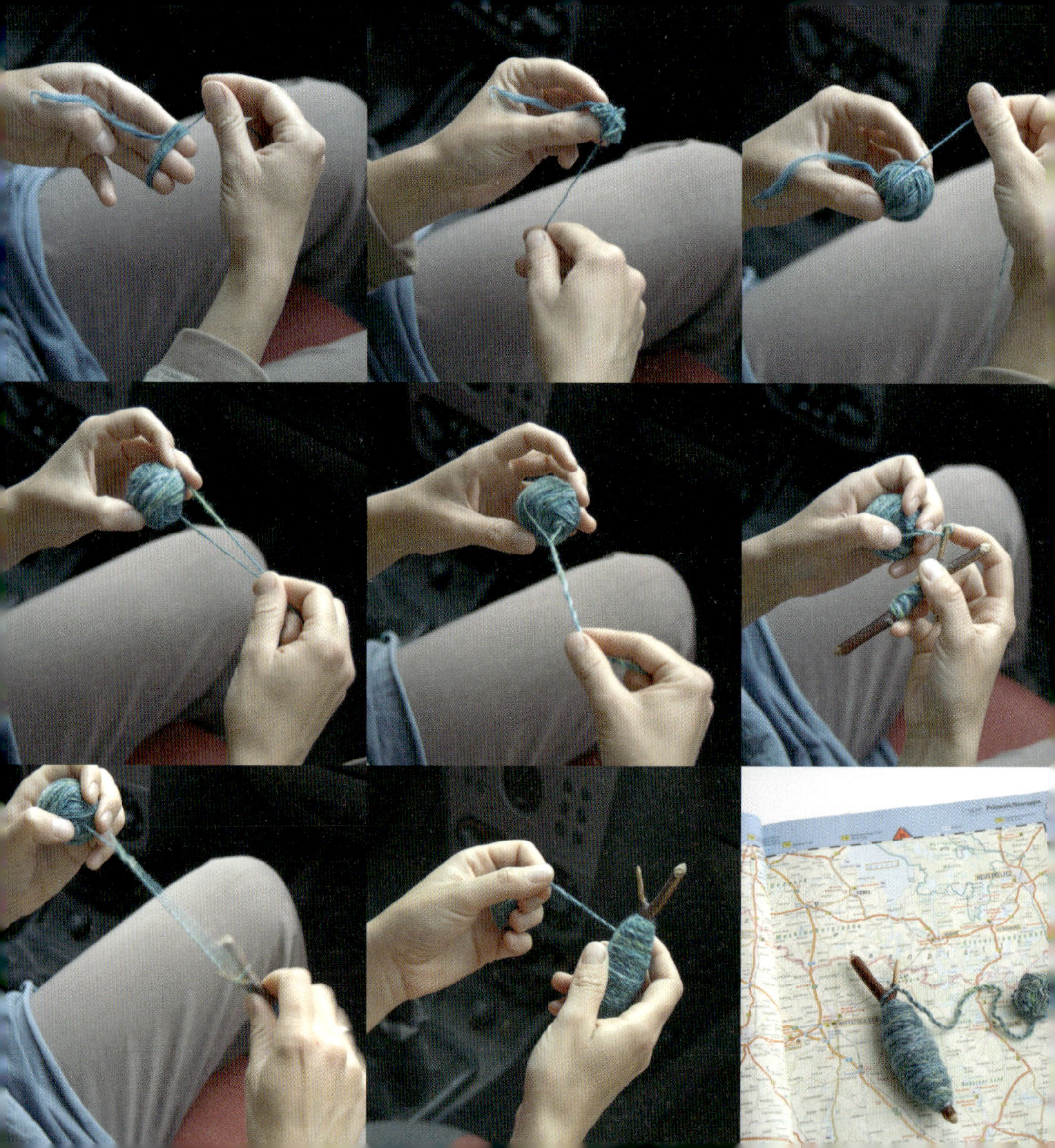

Verzwirnen mit der Astgabel

Ist die Astgabel mit dem gesponnenen Garn voll, muss es noch verzwirnt werden. Beim Verzwirnen werden zwei versponnene Fäden in der Gegenrichtung zusammengedreht, wodurch ein Garn entsteht, dass im Idealfall keinen Drall mehr hat und glatt liegt.

Dazu wickle ich das Garn auf ein Knäuel: Das Anfangsstück lasse ich hängen, dann wickle ich den ersten Teil sehr lose und den Rest des Garns so locker darum, dass sich der heraushängende Faden später aus der Mitte des Knäuels herausziehen lässt. Dadurch hat das Knäuel zwei Enden, die ich dann wiederum ein Stück parallel herausziehe und abwickle, dann zwischen den Fingern verdrehe (jetzt muss entgegengesetzt zur Spinnrichtung gedreht werden) und wie beim Spinnen auf das Ästchen wickle, bis das Knäuel aufgebraucht ist. Dann wird das verzwirnte Garn von der Astgabel wiederum auf ein Knäuel gewickelt.

Natürlich können auch verschiedenfarbige Garne miteinander kombiniert und verzwirnt werden.

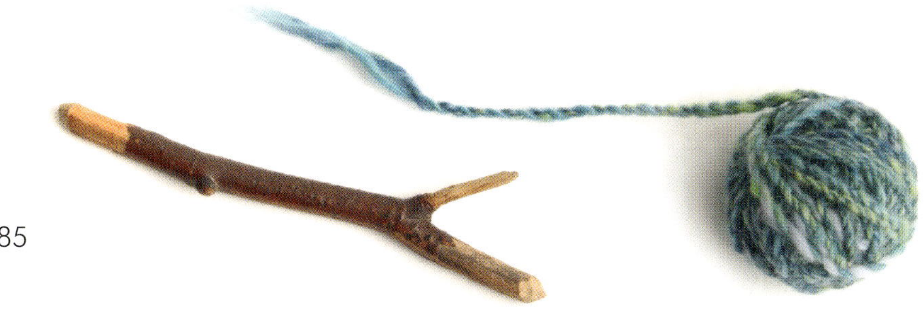

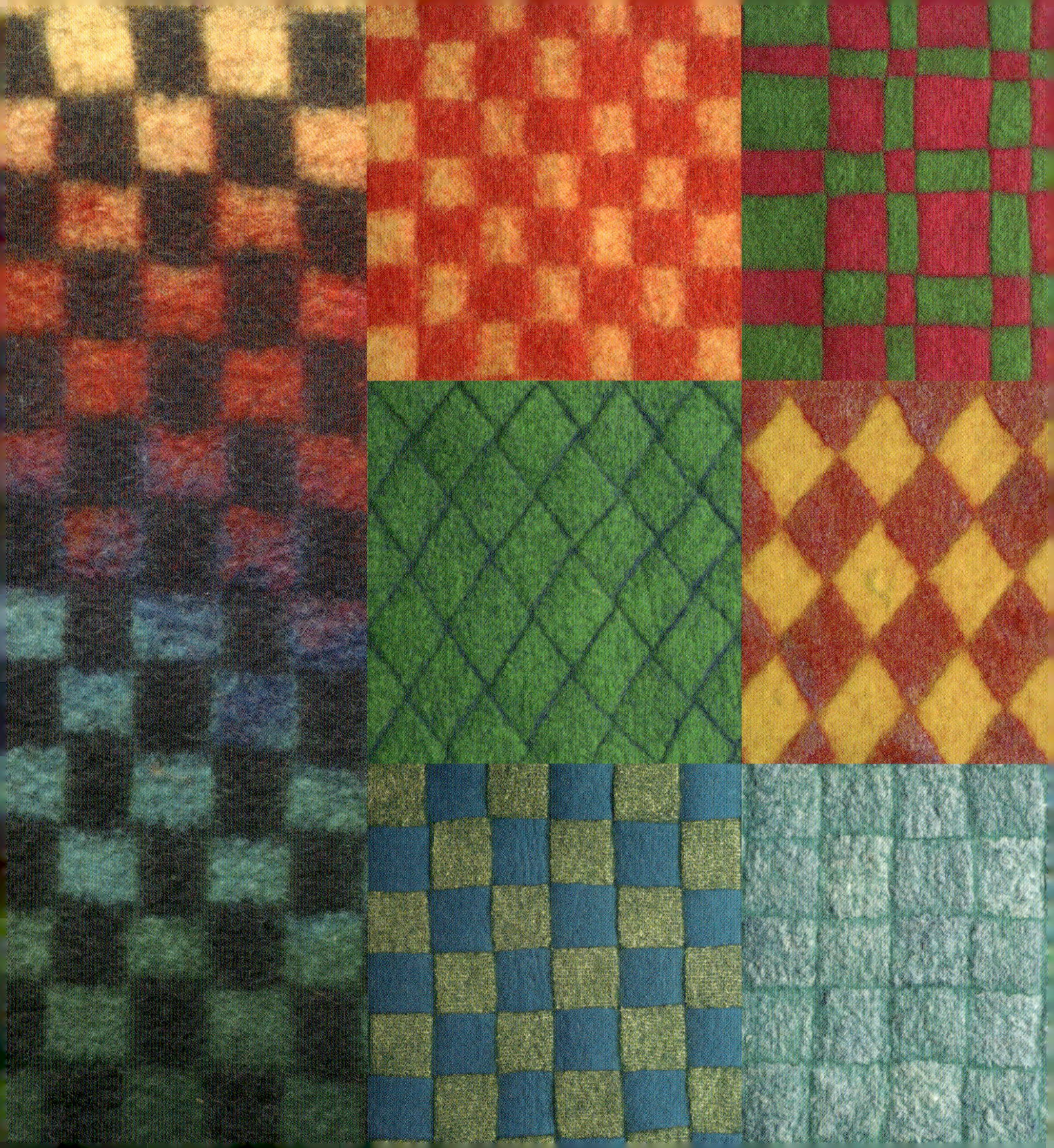

Schachbrettfilz

Die Flechtbögen aus Papier scheinen aus der Mode gekommen zu sein.
Als Vorübung für einen Schachbrettfilz bieten sie sich aber an, damit man nicht nach dem dritten Mal *um die Ecke denken* doch falsch abbiegt. Zumindest, wenn mit mehr als zwei Farben gearbeitet wird oder die Streifen verschiedene Breiten haben bzw. nicht gerade geschnitten, sondern beispielsweise gewellt sind (siehe unten).
Die Mühe lohnt sich, ein paar Papierstreifen sind schnell geschnitten. Ich ertappe mich selbst immer wieder dabei, doch schnell mit dem Filzen zu beginnen und einen Misserfolg in Kauf zu nehmen, anstatt vorher Zeit in einen Entwurf zu investieren.
Im Beispiel unten habe ich anhand des Entwurfs gemerkt, dass die beiden äußeren Kanten zu breit wirken und mich deshalb dann beim Zerschneiden des blauen Vorfilzes entschieden, mit einem halben Streifen zu beginnen und zu enden.

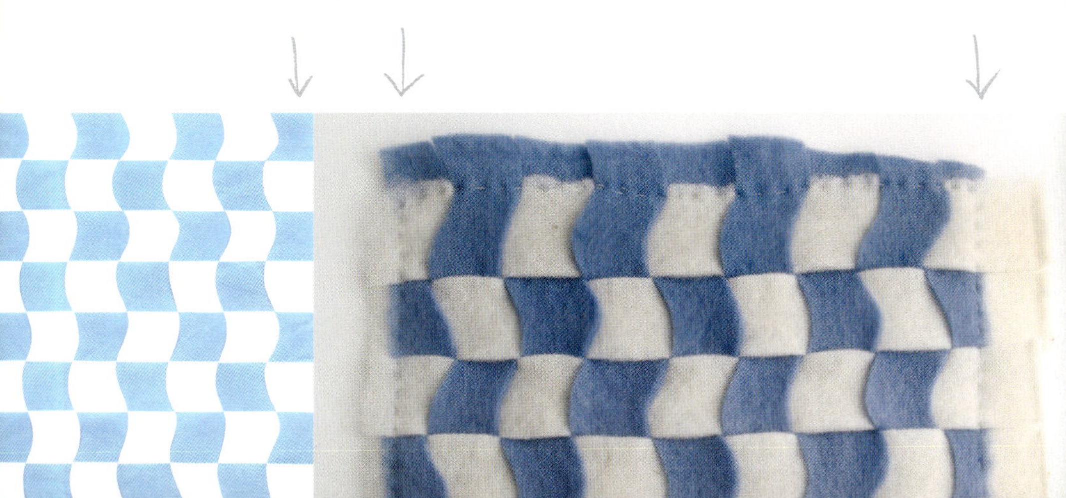

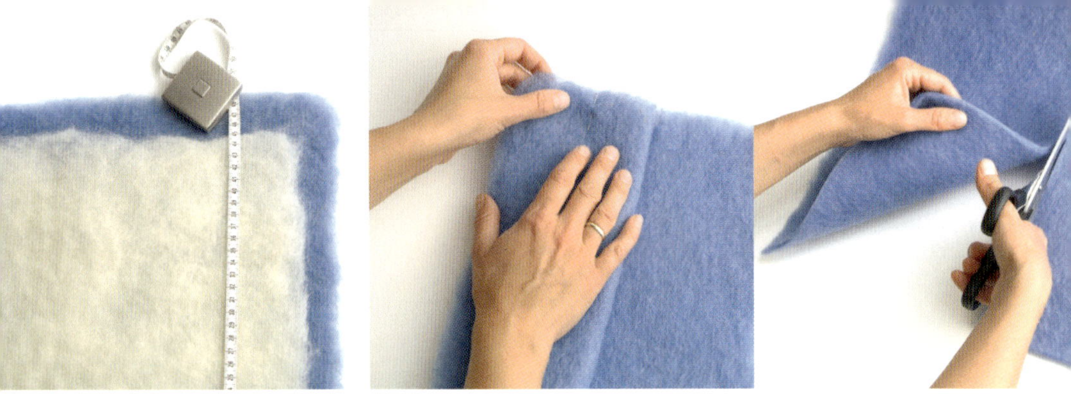

Teil 1
Schachbrett-Sitzfilz Schäfchenwolken

Zuerst brauchen wir hierfür zwei weiche Vorfilze aus Bergschafwolle, einmal himmelblau und einmal weiß. Der fertige Sitzfilz soll etwa 35 x 35 cm messen, also brauchen die Vorfilze eine Kantenlänge von etwa 47 cm, damit sie um etwa ¼ zu einem stabilen Filz einschrumpfen können. Es darf auch etwas reichlicher sein, denn hier werden für ein schönes Ergebnis (später beim Filzen!) die Kanten geschnitten.
Für ein Schachbrett (8 x 8 Felder) werden die Vorfilze in 8 Streifen geschnitten. Bei kleinen Filzen reicht mir das Augenmaß: einmal halbieren, dann die Hälften nochmals und die Viertel noch ein letztes Mal. Bei größeren Stücken falte ich den Filz und markiere die Knicke mit Stecknadeln. Wer möchte, kann auch abmessen.
Danach wird die erste Kante geflochten: im Beispiel ein blauer Randstreifen mit allen weißen Streifen. Dabei ist es sehr wichtig, dass die weißen Streifen wirklich Kante an Kante liegen. Lieber ein bisschen zu dicht, denn sonst entstehen beim Filzen an den Kreuzungspunkten Löcher. Die Außenkante wird mit Nadel und Faden geheftet, damit nichts auseinanderrutschen kann.

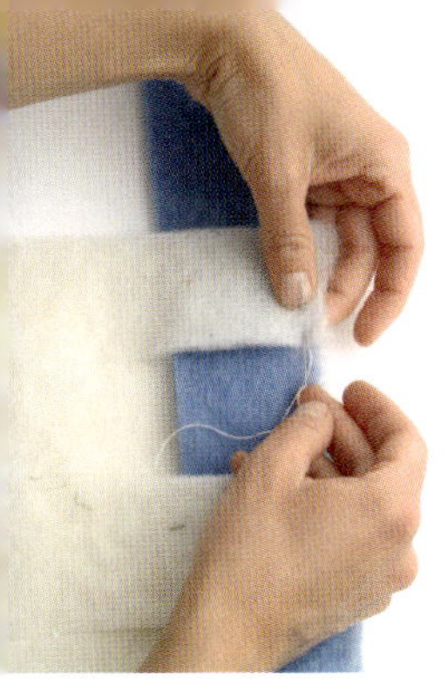

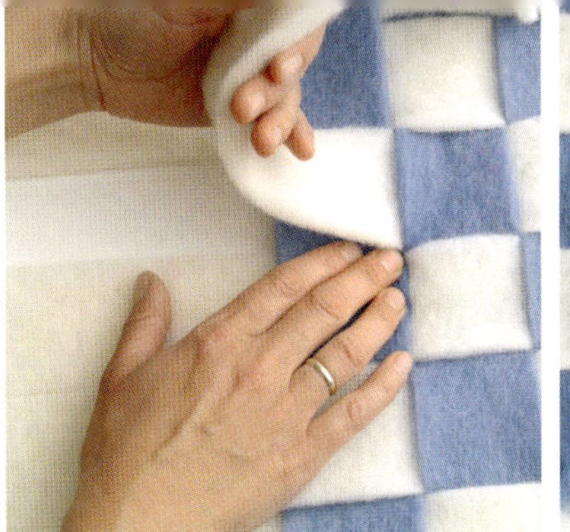

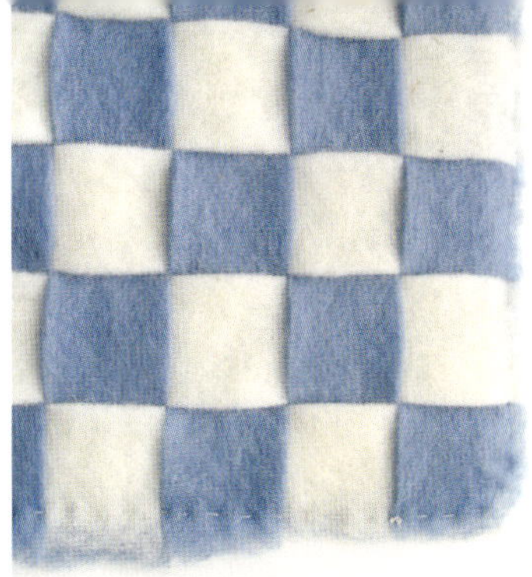

Dann werden nach und nach die blauen Streifen eingeflochten, auch hier darauf achten, dass sie möglichst dicht aufeinander folgen, bis zum Randstreifen. Dabei Streifen für Streifen weiter die Außenkanten zusammenheften. Wenn bei der fertig geflochtenen Fläche Streifenenden überstehen (im Bild weiß) bedeutet das nicht, dass ein Streifen fehlt, sondern dass dicht genug geflochten wurde.

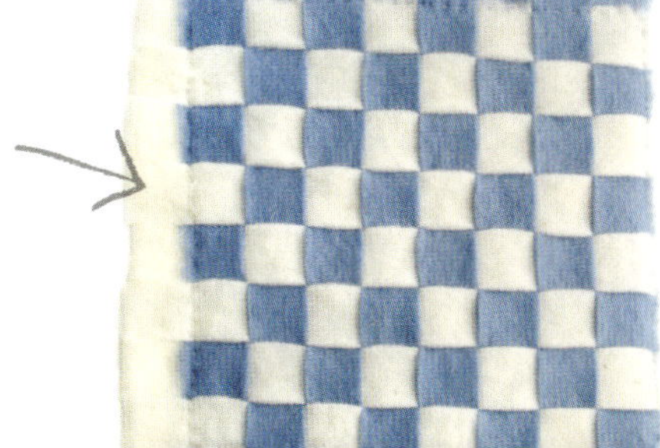

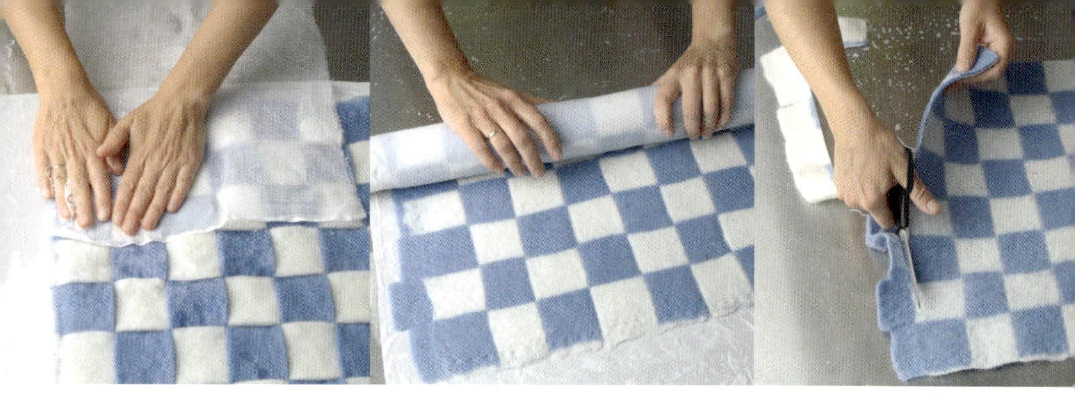

Beim Filzen empfiehlt es sich hier, eine Gardine zu benutzen, weil die Schnittkanten beim Reiben leicht hin- und hergeschoben werden können. Dies würde verhindern, dass sie zusammenfilzen. Die Fläche wird von beiden Seiten gut angefilzt und dann gewalkt. Dabei benutze ich zu Beginn einen festen Kern, im Beispiel eine Schaumstoff-Rohrisolation. Dadurch schrumpft der Filz im Inneren der Rolle nicht zu schnell. Wenn alles gut verbunden ist, werden die Kanten geschnitten, dabei muss darauf geachtet werden, dass die äußeren Karos nicht zu schmal werden.

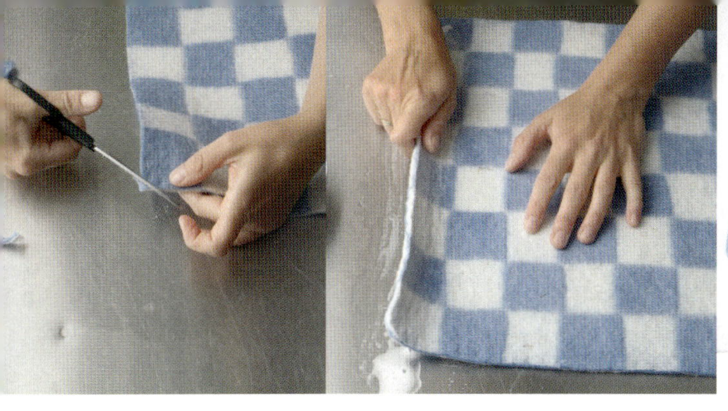

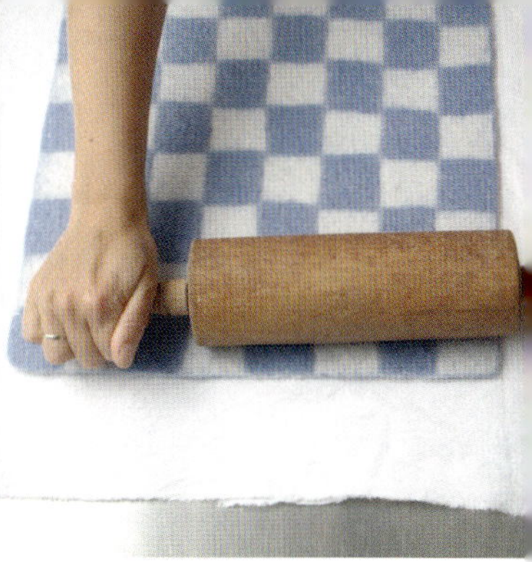

Die Ecken runde ich ein wenig ab. Die geschnittenen Kanten werden dann nochmals mit Seife eingerieben, bevor der Filz fertig gewalkt wird. Nach jedem Rollen muss die quadratische Außenform kontrolliert und ggf. durch Reiben und Ziehen korrigiert werden, damit die Ecken nicht auszipfeln. Der fertige Filz wird gründlich ausgespült und -geschleudert und dann nochmals in Form gebracht, die Oberfläche kann mit dem Nudelholz geglättet werden.
Nach dem Trocknen werden noch die Heftfäden vorsichtig herausgezogen – fertig.

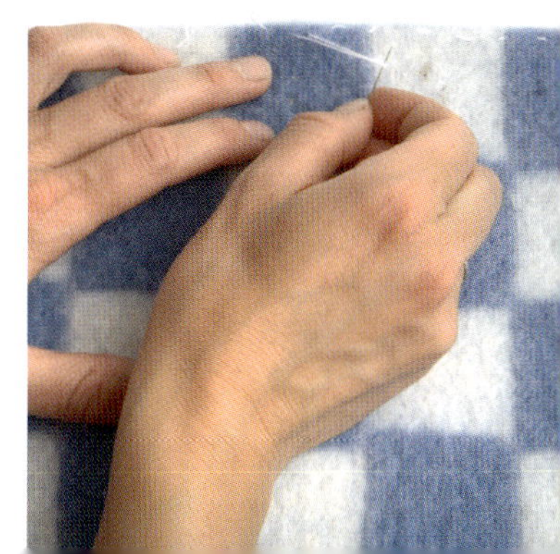

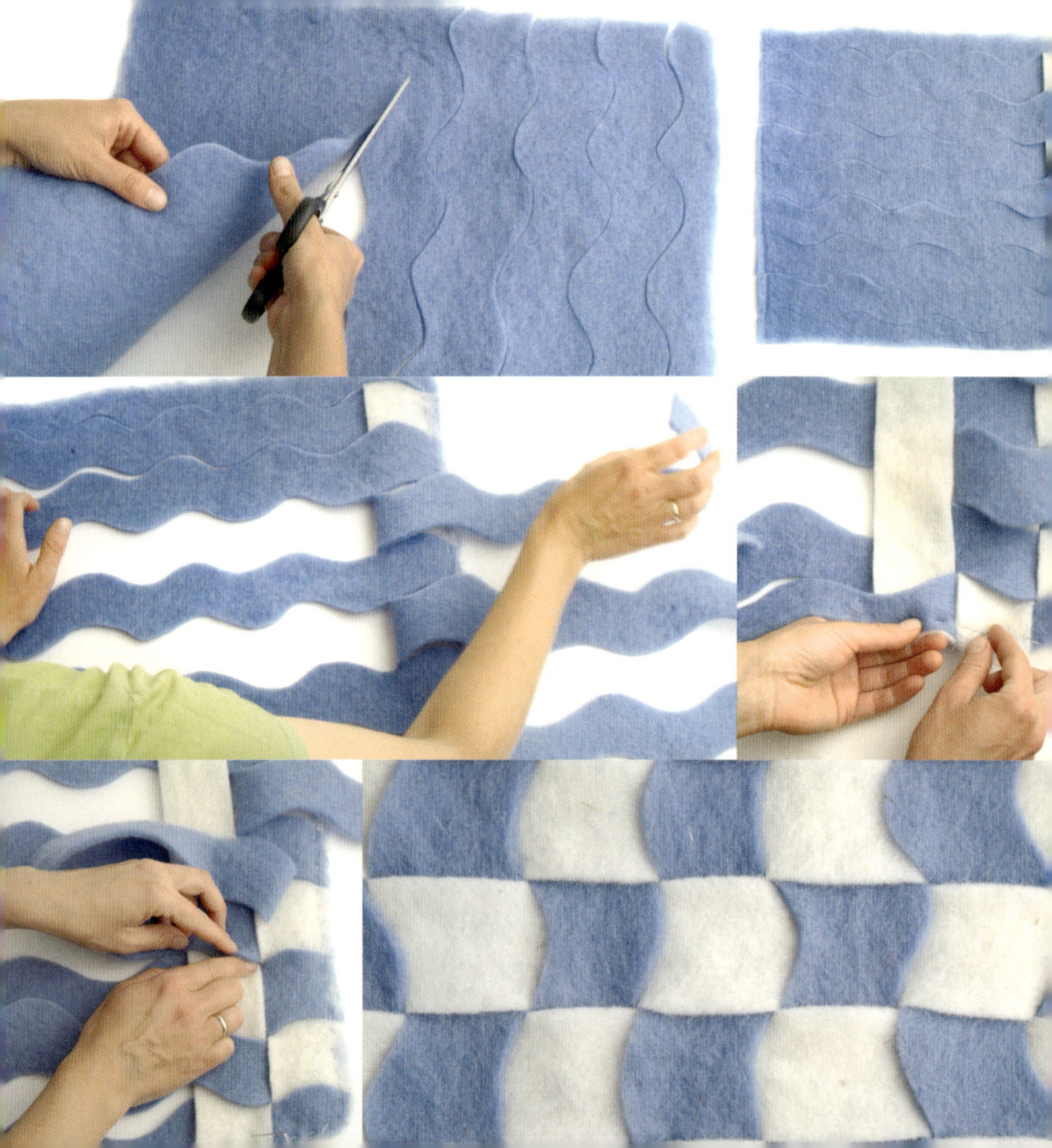

Teil 2
Schachbrett-Sitzfilz Schäfchenwolken im Wasserspiegel

Die einzelnen Arbeitsgänge sind fast die gleichen wie bei Teil 1, es gibt aber einige Besonderheiten zu beachten: wie bereits eingangs gesagt, habe ich mich nach dem Papierentwurf entschieden, mit einem halben blauen Streifen zu beginnen (siehe Bild Seite 87), das heißt, es gibt 9 blaue Streifen, 7 breite und zwei schmale für die Ränder. Ich schneide auch hier lieber frei Hand, es ist aber genauso gut möglich, eine Papierschablone herzustellen und vor dem Schneiden auf den Filz zu heften. (Der weiße Vorfilz wird wie bei Teil 1 in 8 Streifen zerschnitten.) Geflochten wird wie bei Teil 1, wichtig ist, dass die gewellten Streifen genau Kante an Kante liegen, dazu müssen sie in der gleichen Reihenfolge eingeflochten werden, wie sie geschnitten wurden und dürfen dabei nicht gedehnt werden. Auch hier wieder darauf achten, dass an den Kreuzungspunkten keine Löcher entstehen und das Geflecht schön dicht ist, dabei die Außenkanten heften. Beim Schneiden der Außenkanten nochmals bedenken, dass die blauen Randstreifen halbiert sind (nicht zu wenig abschneiden) und auf die quadratische Gesamtform achten.

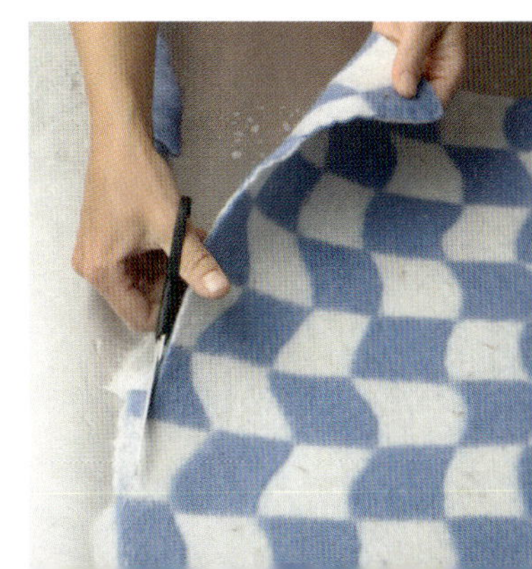

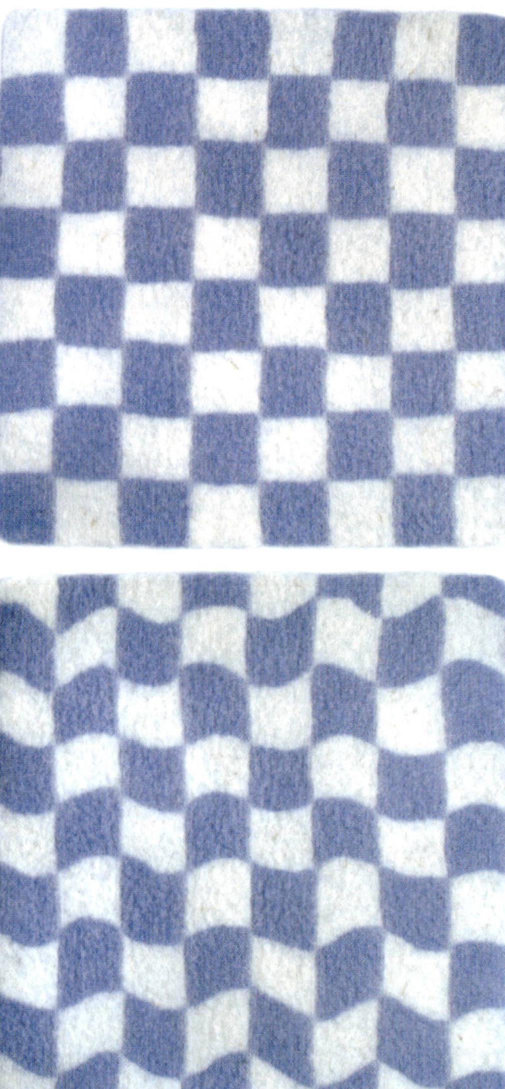

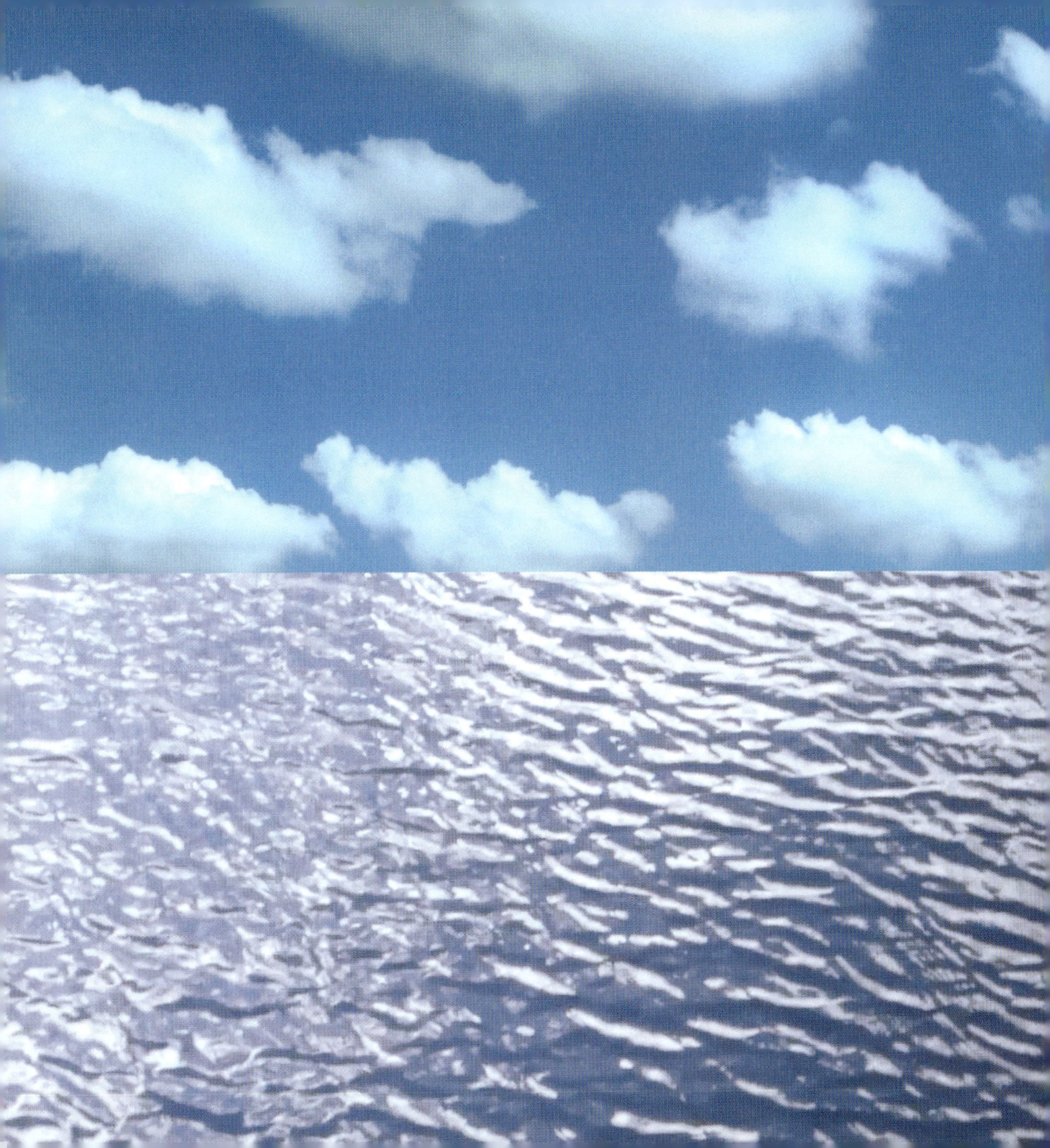

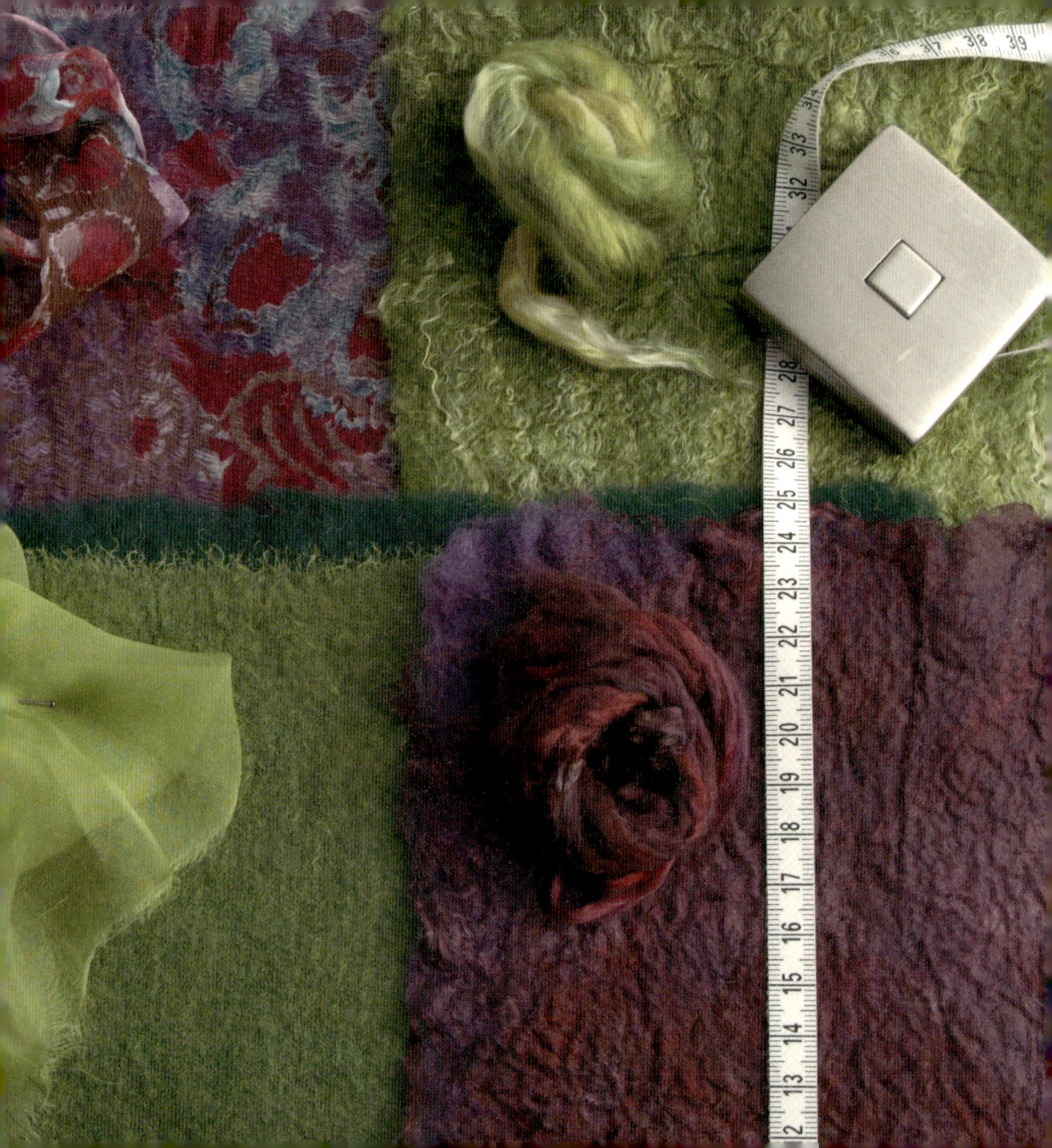

Mosaiktechnik gefilzt: Kissenstoff Quartett

Unten links ist meine erste Ideenskizze zu sehen, so zwischendurch hingekritzelt finde ich sie besonders schön, weil die Grundform (in der ich ein herzförmiges Blatt sehe) in jedem der Viertel ein bisschen anders aussieht. Für diesen Kissenstoff muss allerdings exakt die gleiche Form aus allen vier Vorfilzen ausgeschnitten werden, damit die Teile dann vertauscht wieder zusammengepuzzelt werden können. (Die Symmetrie wird hier durch unterschiedliche Gestaltung der Oberflächen der einzelnen Vorfilze gebrochen.)

Der Entwurf für das Herzblatt ist auf einer quadratischen Fläche diagonal gespiegelt. Das Kissen im Beispiel hat ein Endmaß von ca. 38 x 38 cm plus Nahtzugabe. Die weichen Vorfilze (nur von Hand anreiben, nicht walken) messen ca. 25 x 25 cm. Für die zweilagigen Vorfilze habe ich Merinowolle vom Vlies verwendet und Seidenfasern und -stoffe, um die Oberfläche zu mustern.

Ich bin immer wieder überrascht, wie schön manch wild gemusterter (Oma-)Stoff nach dem Filzen aussieht.

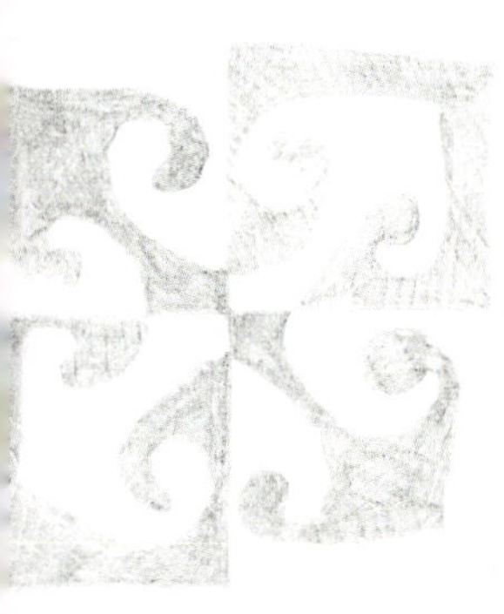

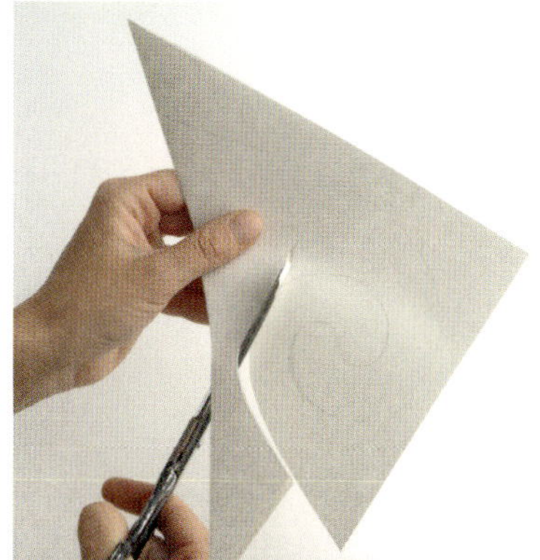

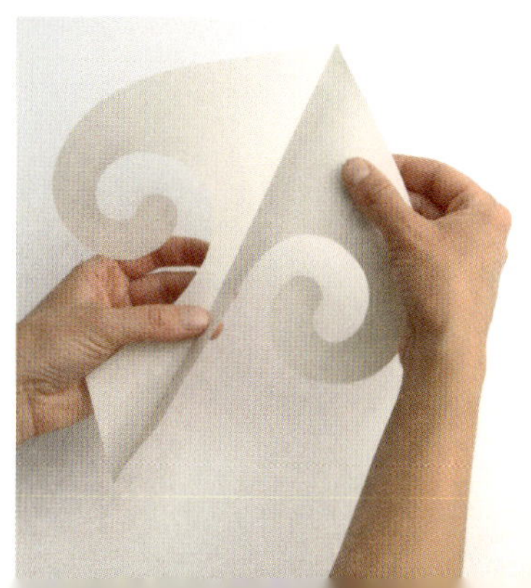

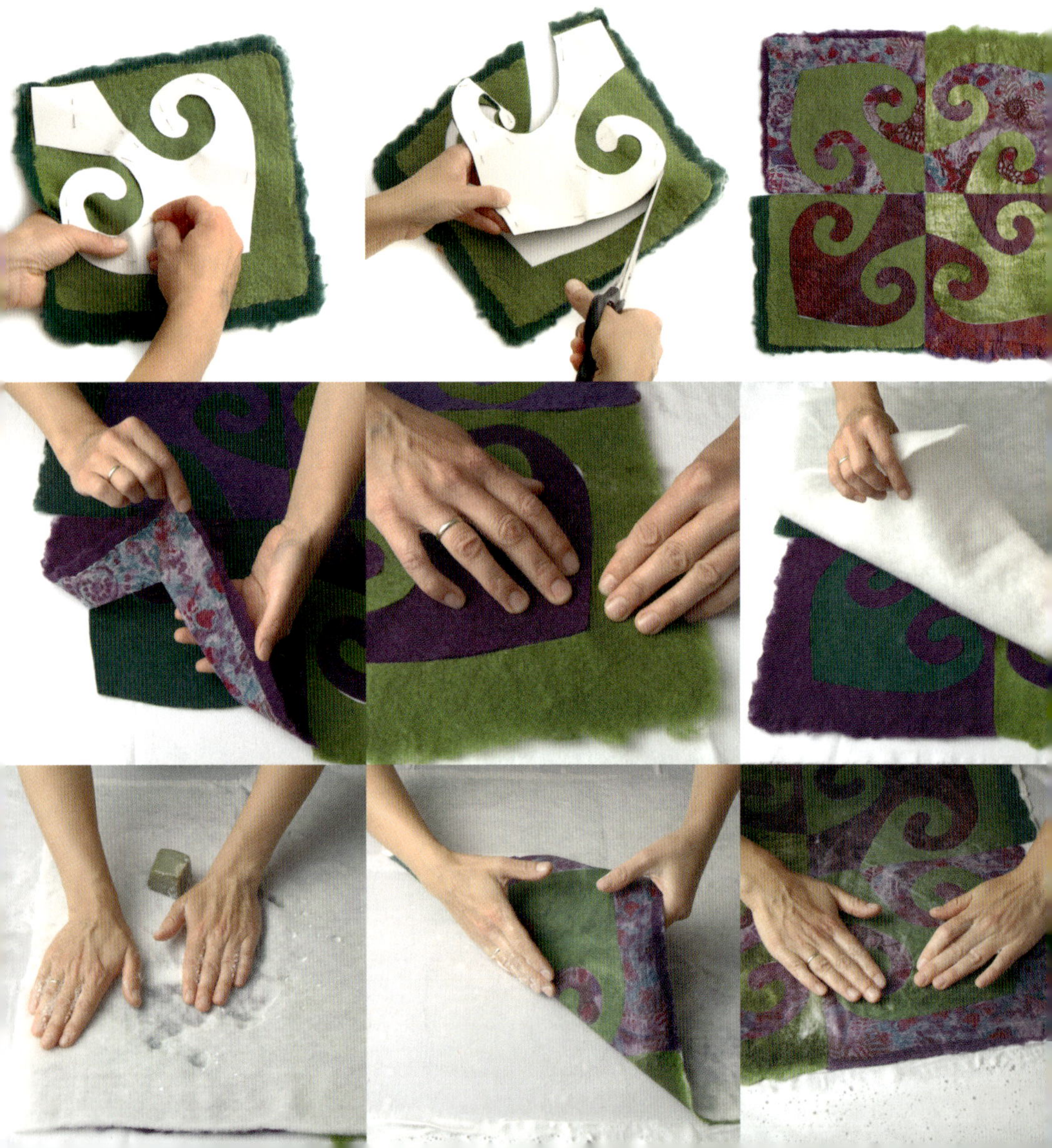

Der in Vorfilzgröße ausgeschnittene Entwurf wird mit Stecknadeln auf die Vorfilze geheftet und ausgeschnitten, dabei möglichst knapp an der Papierkante entlangschneiden, damit die Proportionen des Musters erhalten bleiben. Nun beginnt das Puzzeln, hier gibt es mehrere Varianten. Wenn ich mich nicht entscheiden kann, lasse ich das Ganze über Nacht liegen und schaue morgens nochmal drauf.
Eine andere Möglichkeit ist, die Varianten zu fotografieren und die Bilder nebeneinander zu legen, um eins auszuwählen. Die Kontraste (Farbe oder Hell-Dunkel) sollten so ausgeglichen sein, dass die Form sich gut von der Gegenform abhebt.
Ist die Entscheidung gefallen, wird alles gewendet und „mit dem Gesicht nach unten" auf ein Tuch gelegt. Dabei sollten die Kanten dicht an dicht liegen, es darf keine Lücke dazwischen bleiben, diese würde sich sonst beim Filzprozess verbreitern. Ich habe beim Teppichfilzen gelernt, dass Vorfilze Kante an Kante nicht zusammengelegt werden sollten, weil sich beim Filzen immer ein Spalt dazwischen bildet. Beim Experimentieren mit einem anderen Ziel bin ich dann darauf gekommen, dass es zumindest bei sehr dünnen Vorfilzen doch funktionieren kann. Die Rückseite wird mit zwei dünnen Schichten weißer Merinowolle oder, wie im Beispiel, mit Nadelvlies abgedeckt.
Nun wird alles mit wenig Wasser sehr vorsichtig Stück für Stück angefilzt, bis farbige Fasern der Vorfilze auf der Rückseite sichtbar werden. Dann wird der Filz gewendet (ebenfalls sehr vorsichtig vom Tuch lösen) und von der Musterseite nochmals mit den Händen gerieben, dabei vor allem wieder darauf achten, dass die Schnittkanten nicht auseinandergeschoben werden.

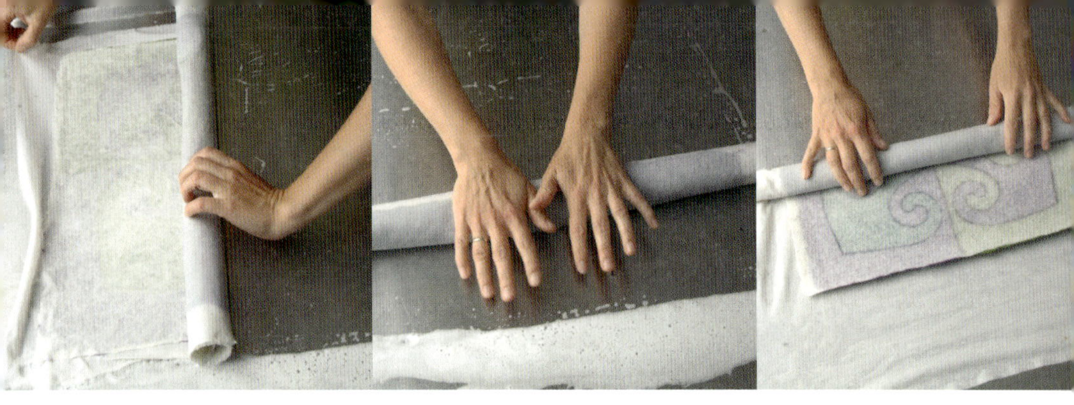

Gewalkt wird wieder mit der Rückseite nach oben, bei größeren Stücken hier unbedingt einen festen Kern verwenden, im Beispiel reicht ein Stück zusammengerolltes Tuch. Dabei anfangs vorsichtig und mit wenig Druck kurz von jeder Kante einmal rollen, dann mit mehr Druck arbeiten, bis ein fester Filz entstanden ist.
Auf der Rückseite zeichnen sich die Schnittkanten ab, was auch sehr schön aussieht. Manchmal entscheide ich mich an dieser Stelle, die Rückseite zur Vorderseite zu erklären. Da ich mir aber die Mühe mit den Nunofilzen gemacht habe, bleibt es diesmal so, wie ursprünglich geplant. Die Ränder schneide ich nicht ab, sondern lasse sie als Nahtzugabe. Der Filz wird gründlich gespült und nach dem Trocknen von der Rückseite gebügelt. Für ein Kissen brauche ich nun noch einen farblich passenden Stoff oder Filz und die Füllung, dann geht es ab aufs Sofa.

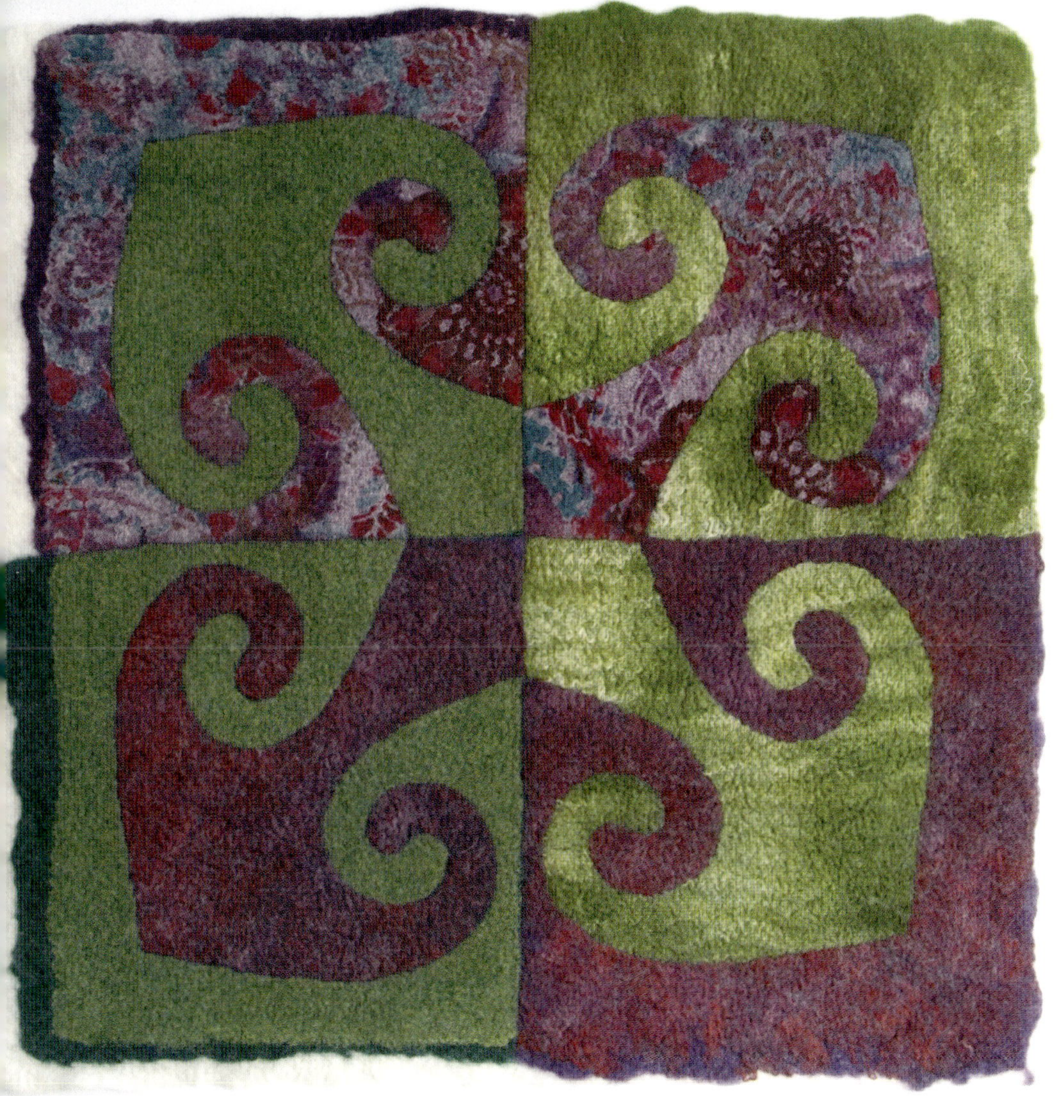

Mosaik genäht: Drilling Flora

Für Flora brauchen wir drei dünne, feste quadratische Filze, im Beispiel in den Farben pink, orange und gelb. Der Entwurf für Flora entstand aus einem Scherenschnitt. Die Papiervorlage wird ausgeschnitten und mit Stecknadeln auf den Filz geheftet, dann schneide ich mit einer scharfen Schere so dicht wie möglich entlang der Papierkante die Formen aus dem Filz, zuerst die Kreisform, dann die symmetrische Blumenform.

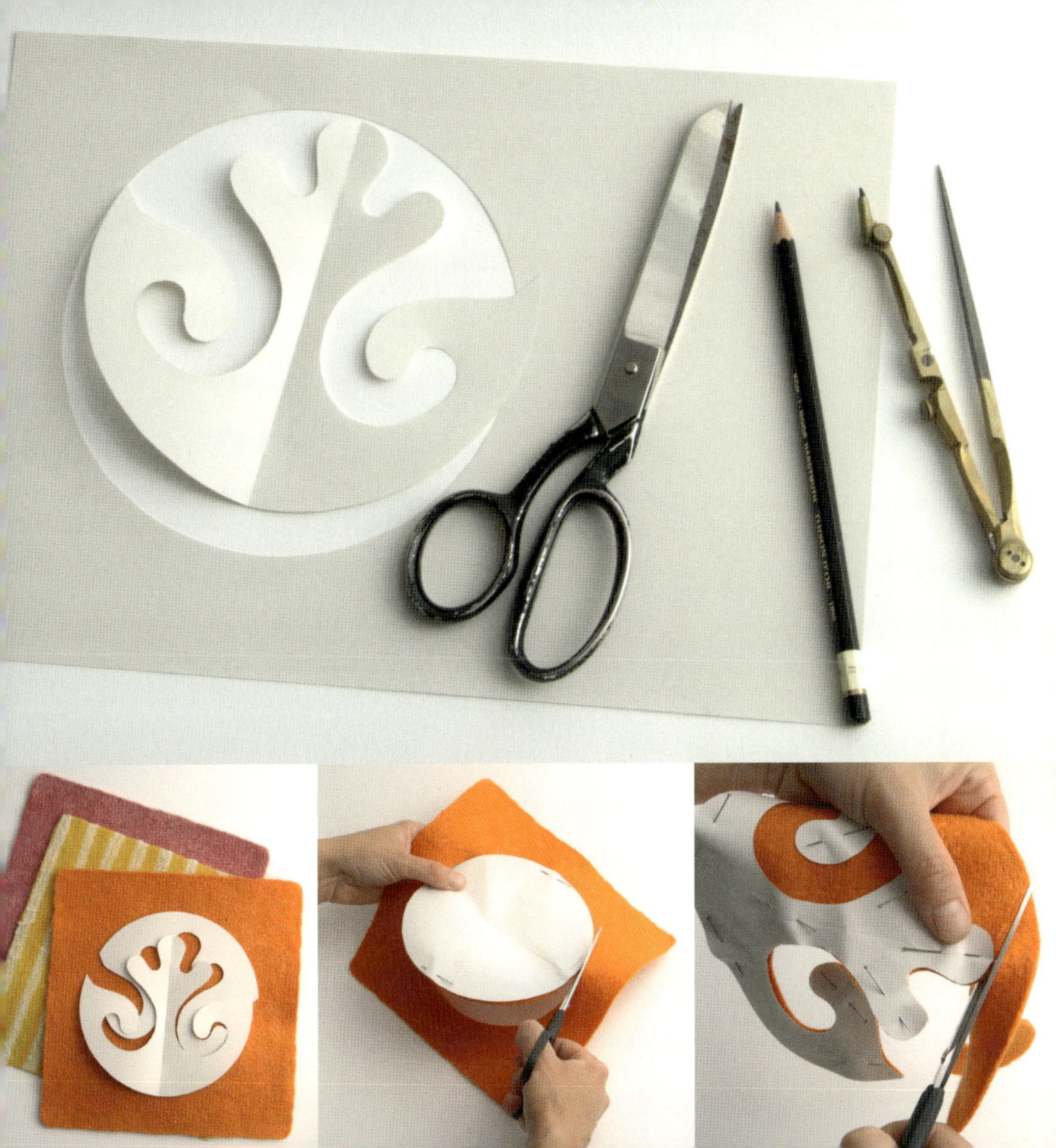

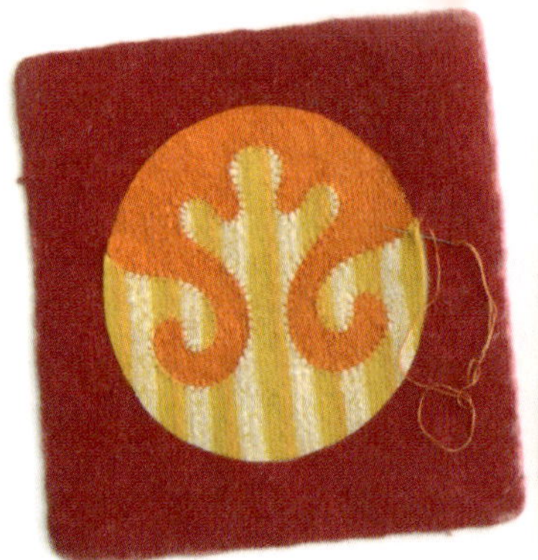

Sind alle Filze zerschnitten, werden die Formen ausgetauscht und ineinandergelegt. Nun beginnt die Näharbeit: mit farblich passendem Garn (im Beispiel Teilgarn 2-fädig, es darf aber auch dicker oder dünner sein oder eine Kontrastfarbe haben) wird mit kleinen Stichen knapp neben der Schnittkante von unten nach oben durch den Filz genäht, immer abwechselnd durch beide Teile, die zusammengefügt werden sollen. Dabei muss darauf geachtet werden, dass die Form sich nicht verschiebt, dazu immer wieder alles auf den Tisch legen, die Filzteile müssen glatt liegen und sollten sich nicht aufwölben. (Kleinere Unebenheiten werden ausgeglichen, wenn man das fertige Stück von der Rückseite dämpft.) Ist die Blütenform mit der Gegenform zusammengefügt, wird der entstandene Kreis in den Rahmen eingenäht. Ebenso wird der 2. und der 3. Drilling zusammengenäht.

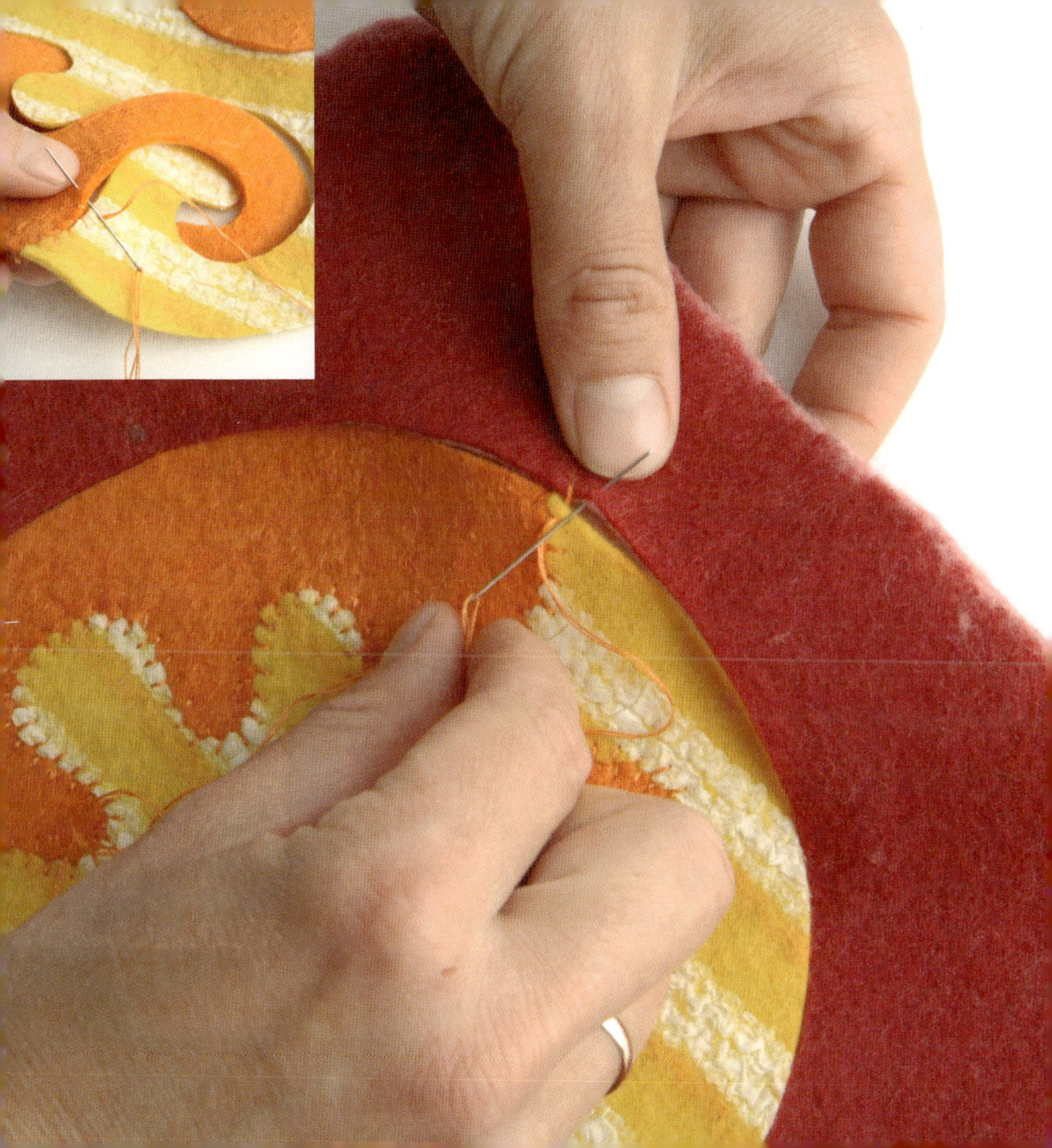

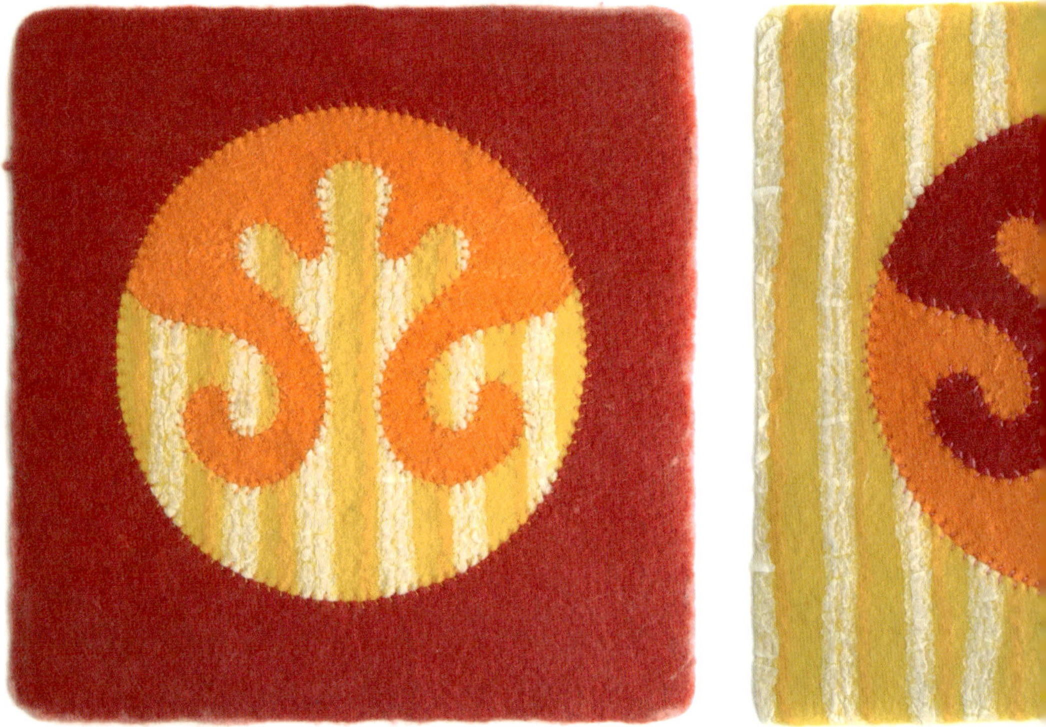

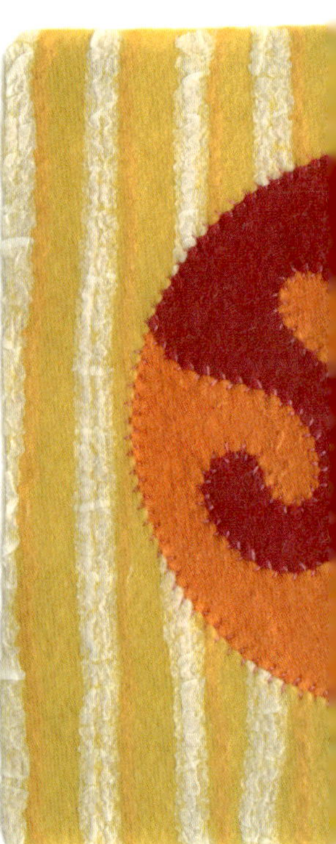

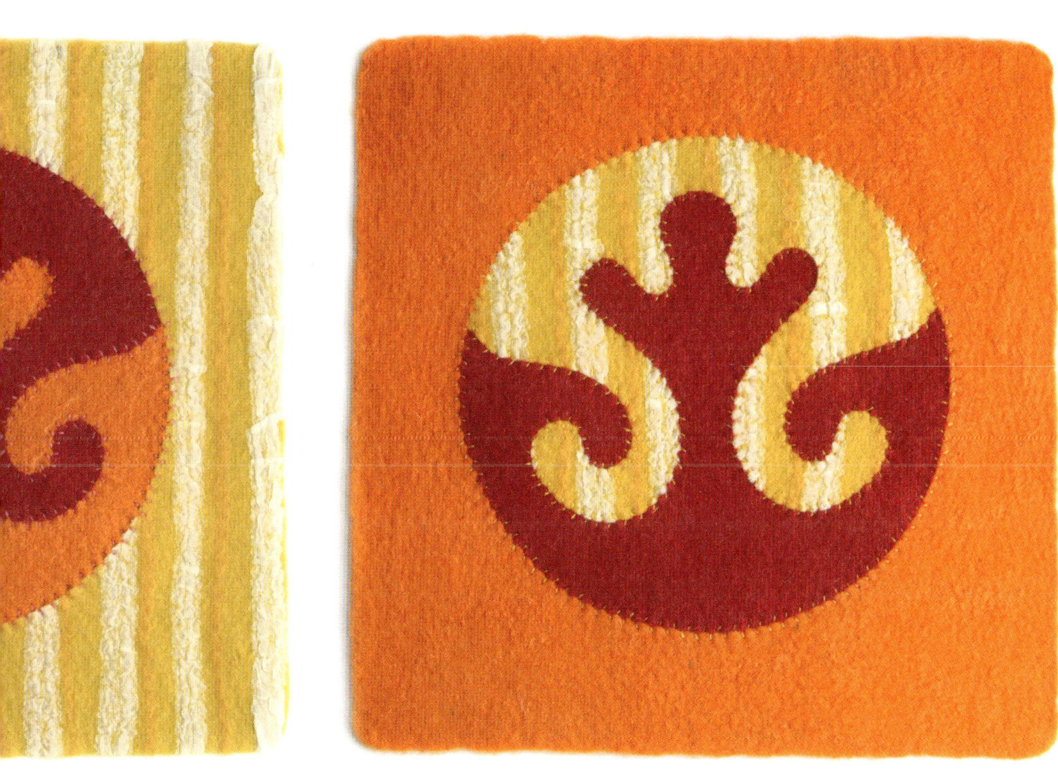

Usbeklakei

So hieß eins der beiden Themen zur Filzkunstwoche in Hohebuch 1999. Dort konnte ich die Entstehung einer schönen Serie Teppiche nach der Mosaiktechnik der afghanischen Usbeken verfolgen. Diese bestehen nur aus der Musterschicht mit den Nähten und sind daher, je nach Dicke der Filze, recht dünne und fragile Teppiche oder eher Filzdecken. Da der Filz dank seiner komplexen Struktur an geschnittenen Kanten nicht ausfranst, können die Mosaikteile wie ein Puzzle aneinandergelegt und Kante an Kante zusammengenäht werden.
Ich selbst hatte mich für eine Filztasche mit Lederapplikation bei Mari Nagy angemeldet. Während sich bei den Taschen das eigentliche Filzen auf wenige Stunden beschränkte und wir die meiste Zeit mit dem Nähen der Lederapplikationen und dem Flechten der Schnüre beschäftigt waren, wurden für die Teppiche mit viel Wasser, Kraft und Schweiß große Filzflächen angefertigt. Hier hatten Katharina Thomas und István Vidák die Leitung. Nach der Bildfindung und dem Entwurf (jeder Teppich sollte eine Geschichte erzählen) wurden die Filze zerschnitten und aufgeteilt, da gab es ein Handeln und Feilschen und Tauschen und Hin und Her, bis alle zufrieden waren und die Bilder Gestalt annahmen. Sicher waren Kompromisse nötig, die auch, je nach Temperament der Filzerin, mehr oder weniger freiwillig eingegangen wurden, aber jede hatte genug Material für ihren Teppich und es blieb kein Schnipsel übrig. Es war wie ein großes Puzzle, das aus mehreren Bildern besteht. Dies habe ich als sehr dynamischen Prozess in Erinnerung. Und dann wurde auch in der Teppich-Gruppe genäht, bis alles zusammengefügt war für die feierliche Präsentation am letzten Tag. Die einzelnen Bilder des Puzzles fügten sich zu einem großen Ganzen zusammen, ganz verschiedene Geschichten, die durch die Verwendung des gleichen Materials, der selben Farben und Ornamente als irgendwie zusammengehörig erkennbar blieben, bevor sie sich mit der jeweiligen Besitzerin aus der Gruppe verabschiedeten und sich in alle Himmelsrichtungen verteilten, um ihre Geschichten anderswo zu erzählen.

Solche Begegnungen und Erinnerungen sind es, die mich dazu veranlassen, dem Ornamentthema immer wieder Raum zu geben. So bin ich vor drei Jahren der Lust auf einen eigenen Mosaikteppich gefolgt und habe den Herbstbaum gefilzt und genäht. Der Entwurf stammt noch aus der Entstehungszeit der FilzGeschichten.

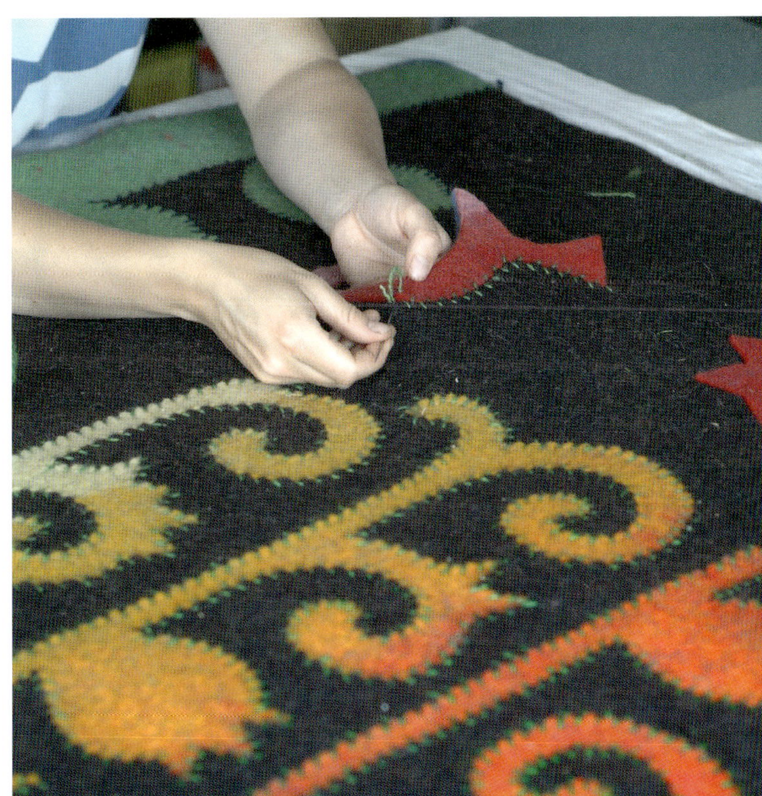

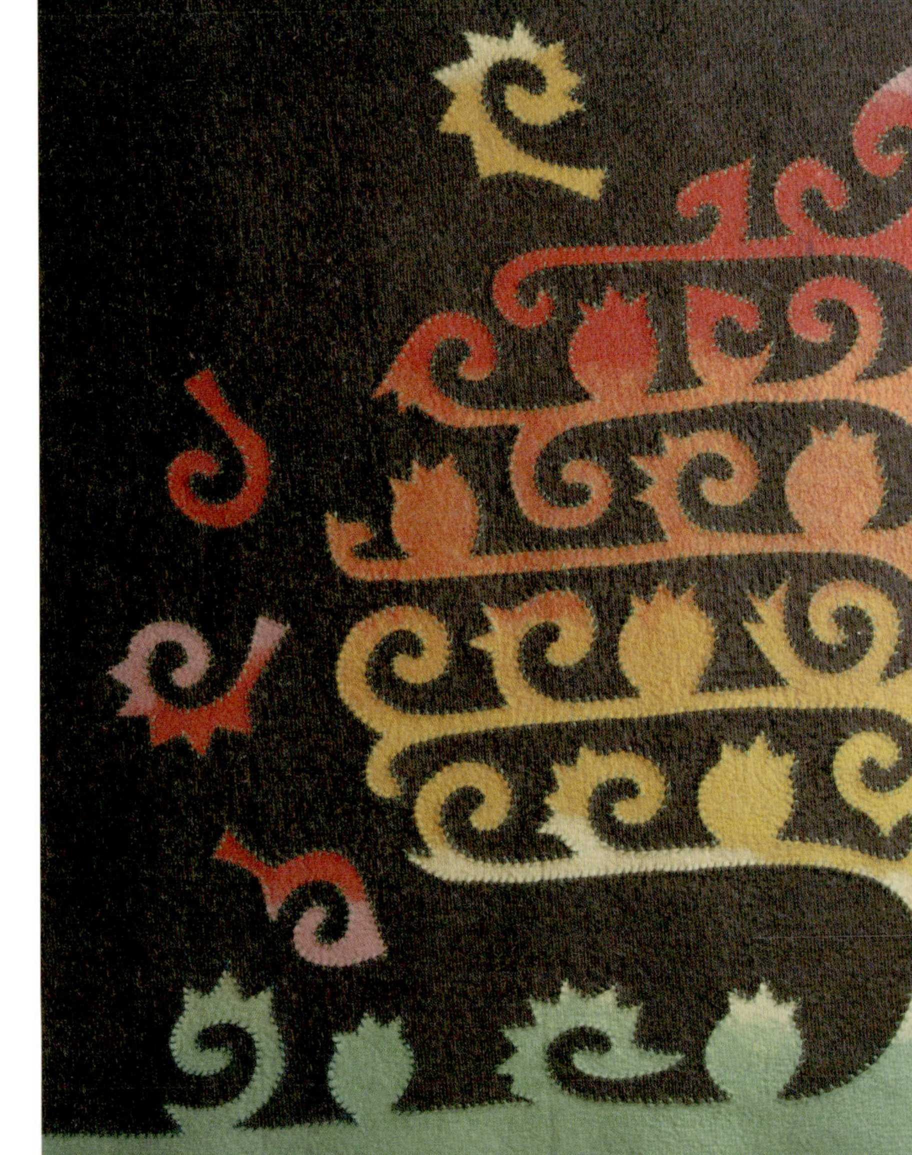

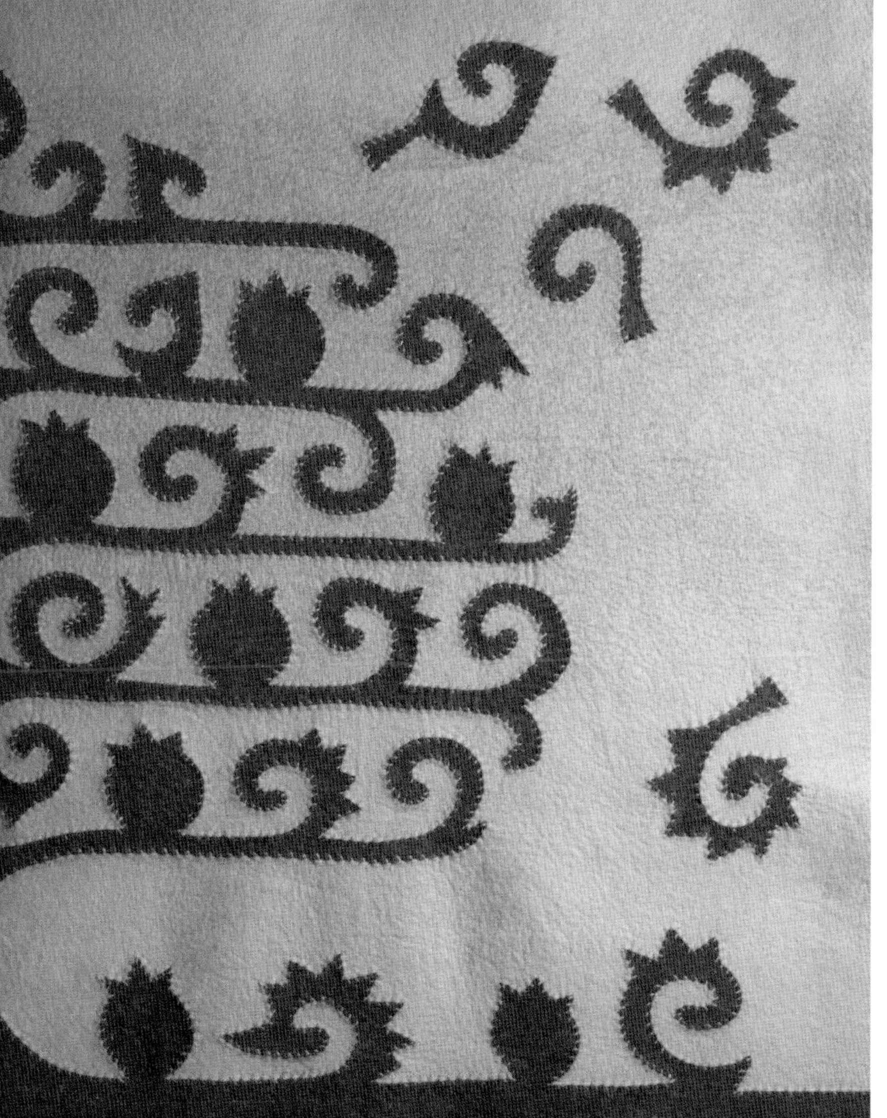

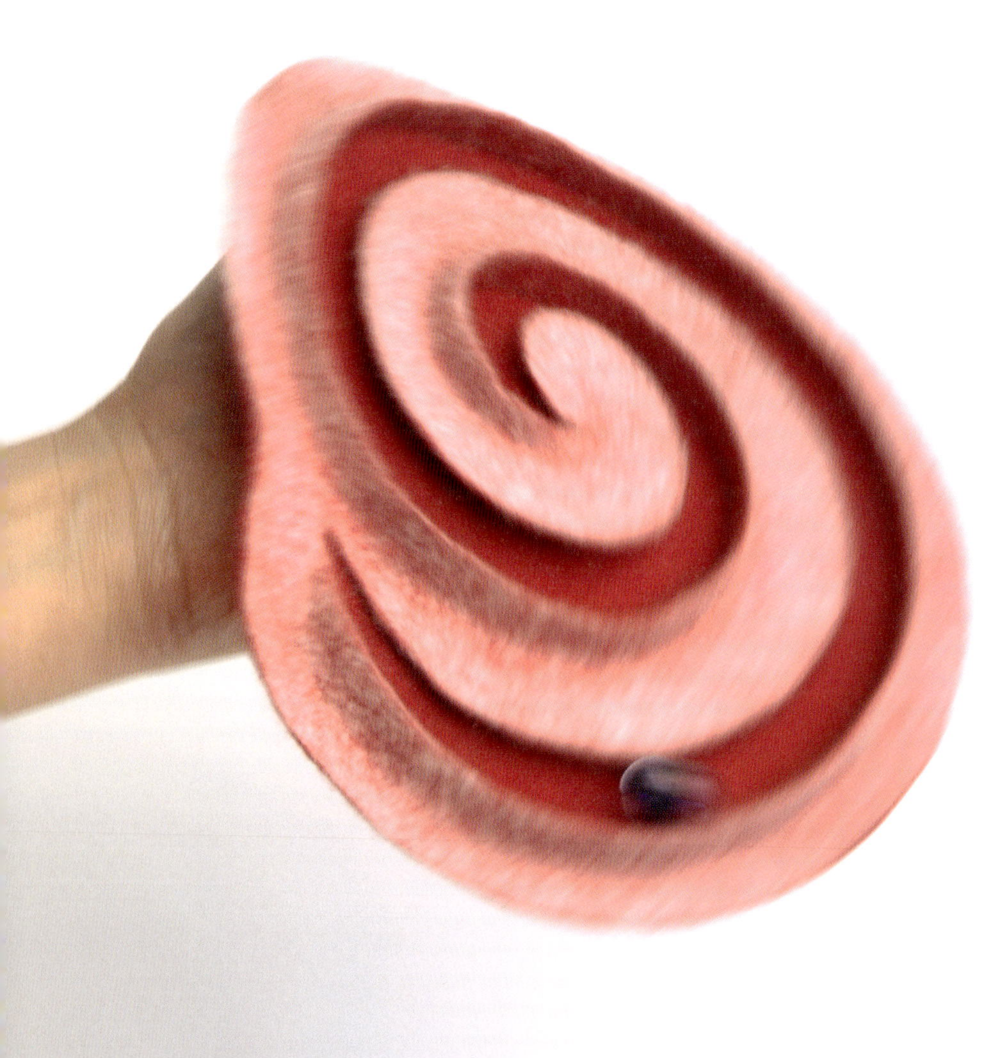

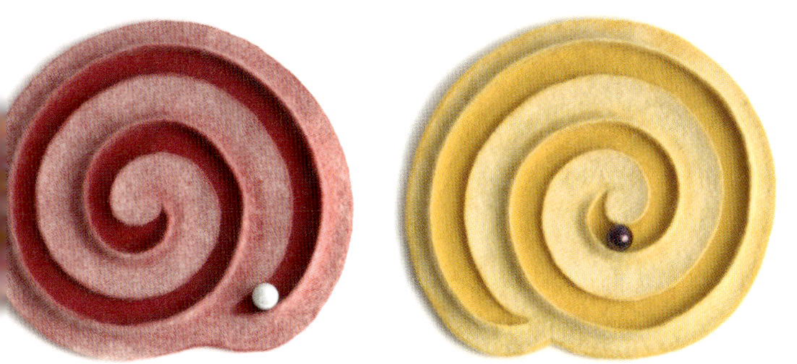

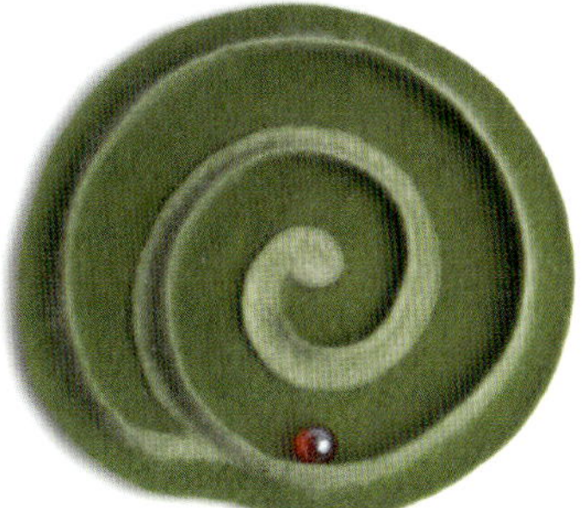

Ornament im Relief: die Einhandmurmelbahn

Ein Spielzeug für kleine Pausen: die Murmel kann durch kippen oder kreisende Bewegungen der Hand in Schwung versetzt werden und sollte dabei den gefilzten Weg von außen nach innen und wieder zurück rollen, ohne aus der Kurve zu fliegen.

Für die Einhandmurmelbahn brauchen wir eine spiralförmige Schablone aus einem dünnen und weichen Material. Ich benutze gern Trittschalldämmung oder vergleichbares Verpackungsmaterial. Der Abstand zwischen den Windungen der Spirale sollte mindestens 1,5 cm breit sein, denn in diesem Bereich müssen die oberen und unteren Wollschichten zusamm

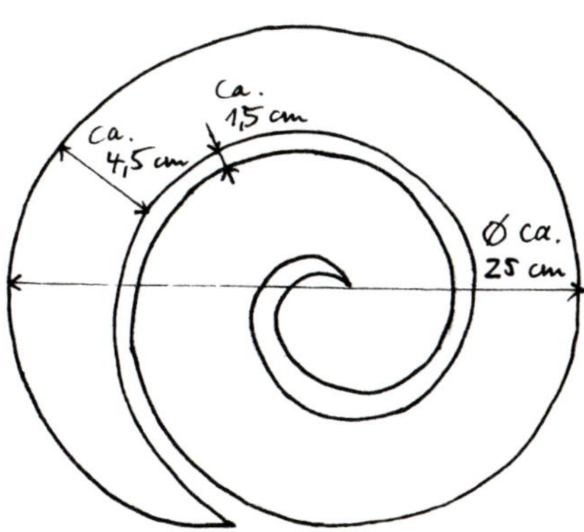

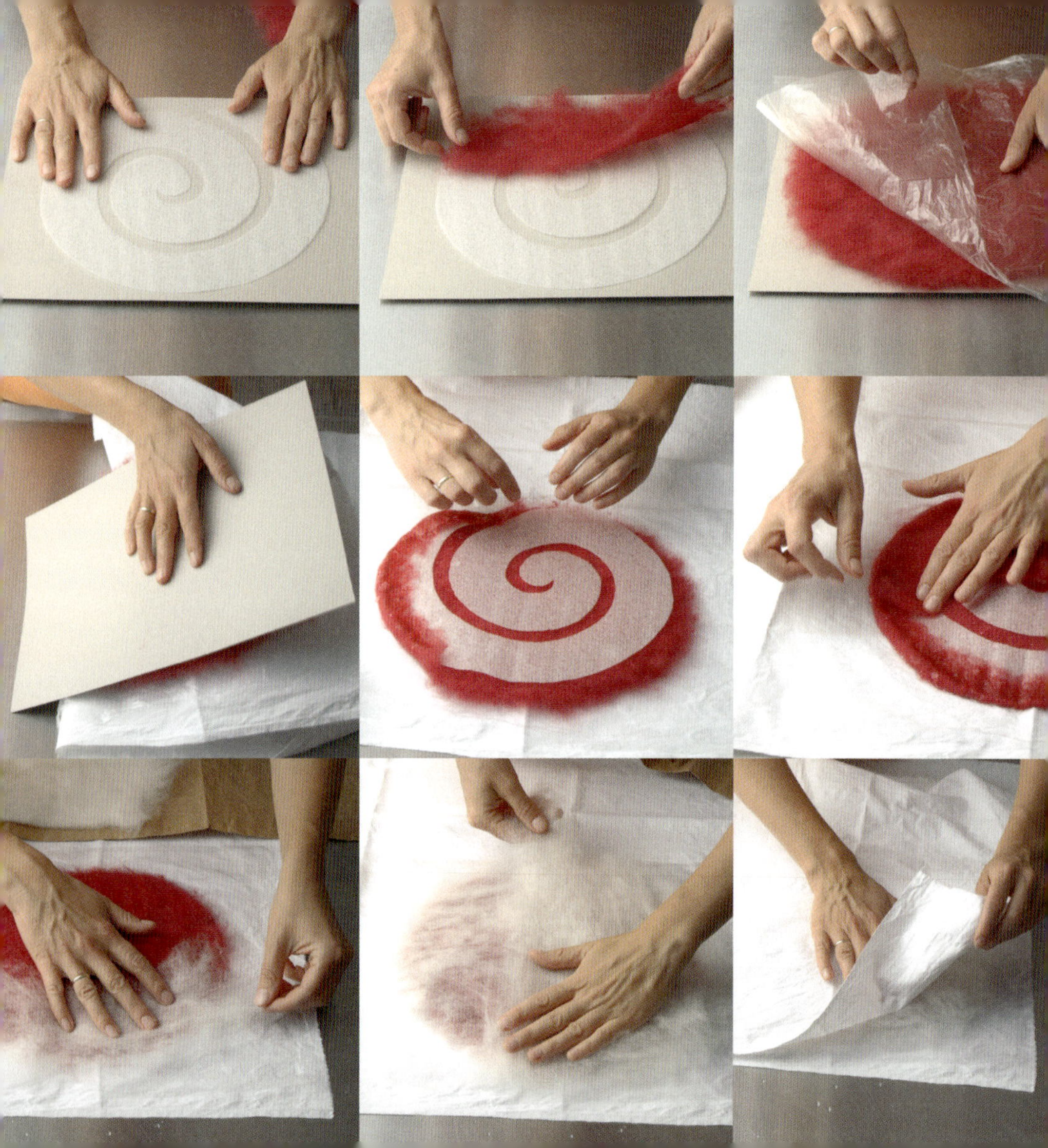

Um das Wenden des Werkstücks zu erleichtern, lege ich eine Pappe darunter, bevor ich die ersten beiden Schichten (im Beispiel Merino im Vlies, rot) für die Rückseite des Objekts auslege. Die Fasern sollten ca. 2 cm über den äußeren Schablonenrand hinausragen. Damit die Fasern beim wiederholten Wenden nicht am Tuch haften, kommt über diese beiden Schichten zuerst eine Folie und dann das Tuch. Dann wird zum ersten Mal gewendet. Die überstehenden Fasern am äußeren Rand werden um die Kante nach oben geschlagen und mit wenig Wasser angefeuchtet, damit sie dort auch bleiben. Nun ergänze ich die beiden Schichten auf der Oberseite: die erste Schicht dort, wo noch die Schablone sichtbar ist (die umgelegten Fasern am Rand aussparen, sonst wird der Filz dort zu dick) und die zweite Schicht bis zum Schablonenrand. Danach folgen zwei weitere Schichten in Weiß, die etwa 3 cm über den Rand ragen sollten. Jetzt wird zum zweiten Mal gewendet und auf der Rückseite kommen nochmals vier Schichten in Rot hinzu (die Rückseite wird dicker für eine stabile Grundfläche), ebenso reichlich überstehend wie die weißen Fasern von der Vorderseite. Nun wird Stück für Stück vorsichtig angefilzt, dabei bin ich sparsam mit dem Wasser, damit die Schablonenfolie zwischen den Wollschichten nicht verrutscht.

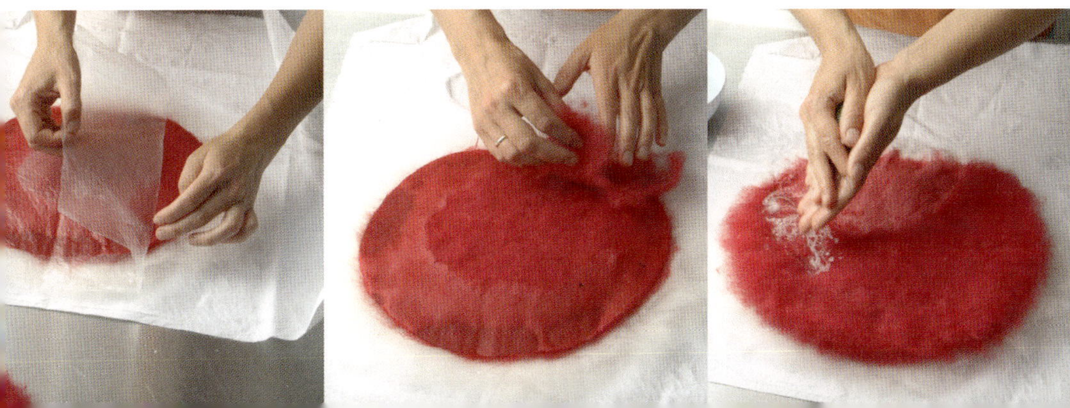

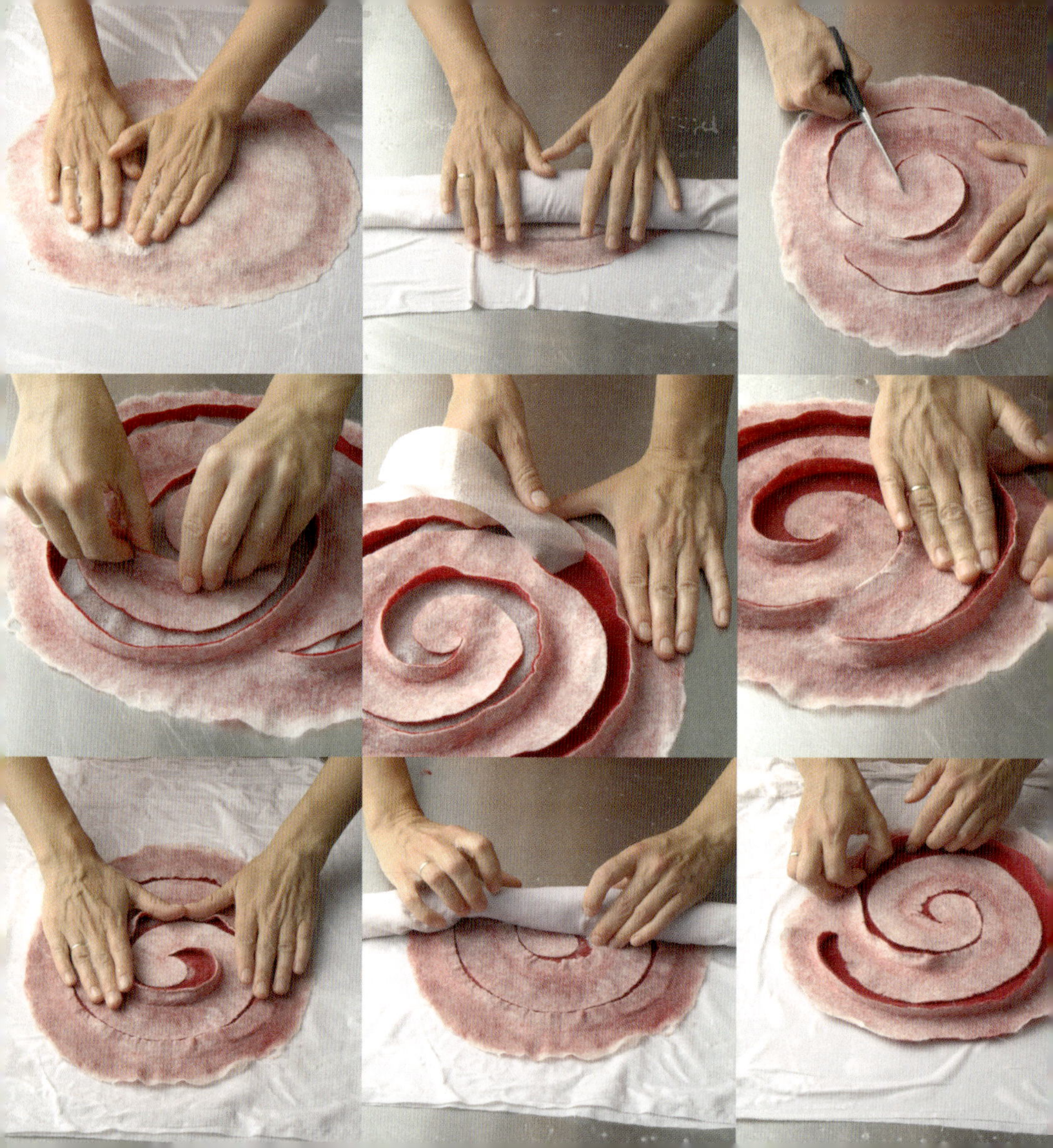

Danach wird auch die Vorderseite gründlich von Hand bearbeitet, bis sich die Spalte zwischen den Schablonenwindungen als dunkler Streifen abzeichnet. Das Werkstück wird zweimal kurz in wechselnder Richtung im Tuch gerollt, bis sich die Schablone zusammenschiebt, es entstehen kleine Beulen. Mit einer scharfen Schere schneide ich den Filz etwa in der Mitte des Schablonenstreifens auf, hier kann variiert werden, wichtig ist ein Mindestabstand von ca. 1,5 cm zum äußeren Schablonenrand. Dieser äußere Rand wird nun aufgeklappt. Dabei kann vor allem in der Mitte, wo die Windung enger wird, vorsichtig gedehnt werden. Wenn die Schablone entfernt ist, filze ich die innere Schnittkante mit Wasser und Seife nochmals an. Zum Walken muss der aufgestellte äußere Rand immer wieder zur Mitte gelegt werden. Nach jedem Rollen wird er wieder aufgerichtet und in Form gebracht, bis der Filz eine gute Festigkeit erreicht hat. Jetzt schneide ich den flachen Rand ganz außen in Form.
Diese Schnittkante wird ebenfalls mit Wasser und Seife bearbeitet, bevor das ganze Stück erneut in alle vier Richtungen gewalkt wird. Danach muss es nochmals sorgfältig in Form gebracht, gründlich ausgespült und getrocknet werden.

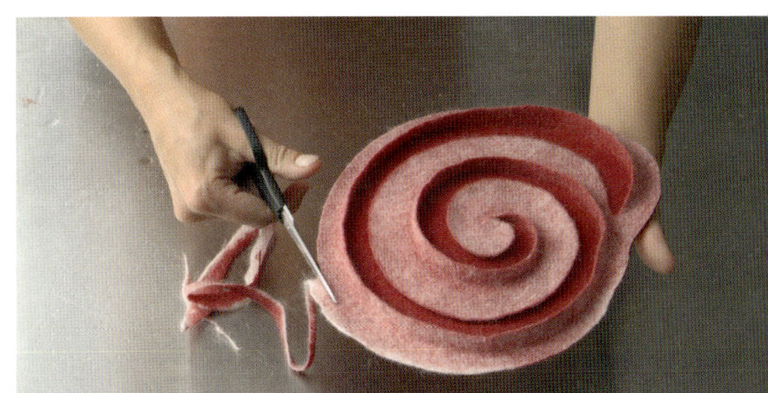

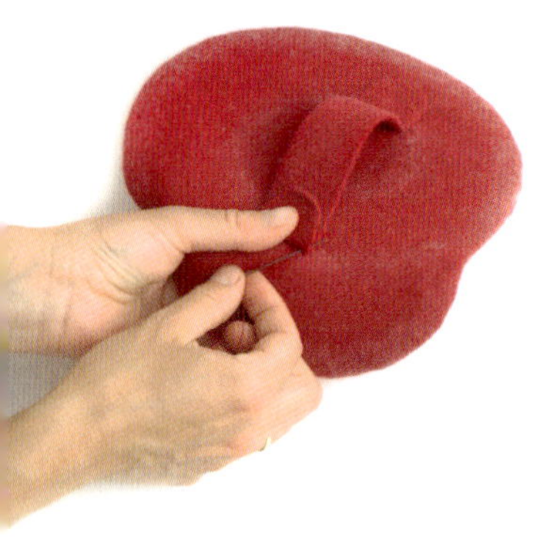

Damit das Spielobjekt gut in der Hand liegt, nähe ich einen farblich passenden Filzstreifen an die Rückseite. Dieser kann natürlich auch vorgefilzt und von Anfang an nahtlos mit eingearbeitet werden, behindert dann allerdings etwas die gleichmäßige Schrumpfung im mittleren Bereich der Murmelbahn.

Und nun darf gemurmelt werden...

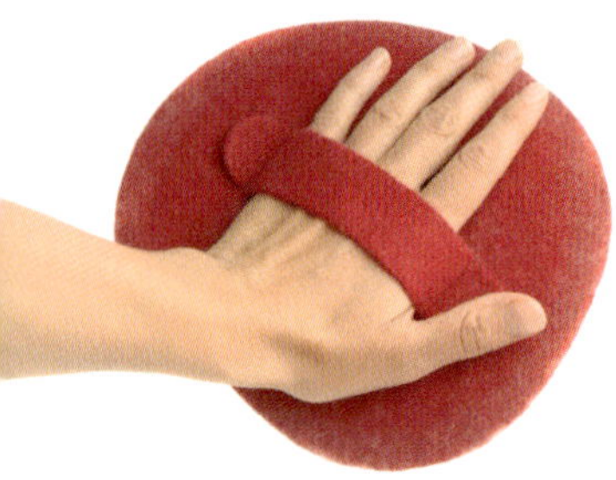

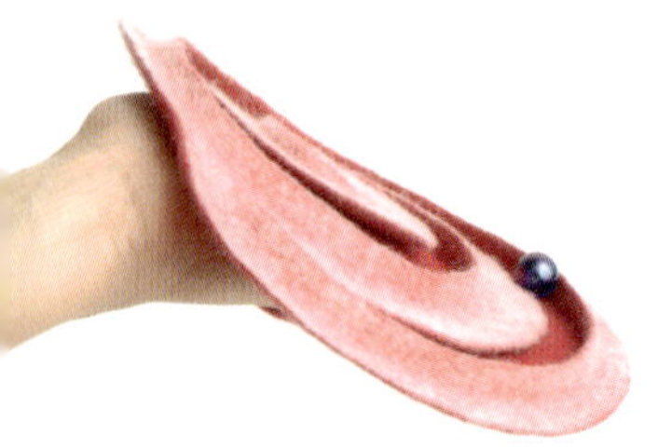

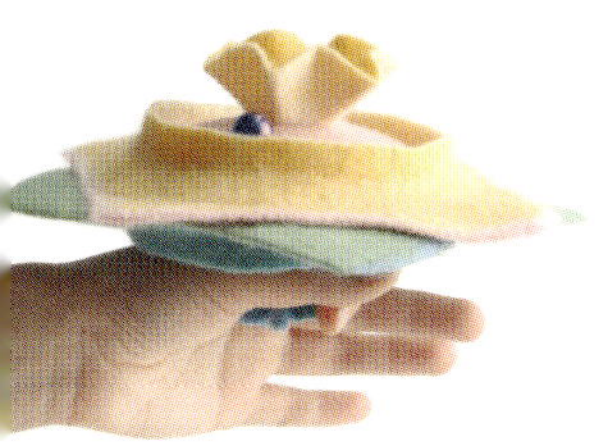

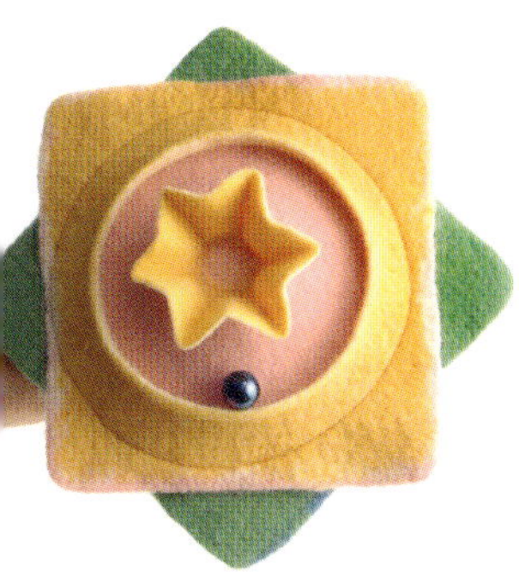

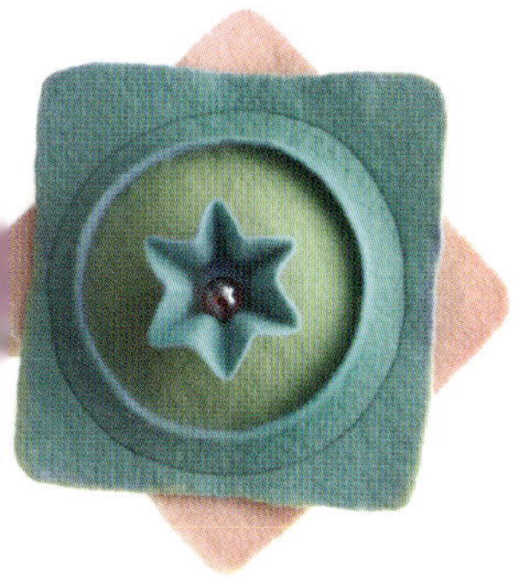

Einhandmurmelbahn, Studie

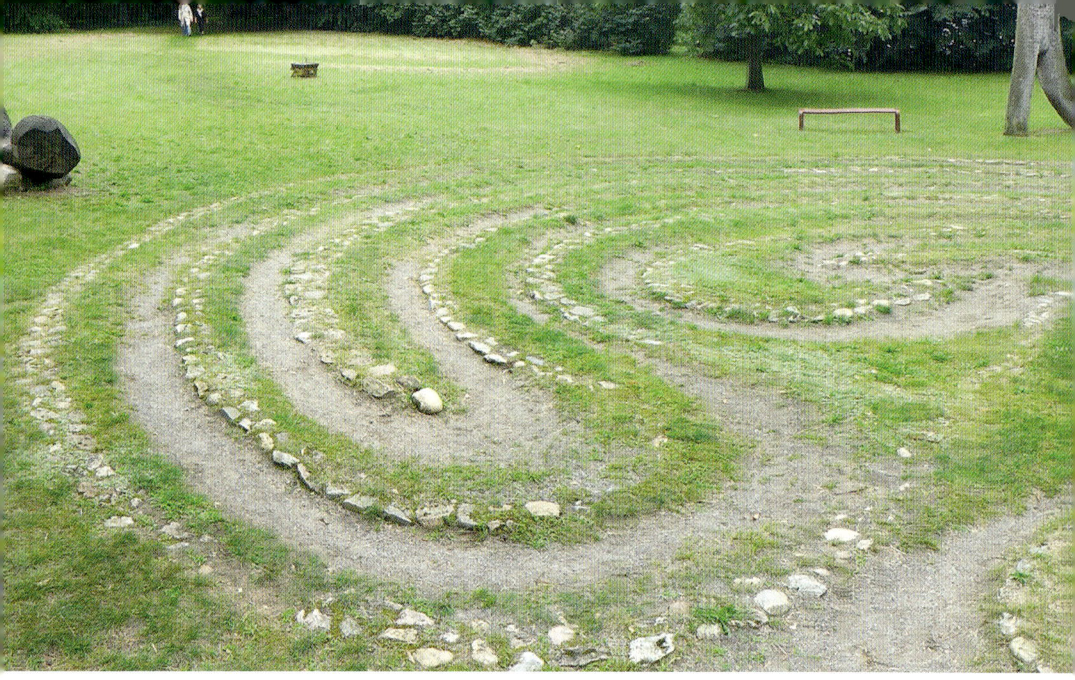

Das Labyrinth

Der Begriff Labyrinth wird oft fälschlicherweise als Synonym für Irrgarten verstanden. Im Labyrinth jedoch gibt es keine Sackgassen, sondern nur einen einzigen Weg, der nach vielen Wendungen das Ziel erreicht. Auf demselben Weg findet man auch wieder nach draußen, ohne sich zu verirren. Dieser Weg heißt auch Ariadnefaden, was wiederum irritierenderweise auf einen Irrgarten aus einer griechischen Legende verweist, der als Labyrinth bezeichnet wird und die Behausung eines Ungeheuers ist. Mit Hilfe des Fadens findet der Held nach dem Sieg über den Minotaurus den Rückweg zu seiner Geliebten Ariadne.

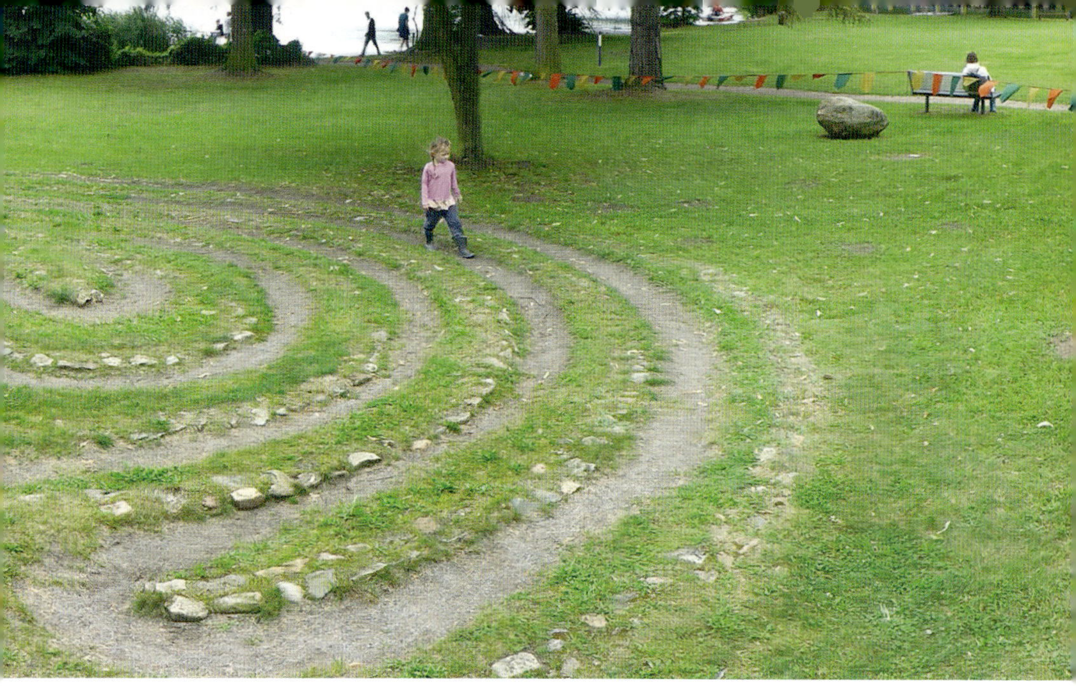

Echte Labyrinthe finden sich sowohl auf griechischen Münzen als auch in Stein geritzt oder aus Steinen gelegt (Südamerika, Skandinavien). In Verbindung mit der Vorstellung von Tod und Auferstehung wurde es schon in frühchristlicher Zeit in die christliche Symbolik übernommen. Erhalten geblieben sind u.a. englische Rasenlabyrinthe und Bodenmosaiken in Kirchen und Kathedralen. Das Begehen dieser Labyrinthe galt zum Beispiel als symbolische Pilgerreise und ist ein Bild für den Lebensweg, in dem es auch immer wieder (mehr oder weniger erwünschte) Wendungen gibt, bis wir ein Ziel erreichen. Vielleicht war das das Problem des Minotaurus: er wollte geradeaus, also mit den Kopf durch die Wand (aber dies ist meine Spekulation…).

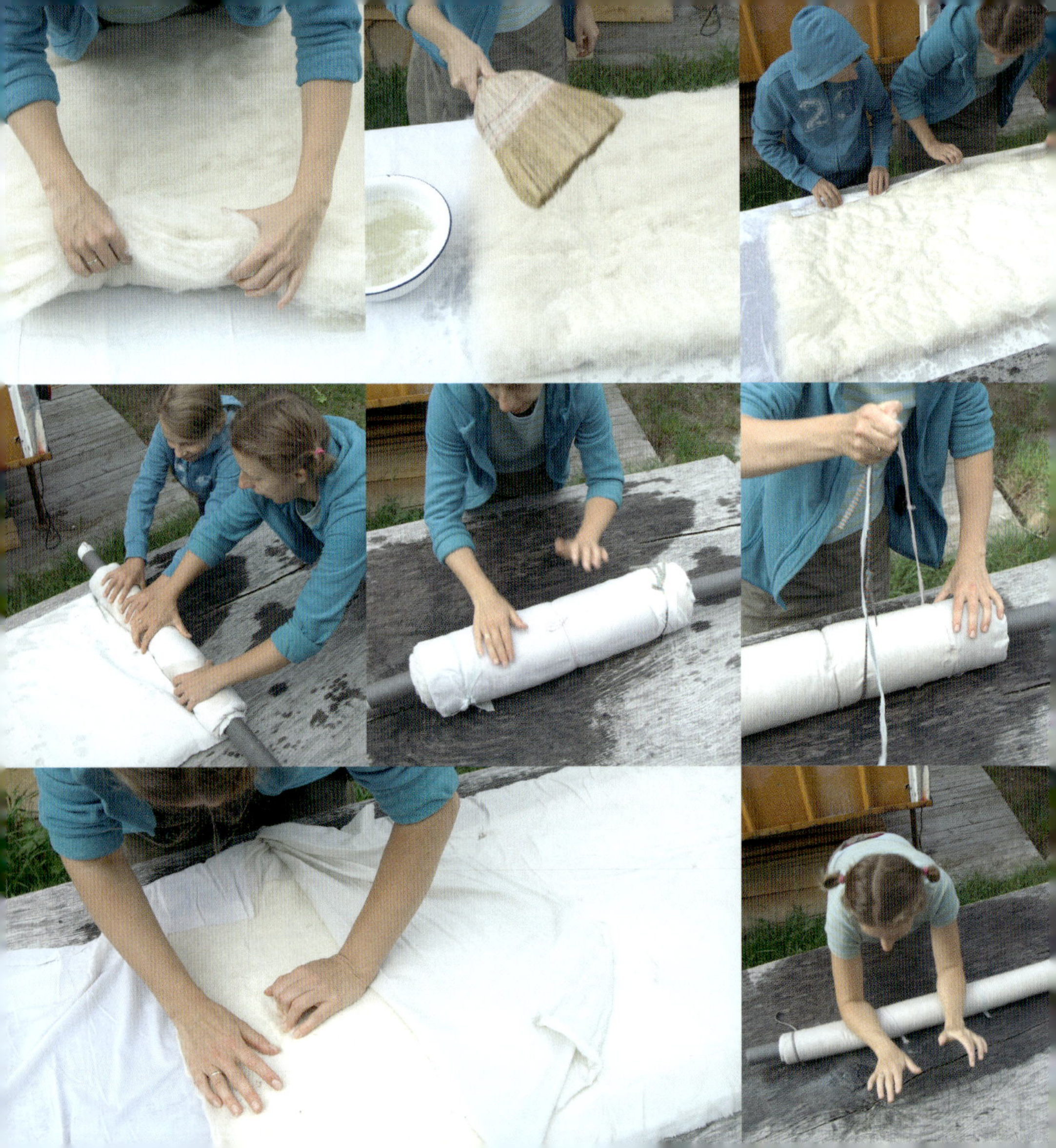

Ornament im Relief 2: Tast-Labyrinth

Das tastbare Labyrinth wird in der Art mongolischer Teppiche gefilzt und gesteppt. Zuerst muss ein dicker weicher Filz (im Beispiel aus Skuddenwolle, ca. 600 g) in doppelter Größe hergestellt werden: Die auf einem Tuch in vielen Schichten ausgelegte Wolle (ca. 110 x 65 cm) wird mit Seifenwasser besprengt, ins Tuch eingeschlagen und von der schmaleren Seite um einen festen Kern aufgewickelt. Die mit Bändern verschnürte Rolle wird etwa 10 Minuten vorsichtig klopfend nur in Aufwickelrichtung gerollt. Nach dem Öffnen können kleine Unregelmäßigkeiten korrigiert und erneut heißes Wasser auf den Filz gegeben werden. Dann wird der Filz von der gegenüberliegenden Seite aufgewickelt und mit wenig Druck weitere 10 Minuten vorsichtig hin- und hergerollt. Danach drehe ich den Filz um 90° und wickle ihn nun von der Längsseite auf. Jetzt kann mit mehr Kraft mit den Unterarmen gerollt werden.
Öffnen, 90° drehen, heißes Wasser hinzufügen, aufwickeln und kräftig rollen (10-20 min) wird so oft wiederholt, bis die Oberfläche gut verfilzt, das Ganze aber noch weich ist. Der Filz (ca. 90 x 55 cm) wird gut ausgespült und getrocknet.

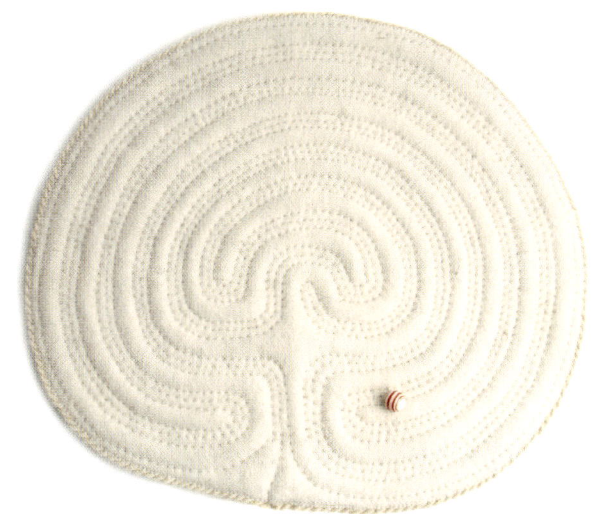

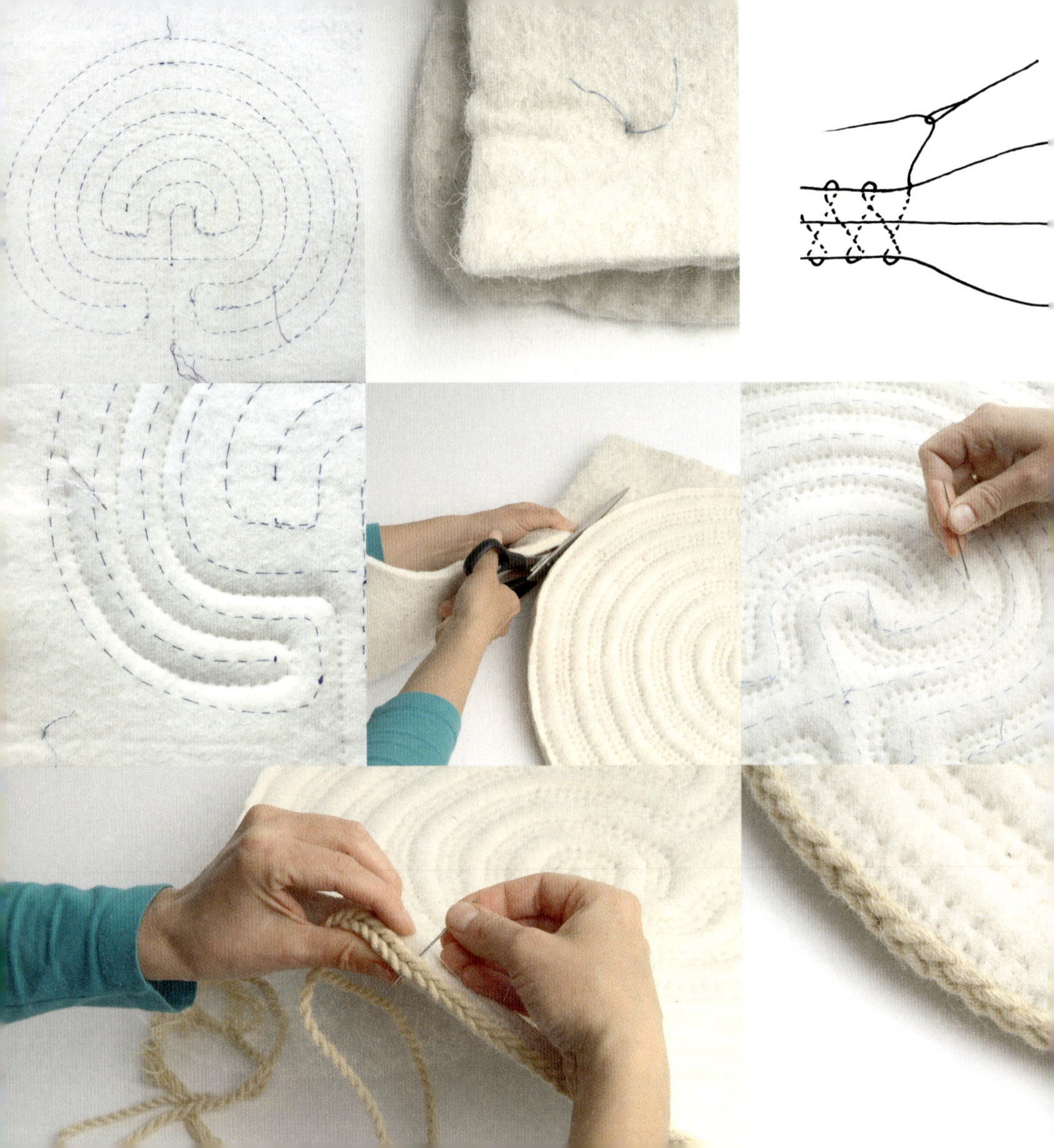

Der trockene Filz wird halbiert und auf der einen Hälfte das Labyrinth mit Vorstichen „aufgezeichnet“. (Konstruktionshilfen hierzu findet man in der entsprechenden Literatur oder im Internet.) Dann verbinde ich beide Filzteile an den Ecken miteinander, damit sie zu Beginn der Stepparbeit nicht verrutschen. Gesteppt wird zuerst mittig zwischen den „Wänden“ des Labyrinths (der sogenannte Ariadnefaden) mit einem reißfesten Garn. Ich verwende eine Art Hexenstich: knapp (ca.1mm) hinter dem Faden steche ich die Nadel zurück in den Filz und etwas schräg nach vorn unten. Auf der Unterseite wiederhole ich das Ganze, jetzt schräg nach vorn oben und nun taucht die Nadel ca. 5 mm vor dem letzten Stich wieder auf. Bei jedem Stich ziehe ich den Faden fest an, so dass der weiche Filz zusammengedrückt wird. Auf der Oberseite sind von den Stichen nur kleine Vertiefungen sichtbar, die Unterseite ist etwas unregelmäßiger, weil ich die Stichabstände nur taste, um den recht großen Filz nicht jedes Mal umdrehen zu müssen. Im Beispiel füge ich noch zwei weitere Nähte beidseitig des Weges hinzu, so dass der fertige Weg aus drei parallelen Nahtlinien besteht. Danach wird noch die Außenkante gesteppt und ausgeschnitten. Zuletzt nähe ich zwei gegenläufig gedrehte Kordeln nebeneinander rings um den Rand, um die geschnittenen Kanten zu versäubern und zu stabilisieren. Mit etwas Übung kann auch eine Murmel auf dem Weg durch das Labyrinth gerollt werden: der Filz wird mit beiden Händen balanciert und vorsichtig in die gewünschte Rollrichtung gekippt.

Zeichnung: Querschnitt durch beide Filze mit Naht

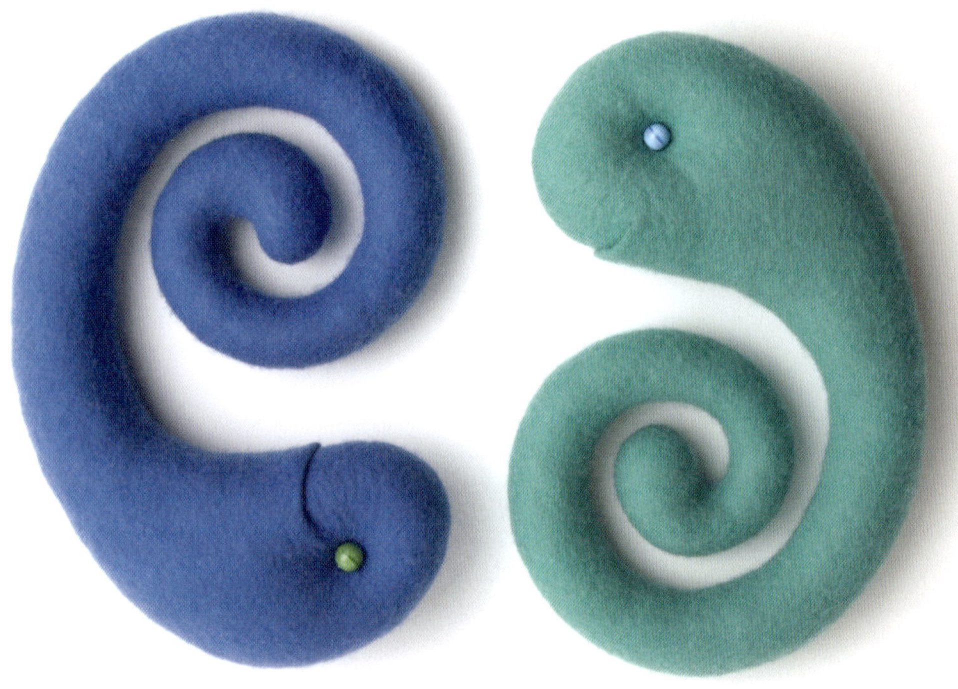

Ornament in 3D: das Ornamentierchen

Der kleine Kerl will ein ständiger Begleiter im Alltag werden, für die ganz Kleinen als Greifling und um zu entdecken, wie sich Filz anfühlt, wenn man ihn anlutscht, für etwas Größere als Begleiter in den Kindergarten und zum Kuscheln und für die ganz Großen vielleicht als Reisebegleiter oder Maskottchen.
Der Ringelschwanz bleibt so schön in Form, weil er spiralförmig gefilzt wird, was etwas knifflig ist und Geduld erfordert.

Die Schablone sollte etwas dicker und trotzdem weich sein, etwa wie Moosgummi oder, wie im Beispiel, Trittschalldämmung. Der Abstand zwischen den Windungen der Schablone beträgt etwa 1 cm.
Um das erste Wenden zu erleichtern, verwende ich eine Pappe als Unterlage. Die feine Merinowolle vom Vlies wird in drei Schichten aufgelegt: wir beginnen am Schwanzende und legen das erste Stück Windung gleich mit allen drei Schichten. Dabei sollten die Fasern beidseitig des Schablonenstreifens mindestens 1 cm überstehen. Sobald die nächste Windung folgt, überlappen hier die Überstände und es erfordert etwas Konzentration, um den Überblick zu behalten. Dazu ziehe ich die Fasern beidseitig des Schablonenspalts immer wieder vorsichtig auseinander und hebe das nächste Stück Schablonenwindung darüber.

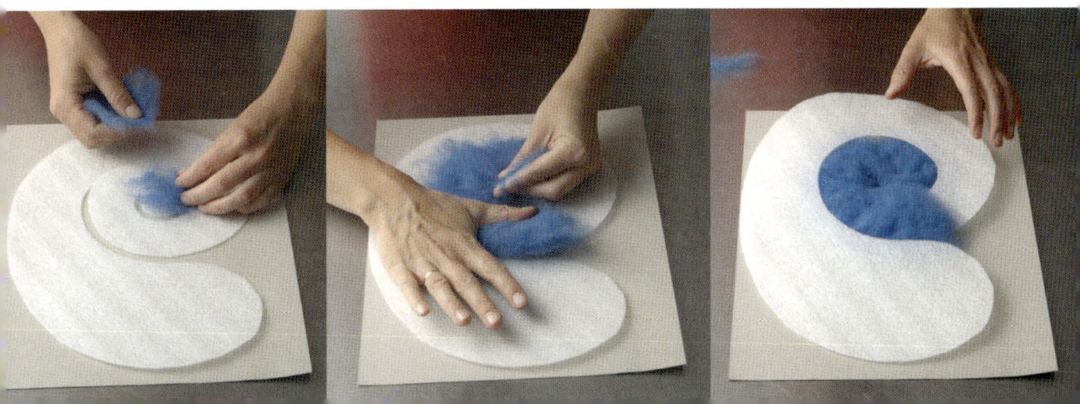

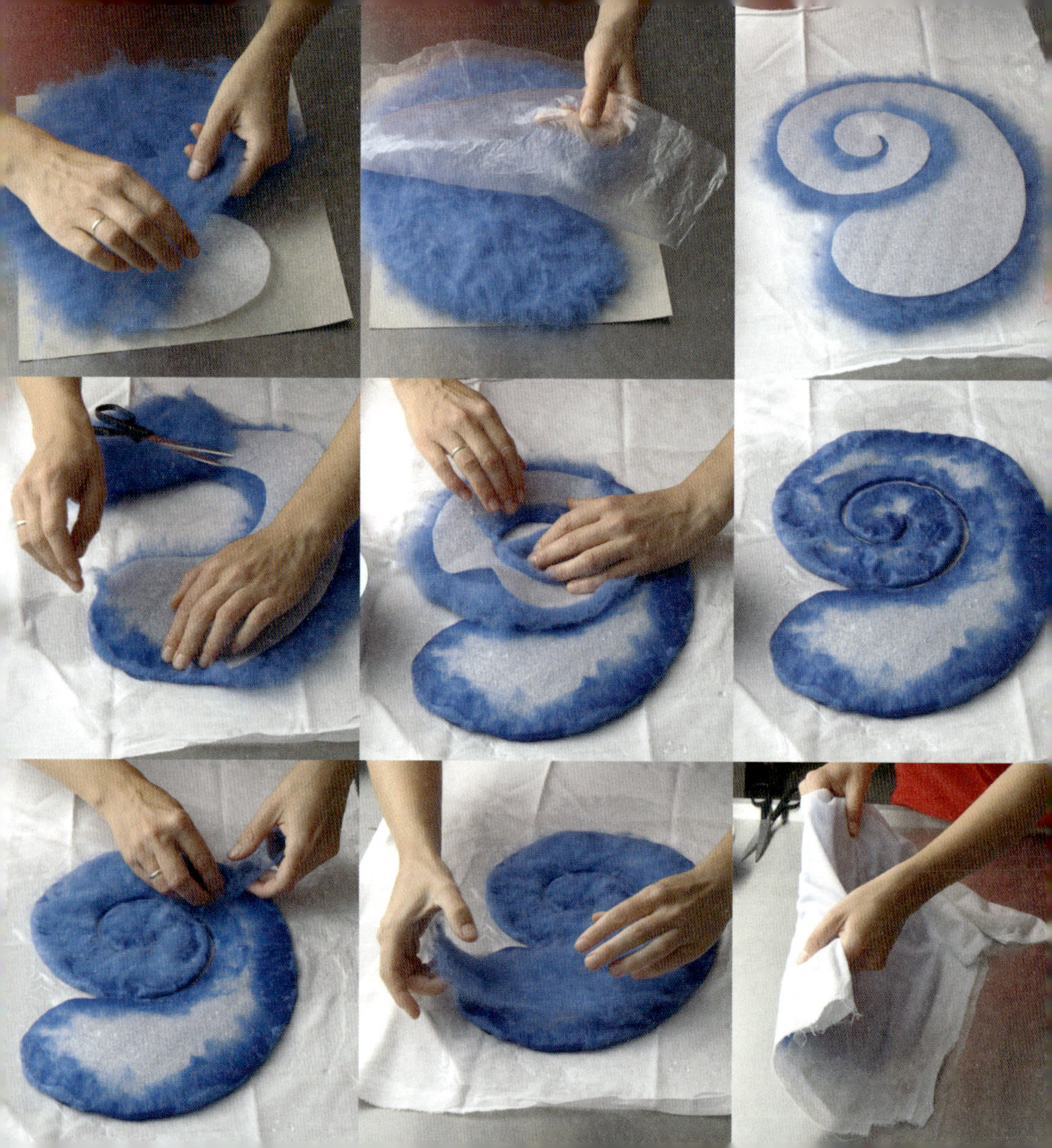

Danach kommt die nächste Windung mit drei Schichten und so weiter bis zum Kopf. Damit die Wolle beim wiederholten Wenden nicht am Tuch haften bleibt, lege ich eine Folie zwischen Fasern und Tuch, bevor ich das Werkstück wende.
Für mehr Übersicht klappe ich das Schwanzstück erst einmal zur Seite und beschwere es mit einer Schere oder Ähnlichem. Dann werden die überstehenden Fasern um den Schablonenrand geklappt und mit etwas Wasser angefeuchtet: zuerst der Kopf, dann Stück für Stück der (inzwischen zurückgeklappte) Schwanz. Mit etwas Übung gelingt es ganz gut, die Fasern zwischen den Spiralwindungen zu trennen, so dass der Spalt wieder zu sehen ist. Jetzt werden auf dieser Seite der Schablone ebenfalls Stück für Stück drei Schichten Wolle ausgelegt: die erste Schicht an den Stellen, an denen die Schablone noch sichtbar ist, die zweite Schicht bis zum Schablonenrand und die dritte nochmals etwa 1 cm überstehend. Dann wird alles mit dem Tuch abgedeckt und wieder gewendet.

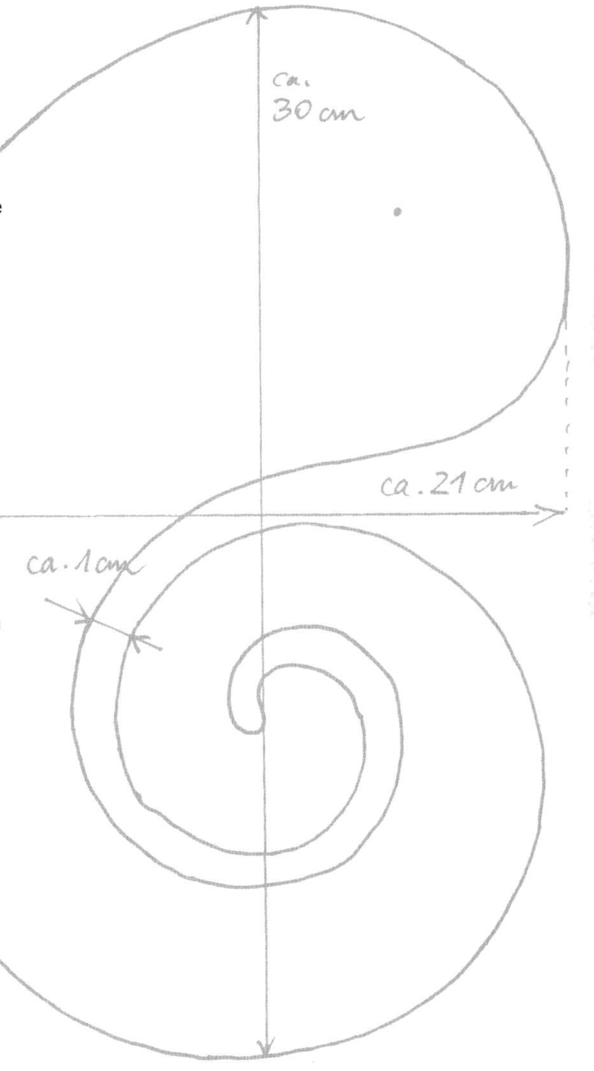

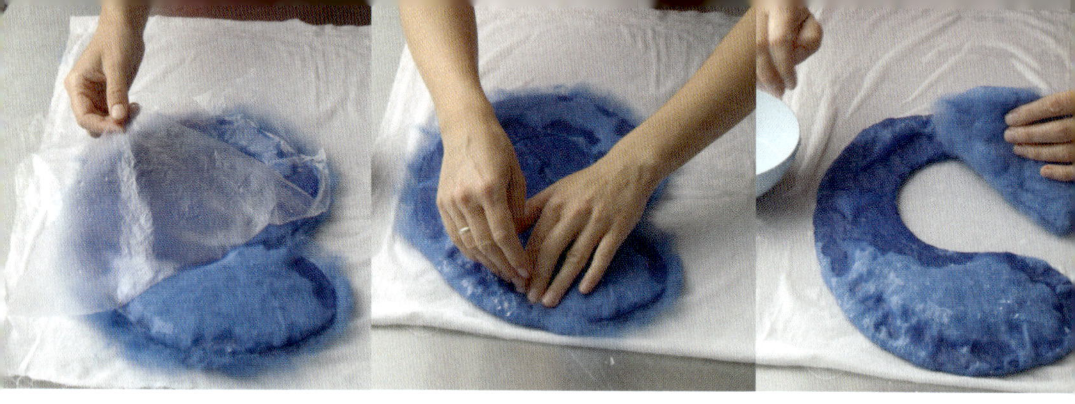

Wenn die Folie entfernt ist, werden auch hier die überstehenden Fasern umgeschlagen. Ist das geschafft, wird alles vorsichtig Stück für Stück erst von dieser Seite angefilzt, dann gewendet und auch auf der anderen Seite bearbeitet. Dabei muss vor allem darauf geachtet werden, dass die Schablone bis zum Rand zwischen den Wollschichten bleibt, damit die Kanten später nicht als Verdickung oder Wulst sichtbar sind. Ist alles gut angefilzt, wird das Ganze zweimal in wechselnder Richtung gerollt, bis der Filz zu schrumpfen beginnt und sich aufwölbt.

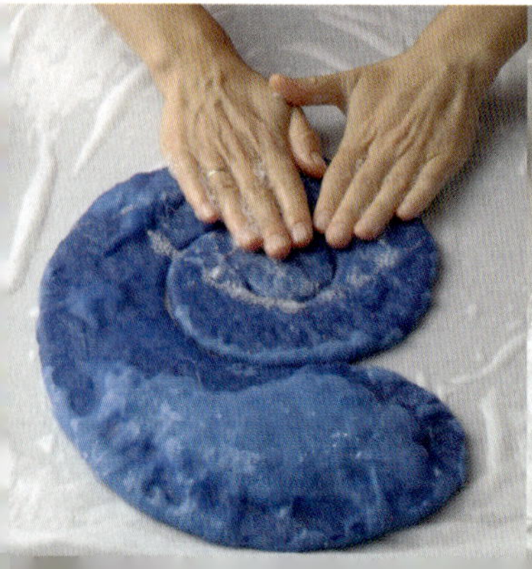

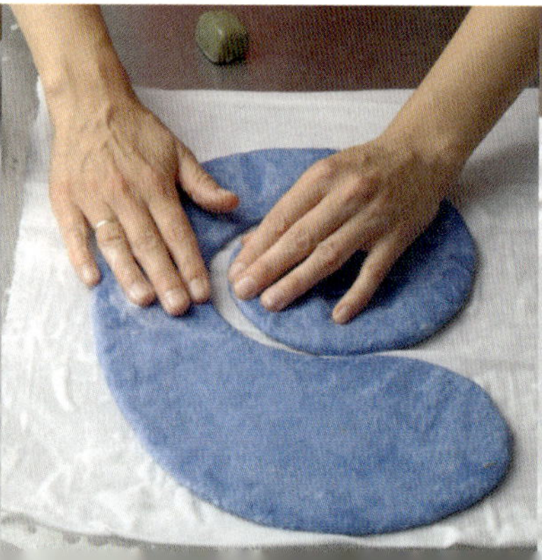

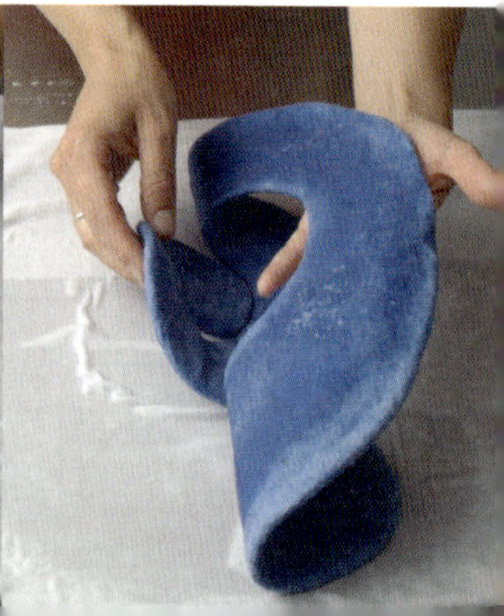

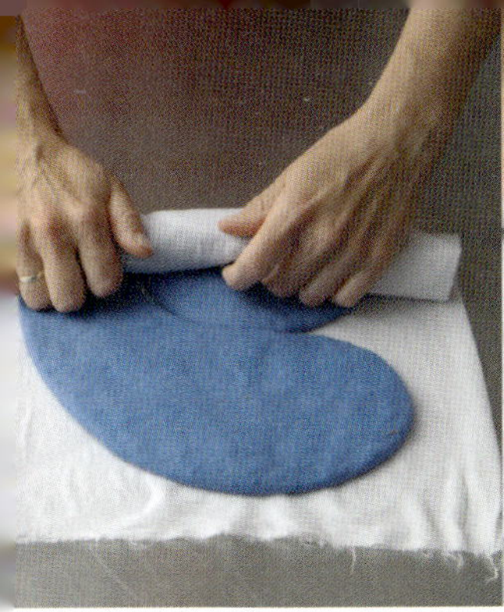

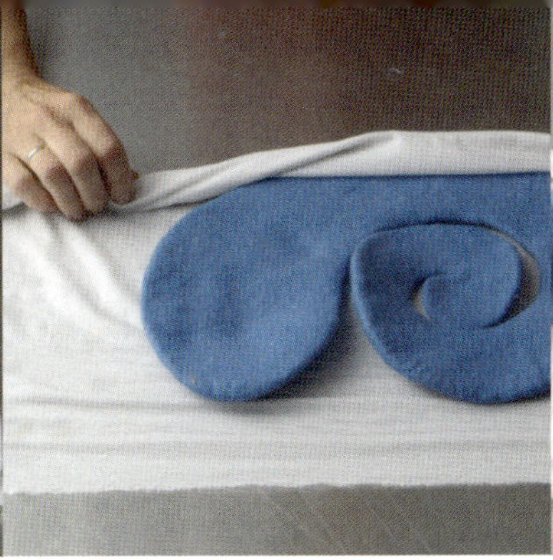

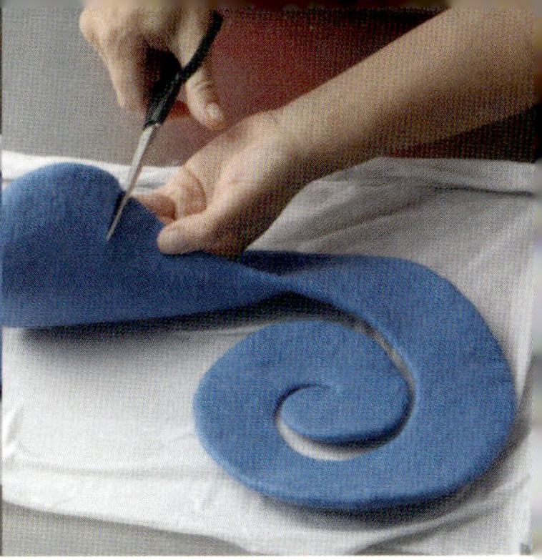

An der Stelle, wo der Mund des Tierchens sein soll, wird der Filz aufgeschnitten und die Schnittkante zuerst mit Wasser und Seife überfilzt. Danach kann aus dieser Öffnung vorsichtig die Schablone herausgezogen bzw. vom Schwanzende -geschoben werden.
Damit die Schablonenkanten im Filz unsichtbar werden, müssen sie zum Walken immer wieder in der Mitte des Filzes liegen, dazu zuerst die Schwanzspitze so auseinanderziehen, dass die Bruchkante oben und unten mittig liegt.

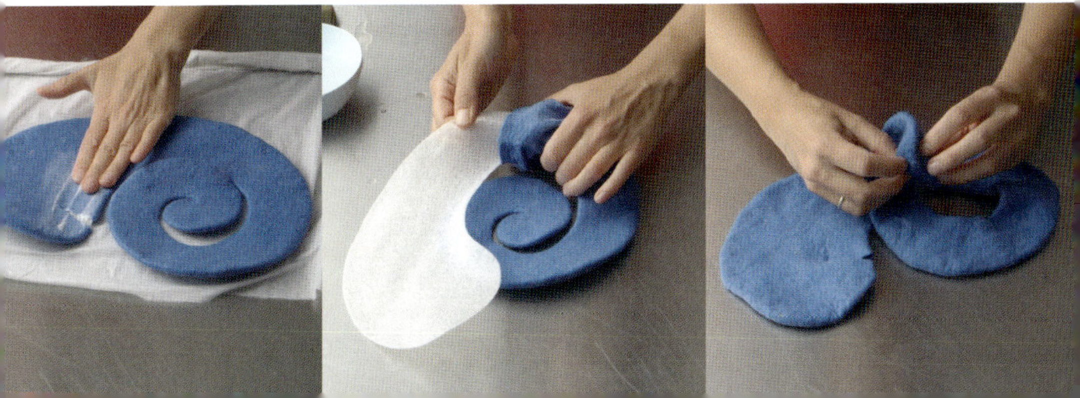

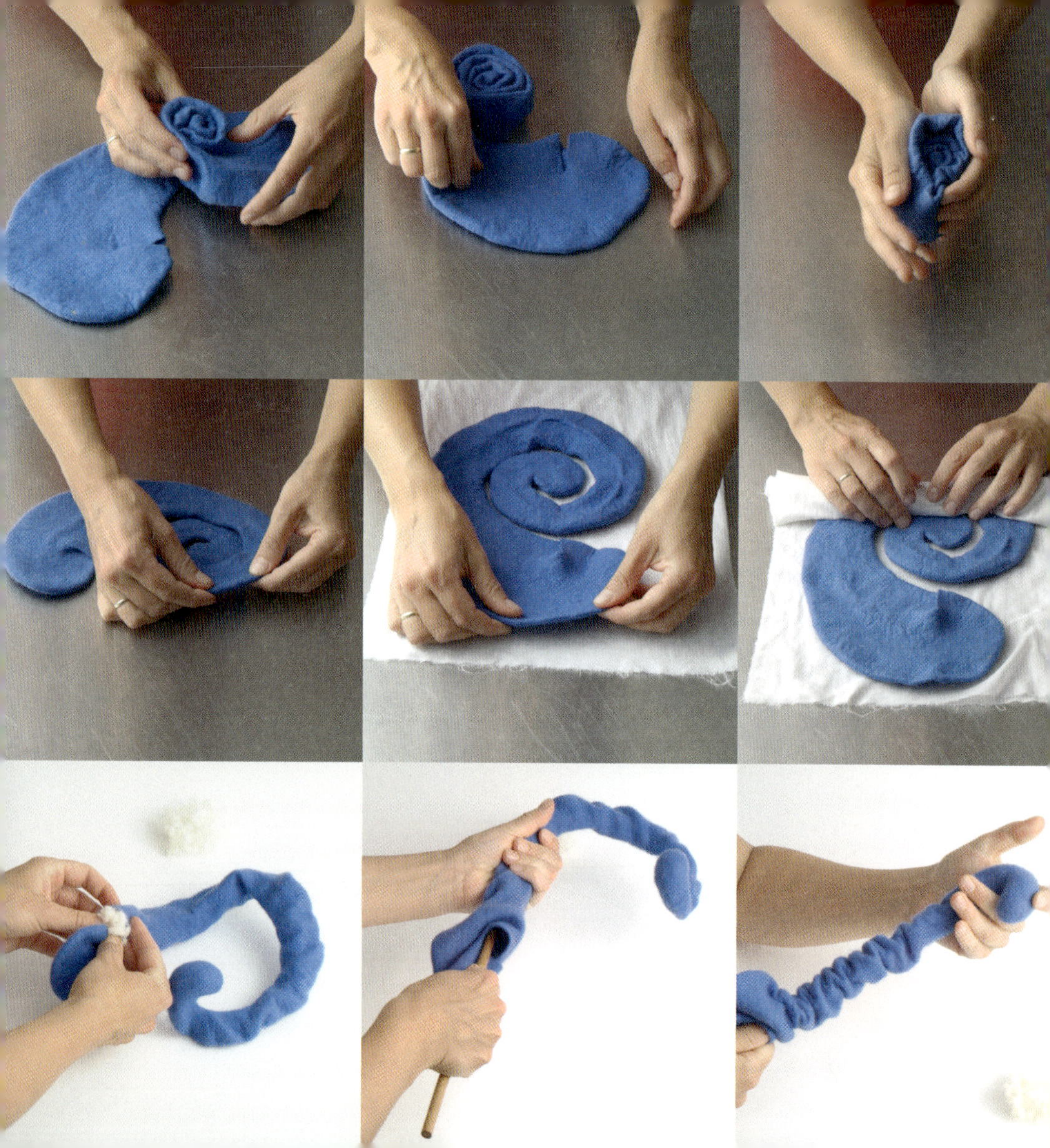

Und dann wird alles vom Schwanzende her bis zum Kopf schneckenartig aufgewickelt und zwischen den Händen gewalkt. Anschließend wird der Filz wieder auseinandergewickelt und flachgedrückt erneut gewalkt. So wird weitergearbeitet: immer im Wechsel schneckenartig gewickelt und flach (nach und nach in alle vier Richtungen) walken. Der Ringelschwanz neigt dazu, sich zu entringeln, deshalb muss manchmal die äußere Kante der Windungen gedehnt werden, ebenso die Oberseite des Kopfes, damit die Mundöffnung nicht auseinanderklafft, sondern sich eher übereinanderschiebt.
Ist das Tierchen fest gefilzt, wird es gründlich gebadet und, noch feucht, ausgestopft. Dabei beginne ich am Schwanzende und nehme einen Stab (Kochlöffel o.ä.) zu Hilfe, um die Füllwolle bis dahin zu schieben. Mit dem Stab können auch eventuelle Unregelmäßigkeiten noch ausmodelliert und gedehnt werden, damit der Schwanz schön gleichmäßig dick und rund wird. Ist auch der Kopf gefüllt, nähe ich die Mundöffnung zu. Zuletzt bekommt unser Ornamentierchen noch Augen angenäht und kann nun die Welt besehn.

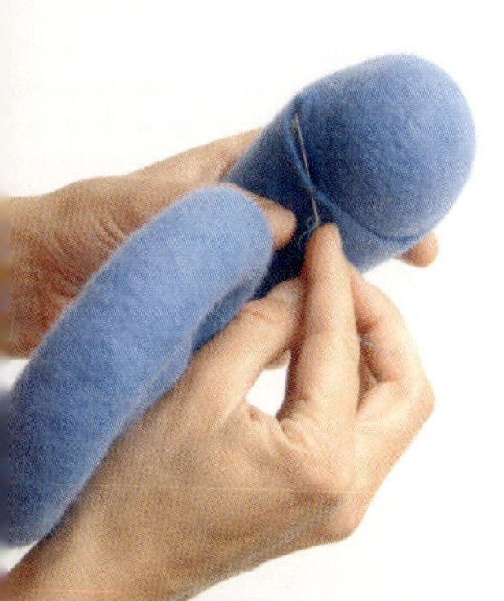

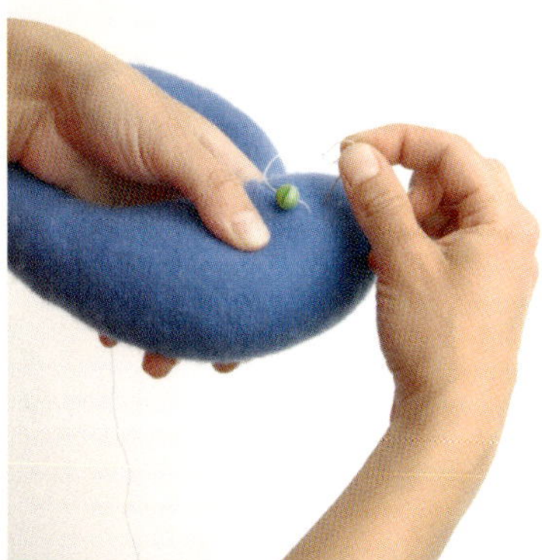

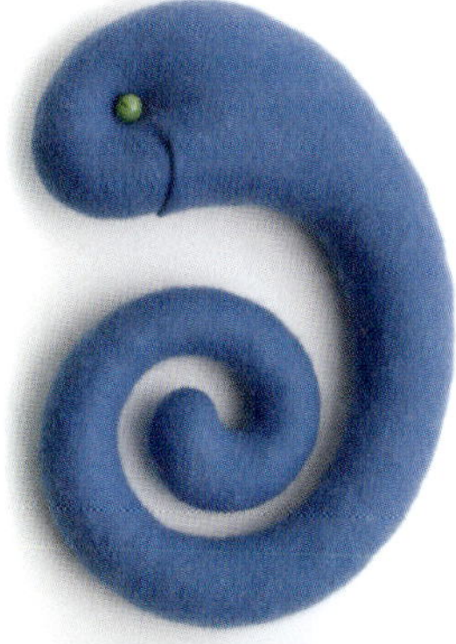

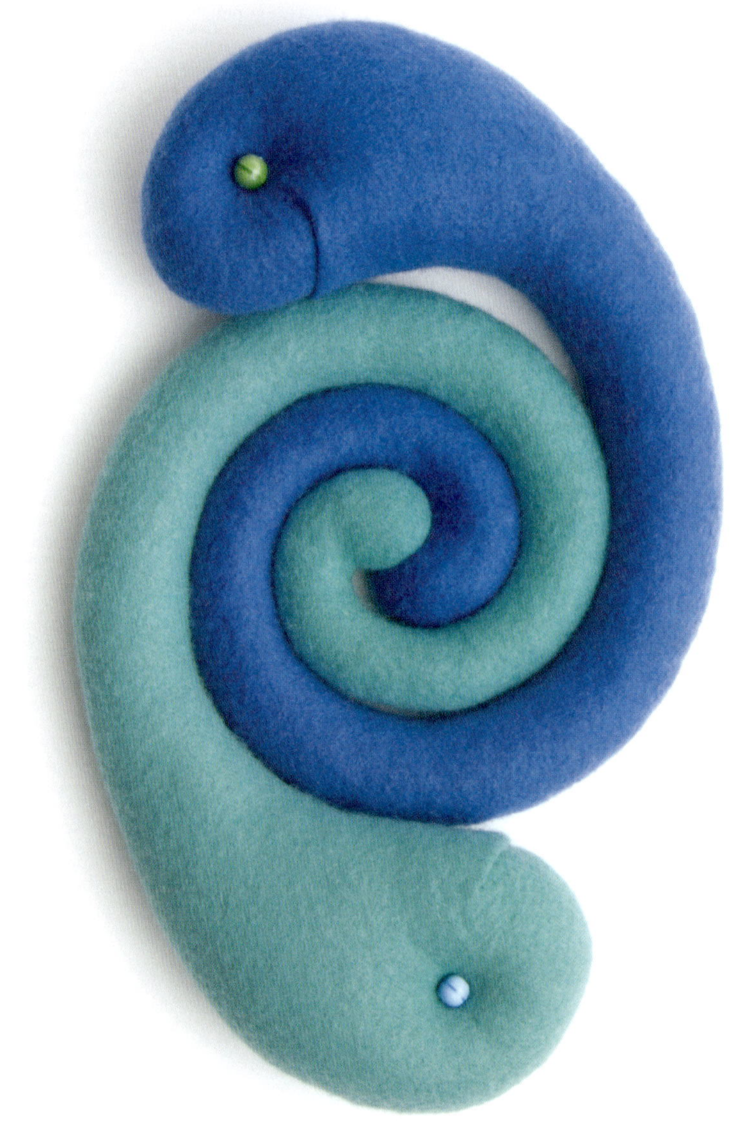

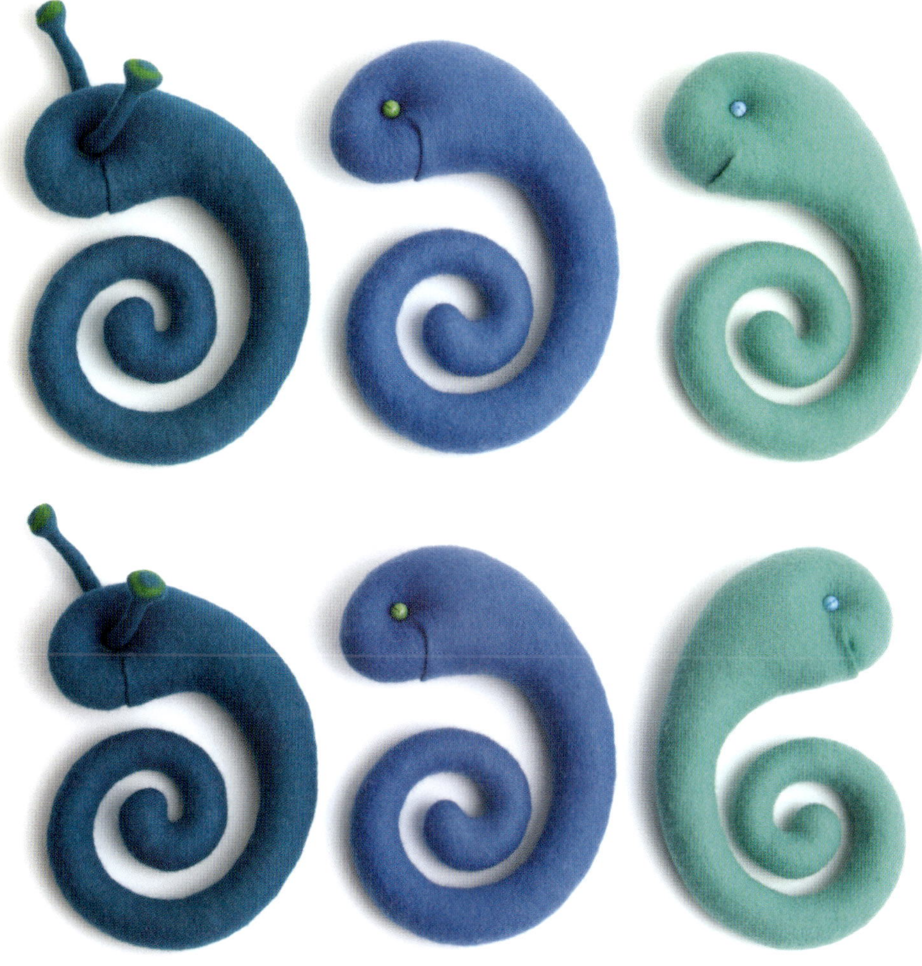

Ganz besonders großen Spaß macht das Entdecken der Welt, wenn man Gesellschaft dabei hat!

unten: **Schaf *mit schwarzer Hautfarbe***
rechts: Detail, 2016, Skuddenwolle, Bergschafwolle, Baumwollgarn
Einfilztechnik, Stickerei

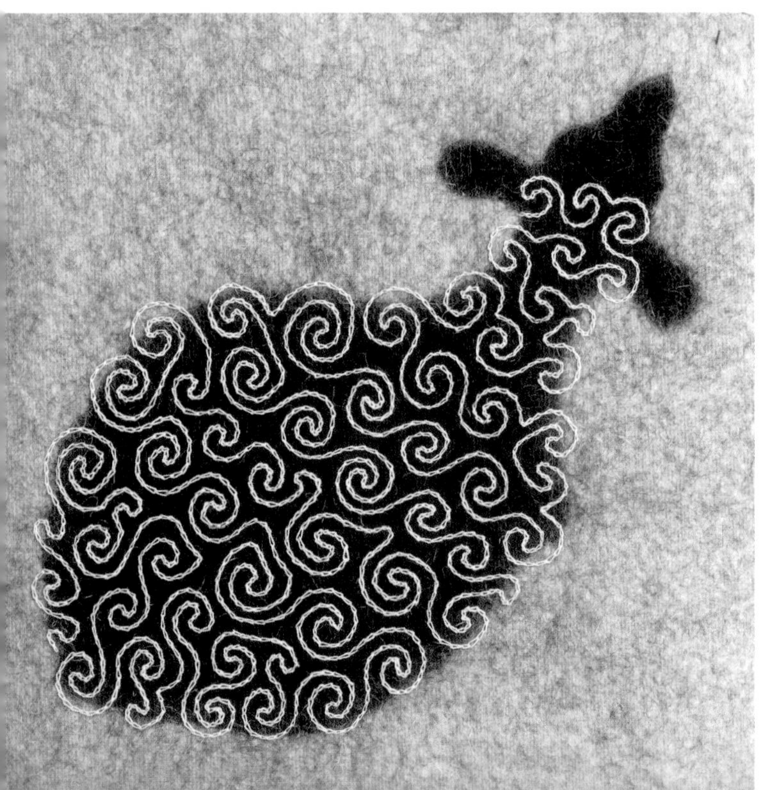

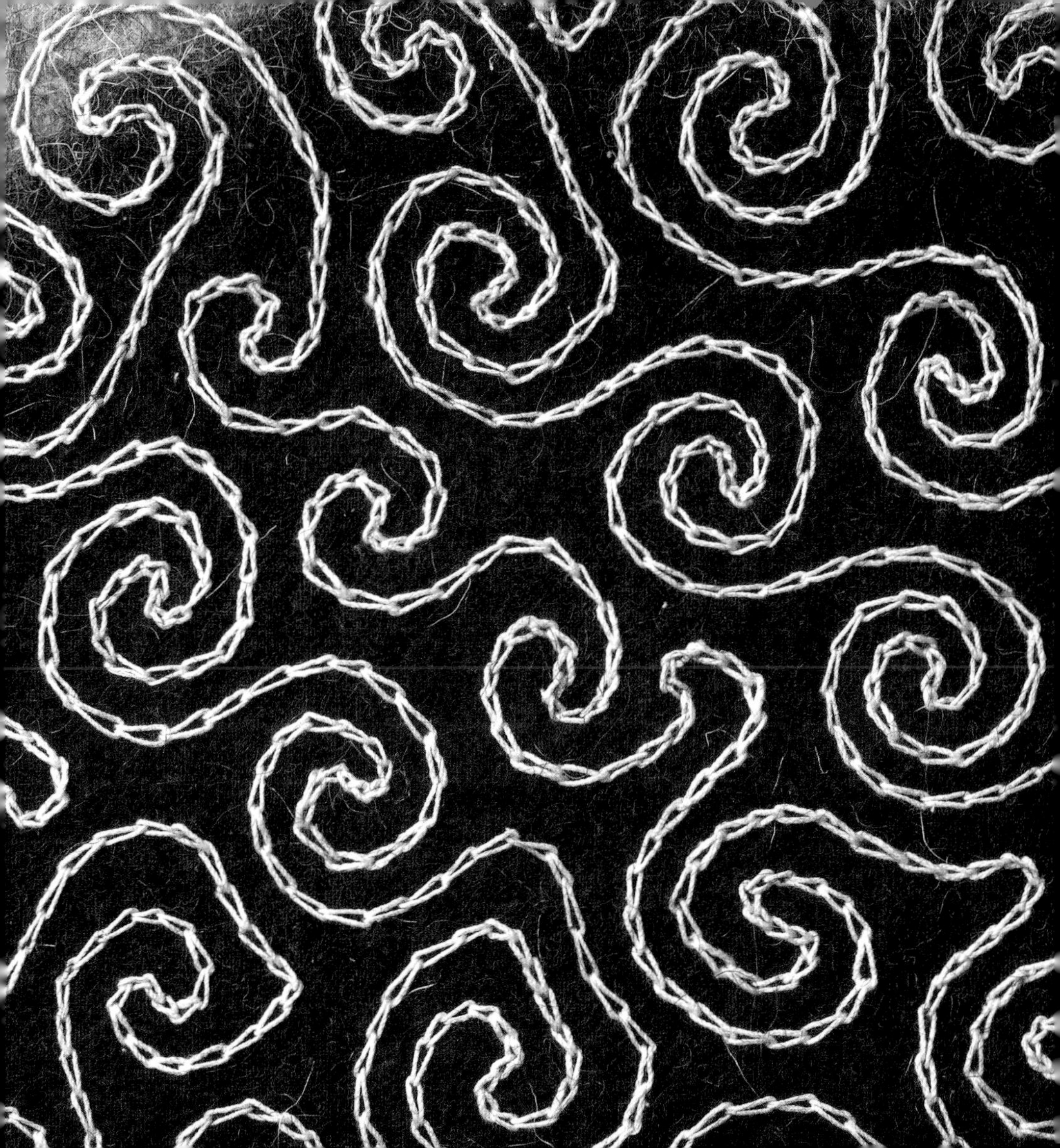

unten: **schwarzes Schaf im Nebel**
nächste Seite: Detail
2016, Merinowolle, *Schattenfilz*

rechts: **träumendes Schaf**
2017, Merinowolle, *Schattenfilz*

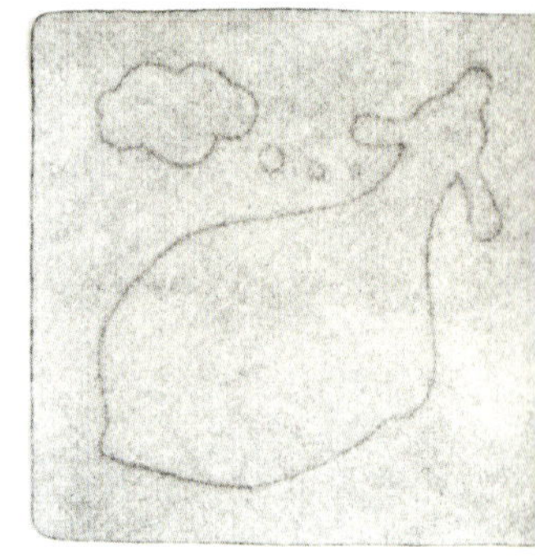

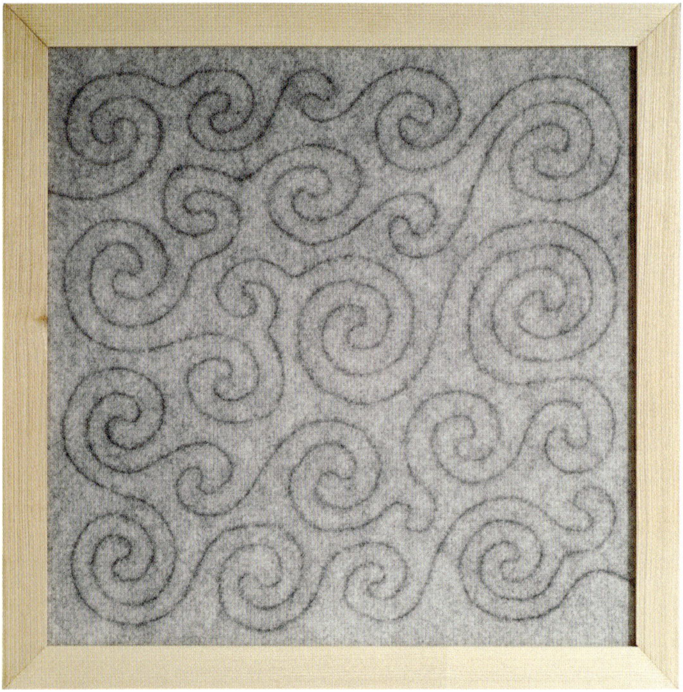

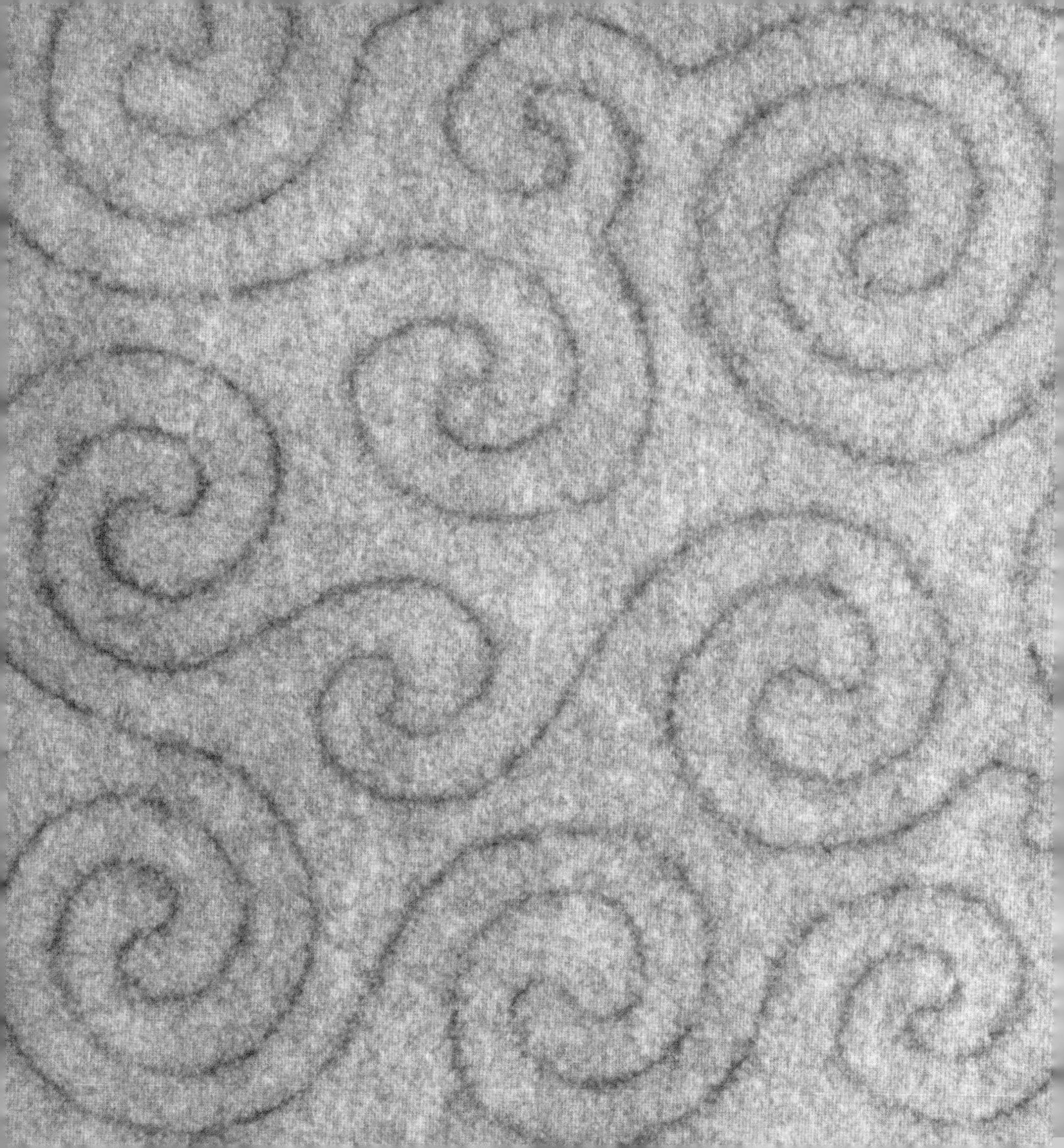

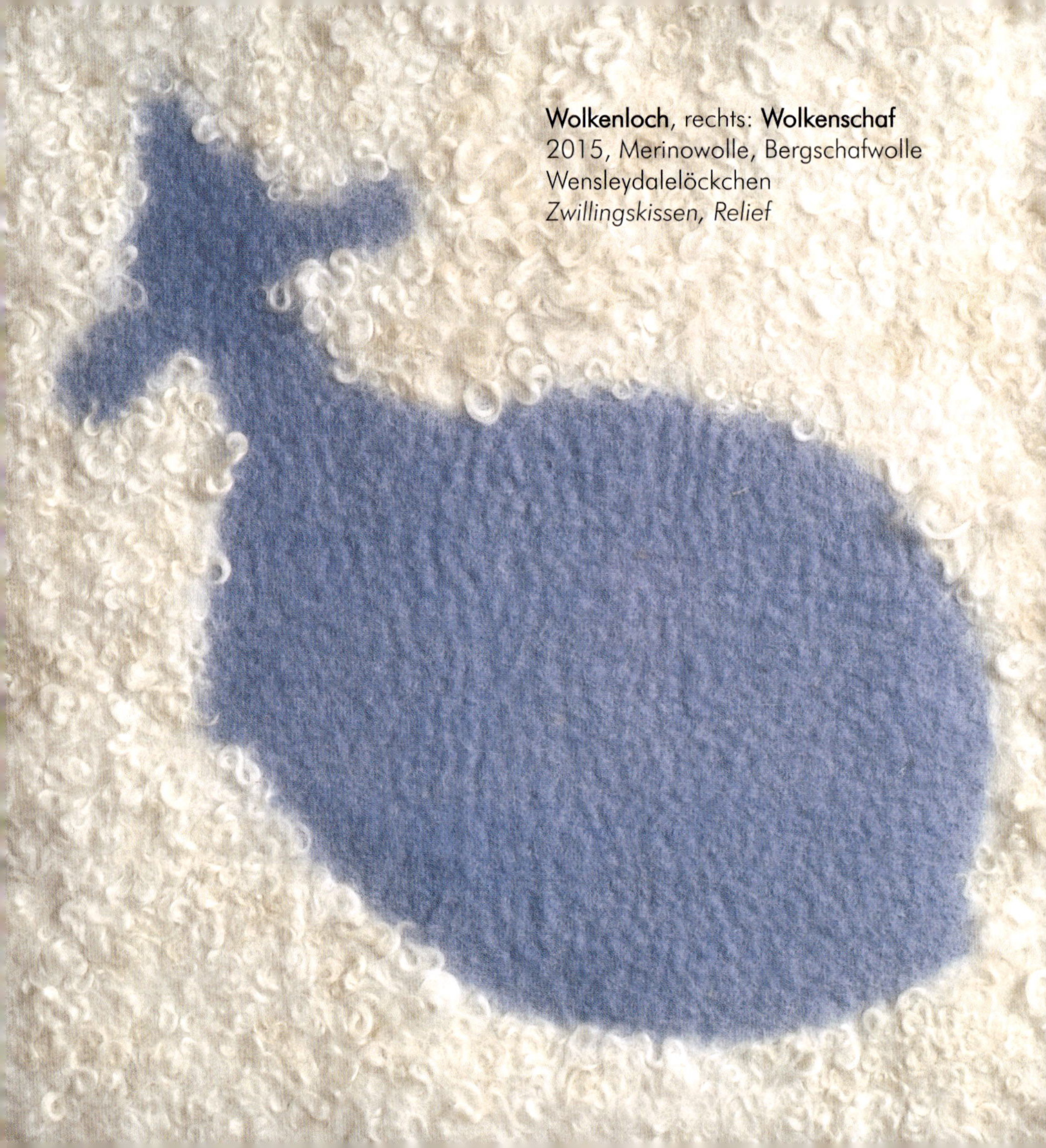

Wolkenloch, rechts: **Wolkenschaf**
2015, Merinowolle, Bergschafwolle
Wensleydalelöckchen
Zwillingskissen, Relief

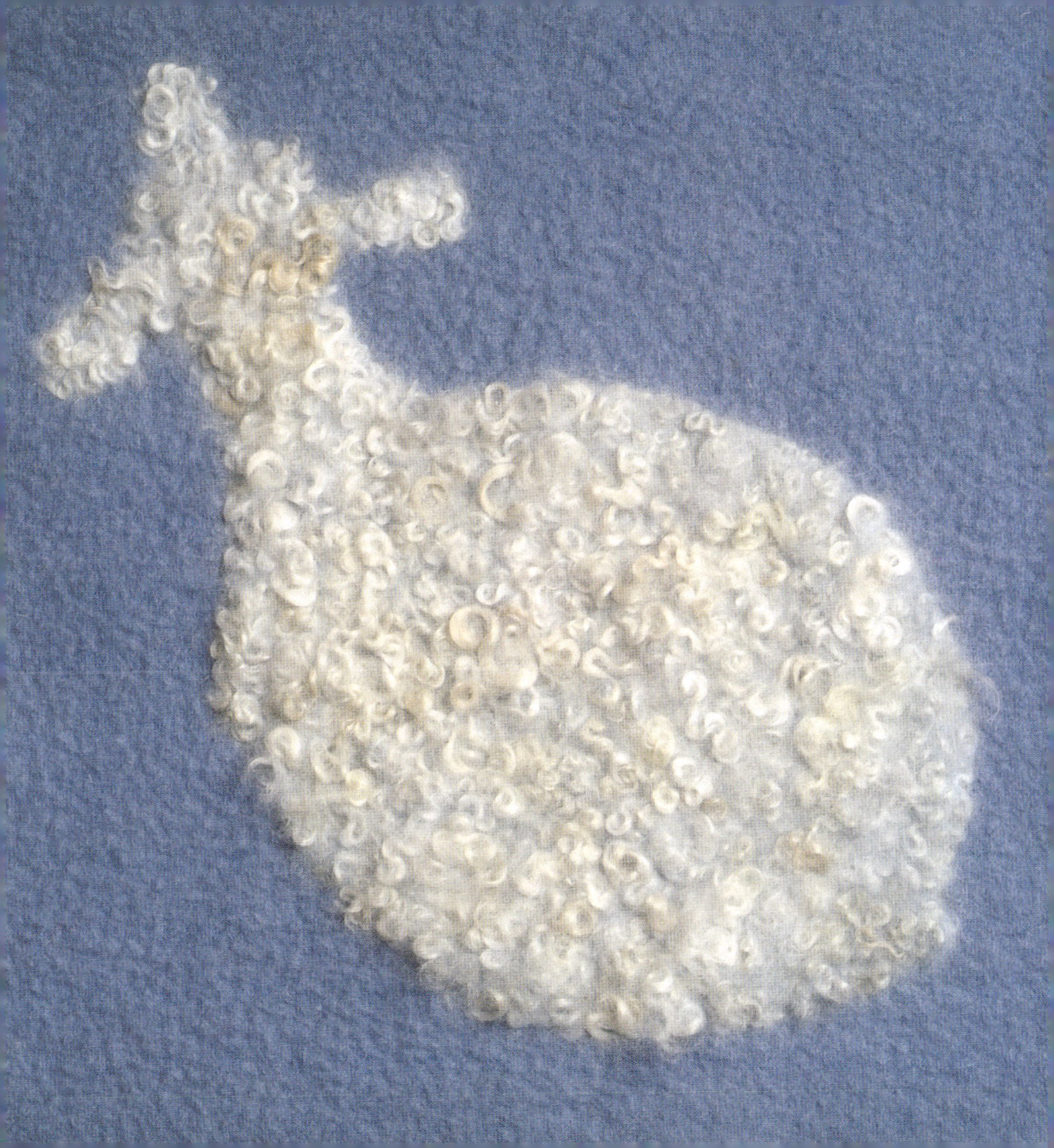

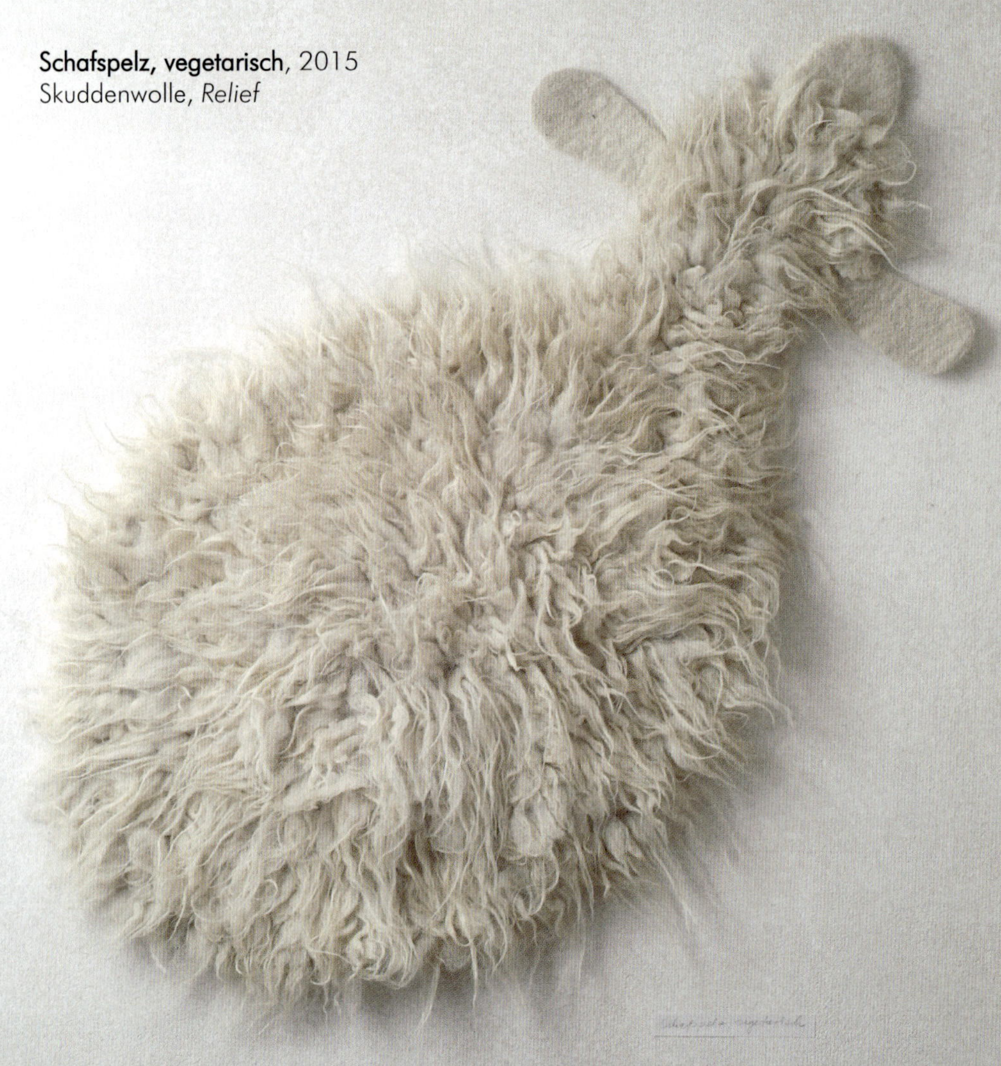

Schafspelz, vegetarisch, 2015
Skuddenwolle, *Relief*

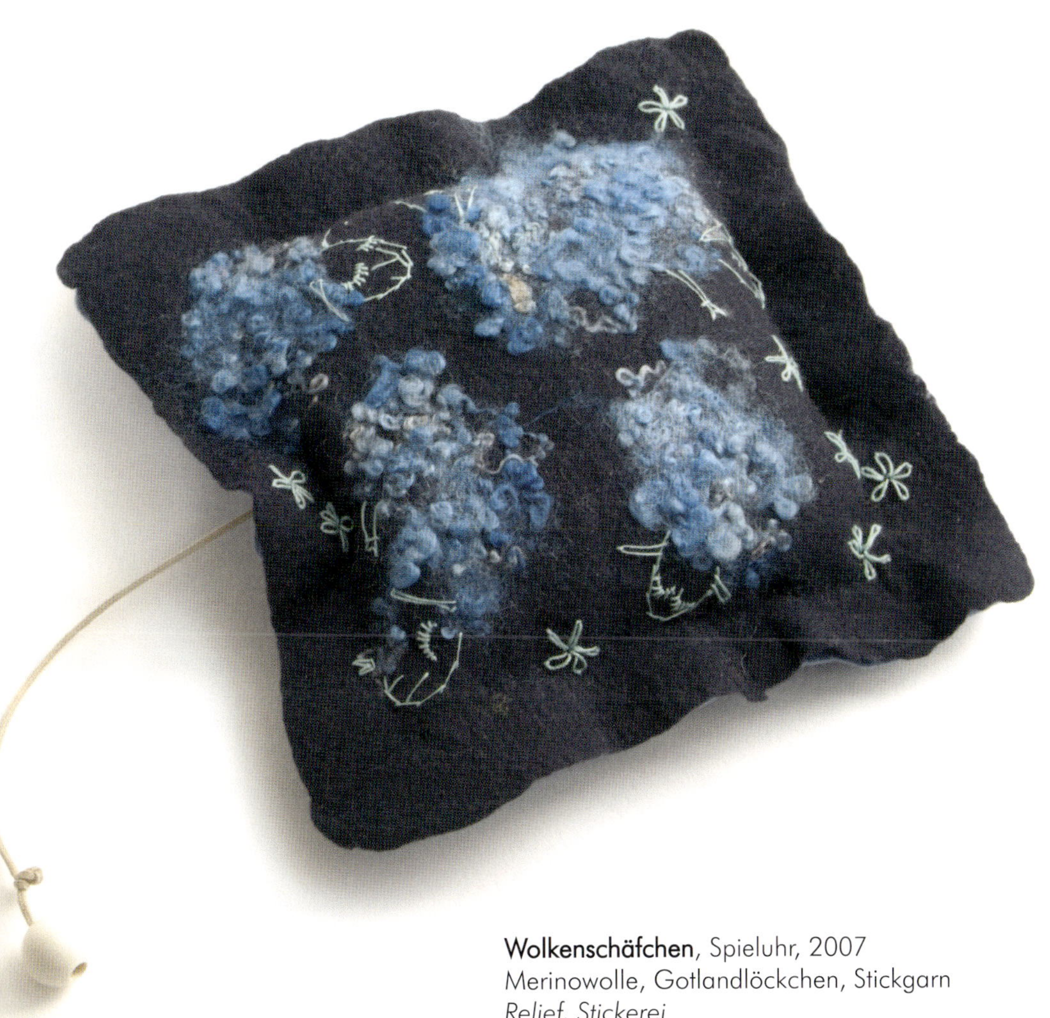

Wolkenschäfchen, Spieluhr, 2007
Merinowolle, Gotlandlöckchen, Stickgarn
Relief, Stickerei

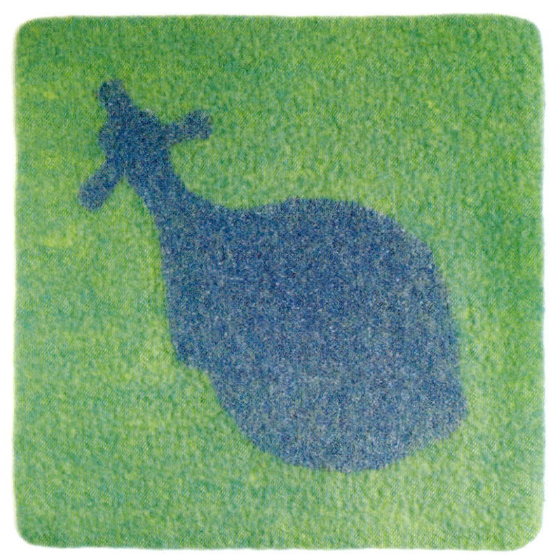

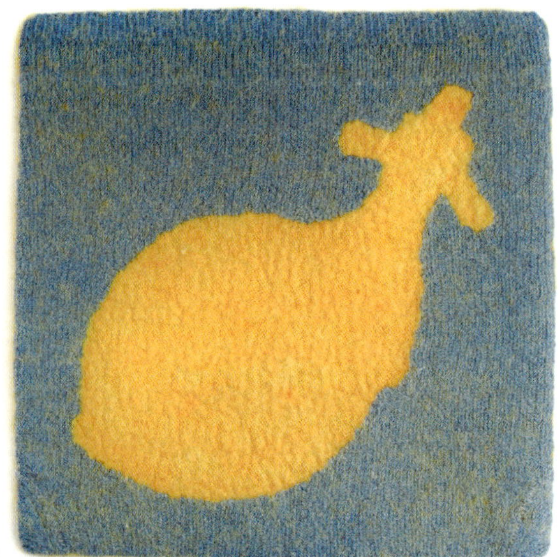

oben: **blaues Schaf**
unten: **gelbes Schaf**
rechts: Details
2016
Bergschafwolle
Strickjacke
Zwillingskissen

Diese Zwillingskissen sind die nächste Station meiner Strickjacke, die dann doch irgendwann nicht mehr zu stopfen war. Das Rückenteil aber war noch intakt und wurde wie Vorfilz verwendet.
Im Detail rechts kann man noch die Maschen erkennen, oben in der linken Ecke den Ärmelansatz und unten linke Maschen (die ausgeschnittene Form wurde gespiegelt, wodurch hier die Rückseite des Gestricks zu sehen ist).

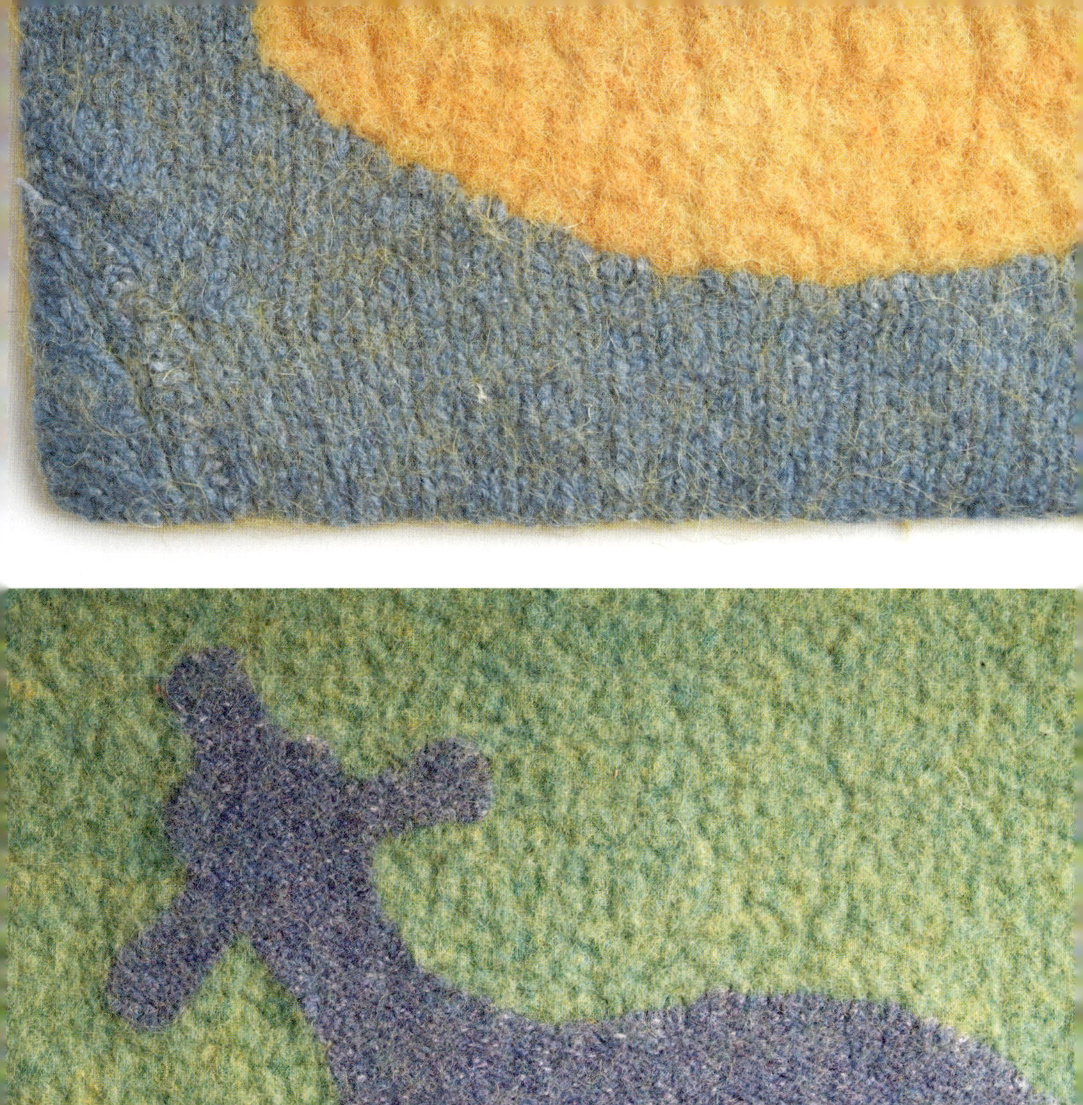

Galerie: Nester

Für unsere Frühjahrsausstellung „valo“ (finnisch: Licht) entstand u.a. eine Serie Nestobjekte.

Die Zwillinge wurden im Frühjahr 2016 geboren und verschwanden über Nacht spurlos. Anhand von Fotos, die wir vor lauter Begeisterung gemacht hatten, habe ich versucht, sie zu porträtieren. Skudden brauchen auch im Winter nur einen Offenstall und in den ersten Jahren ging alles gut. 2015 verschwand zum ersten Mal ein Lamm. Auf dem Nachbargrundstück hat der Fuchs seinen Bau und der hat auch kleine Füchslein satt zu kriegen. (Hier fürchten sich viele vorm *bösen* Wolf, vor allem Leute, die in der Stadt wohnen, viele Medien konsumieren und selbst gar keine Tiere halten, die potentiell gefährdet wären. Jagd auf Füchse ist kein Thema. Die sind ja so niedlich. Und räubern ganz schön in der Nachbarschaft bei Hühnern und Gänsen. Und so ein Skuddenlamm ist kleiner als eine Gans.)
Ob Schafe auch Trauer empfinden? Mit dem dicken Euter sah sie schon ein bisschen traurig aus. Sie scheinen zum Glück schnell zu vergessen. Ich allerdings nicht, ich hatte nachts Kopfkino und konnte nicht schlafen. Da der Bau eines Stalls unmöglich war, war dies einer der Gründe dafür, mit der Schafhaltung aufzuhören. Immerhin hat mich dieses Ereignis zum Zwillingsnest inspiriert.

rechts: **Zwillingsnest**
2017, Merinowolle, Skuddenwolle, Baumwollgarn
Folgende Doppelseite:
links: Vogelnest von diesem Frühjahr,
rechts unten wurde ein hellgrünes Wollflöckchen aus meinem Atelier mit verbaut

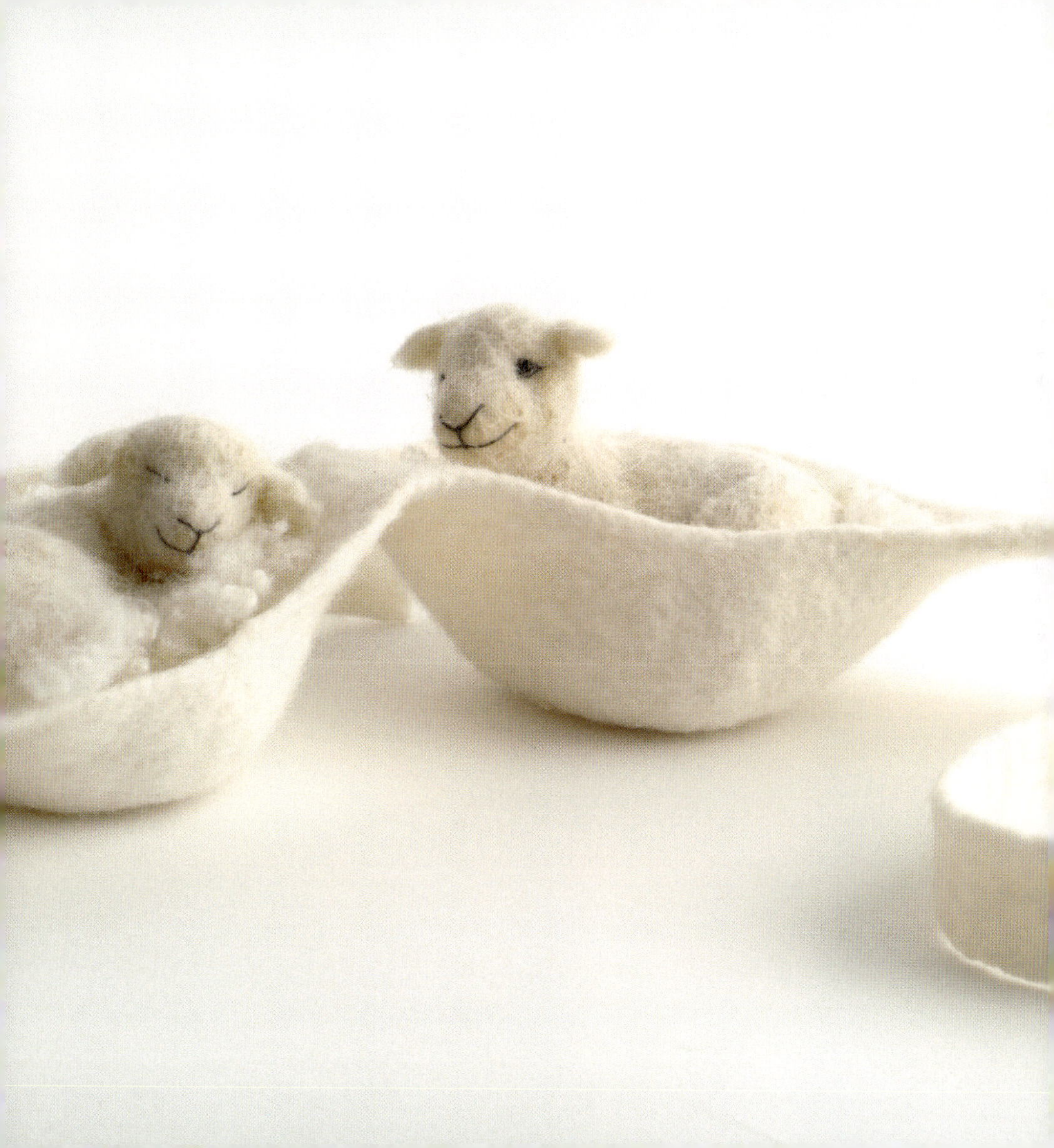

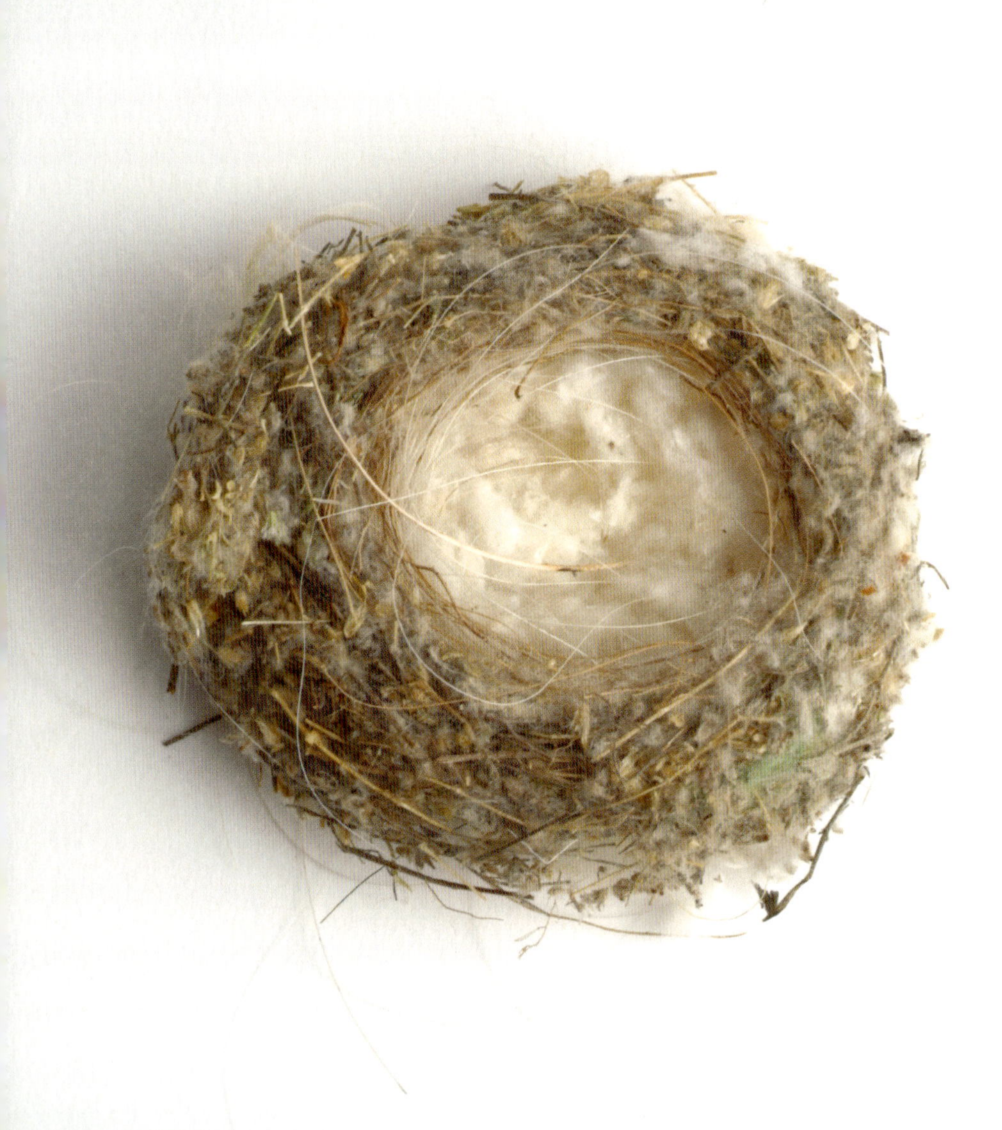

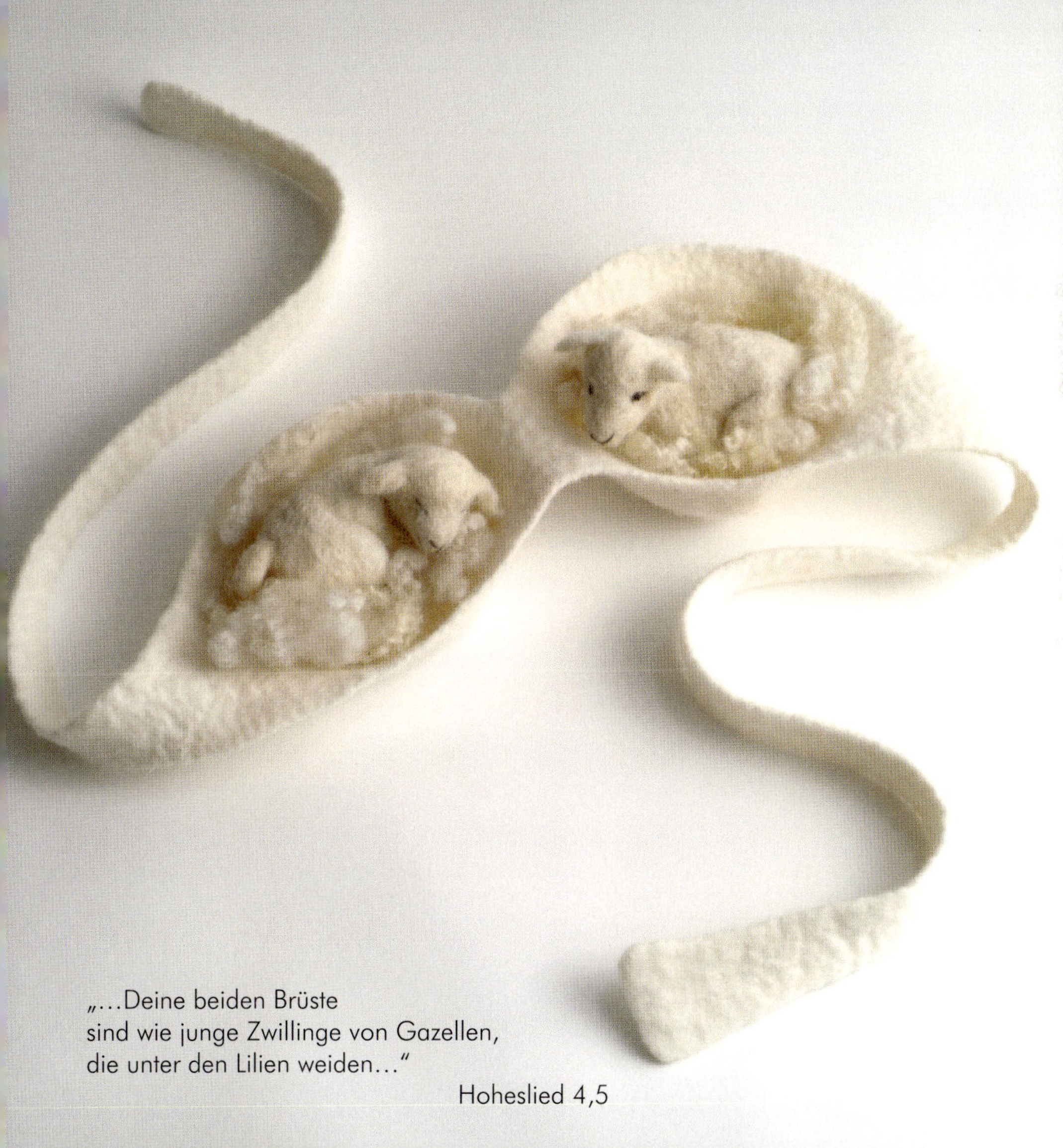

„…Deine beiden Brüste
sind wie junge Zwillinge von Gazellen,
die unter den Lilien weiden…"
Hoheslied 4,5

schlafende Taube im Wolkennest
rechts: **schlafende Taube** (ohne Nest)
2017, Merinowolle, Mohair

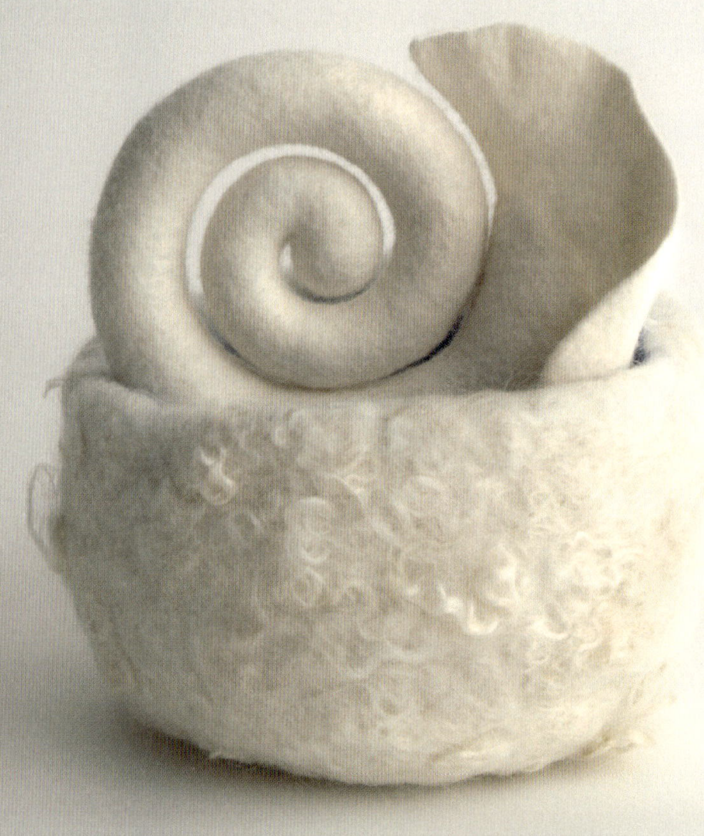

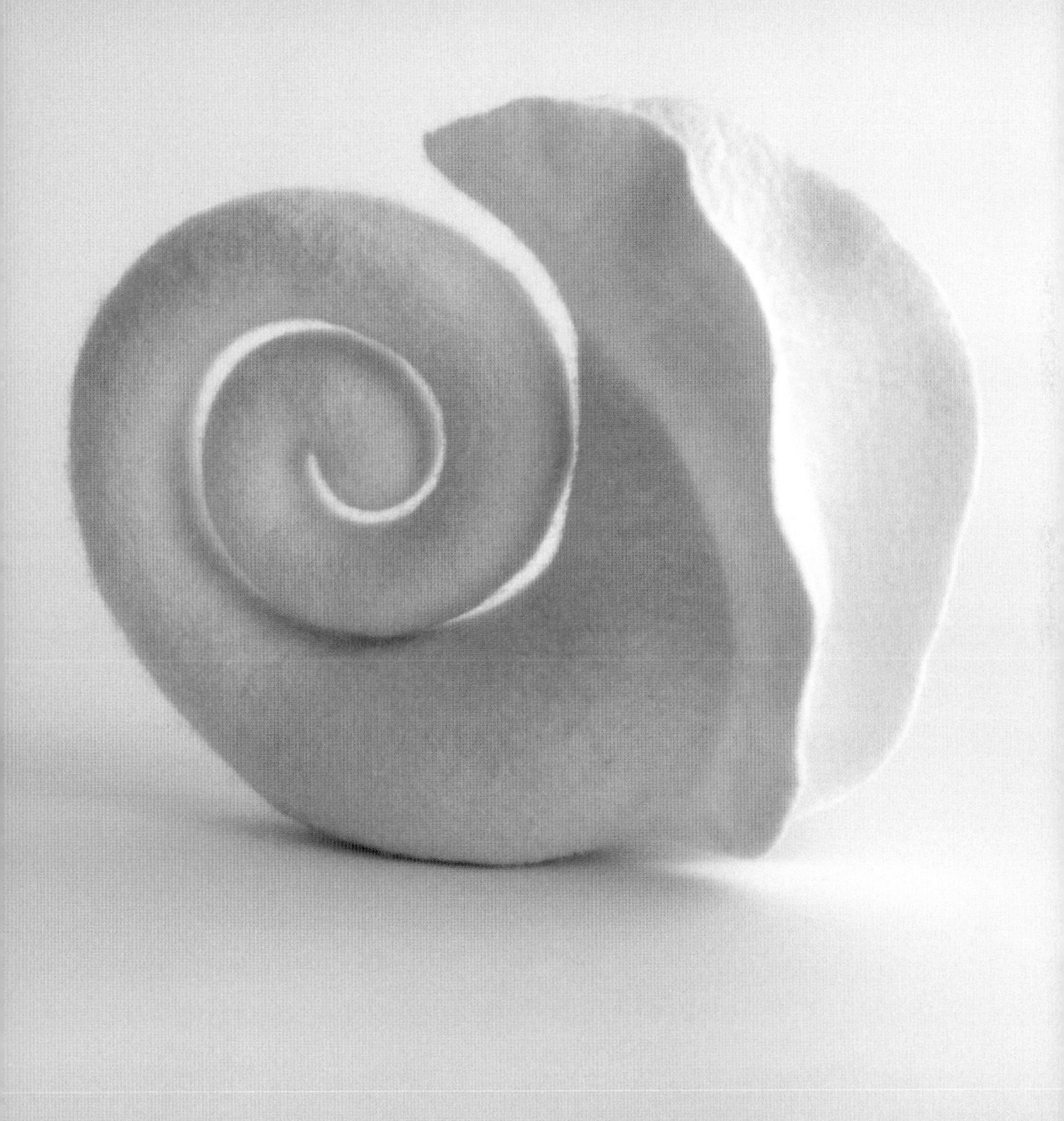

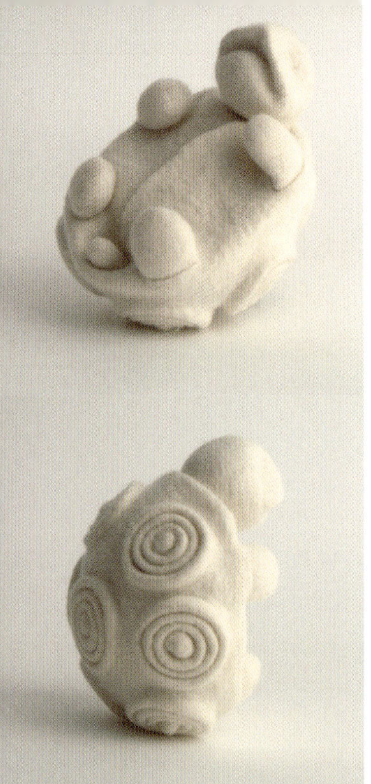

Wesen im Overall
2017, Merinowolle

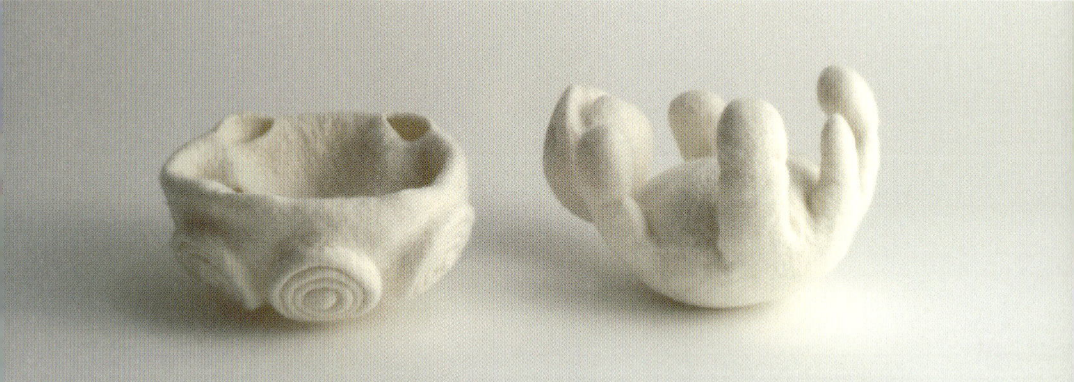

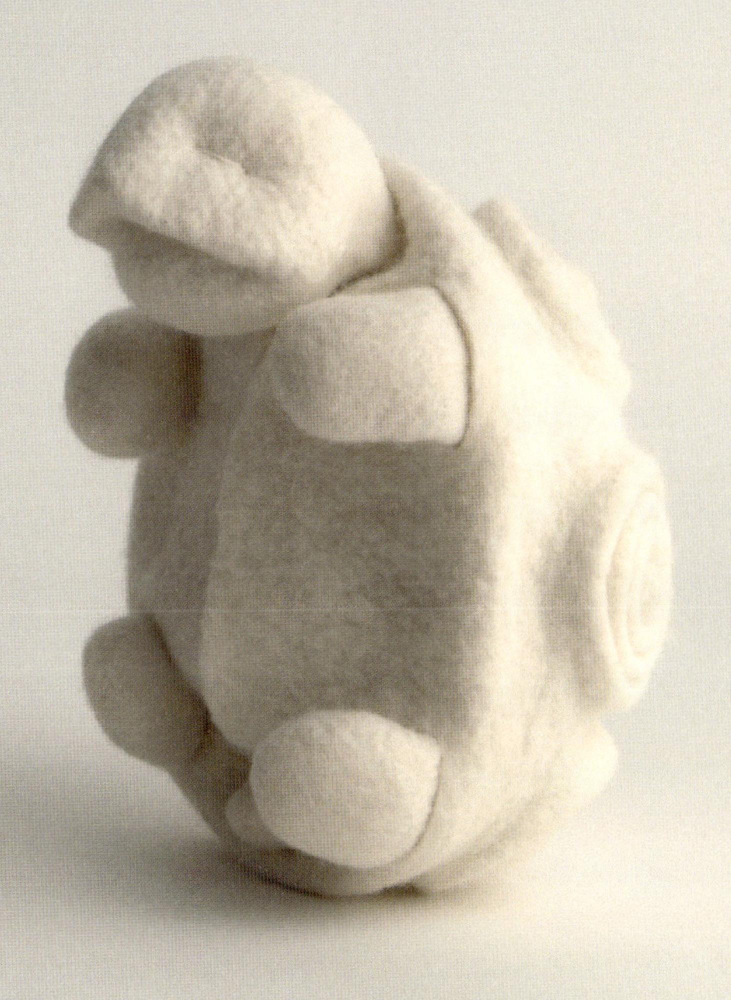

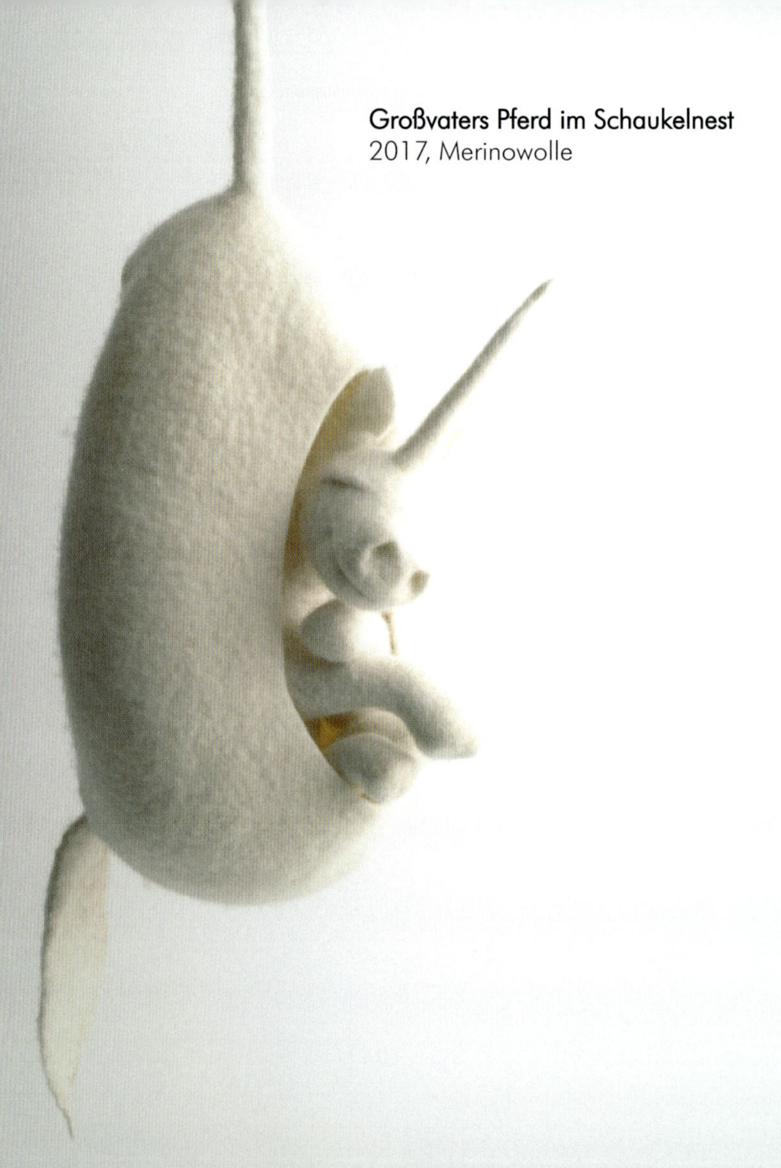

Großvaters Pferd im Schaukelnest
2017, Merinowolle

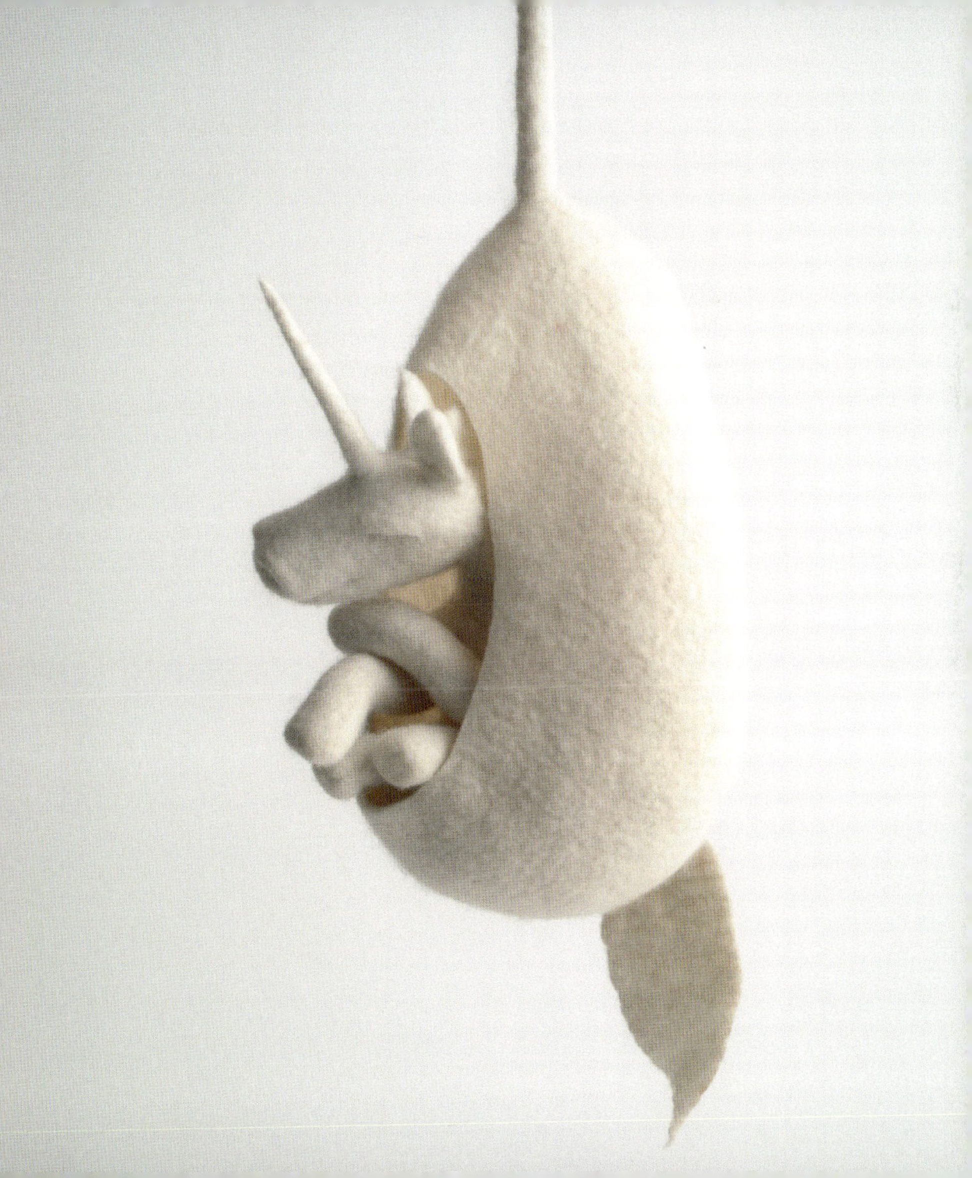

Seepferdchen im Schaumnest
2017, Merinowolle, Baumwollbatist, Glas
Perlmuttknopf

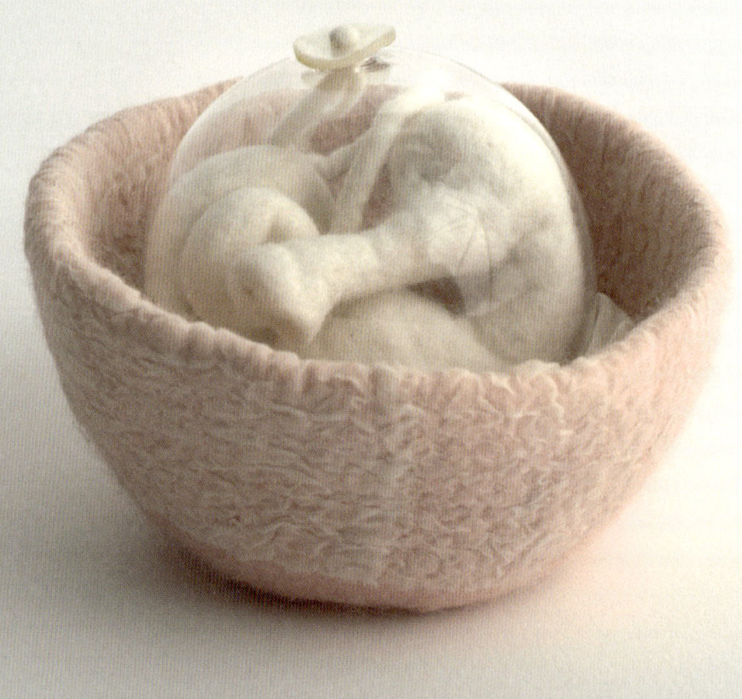

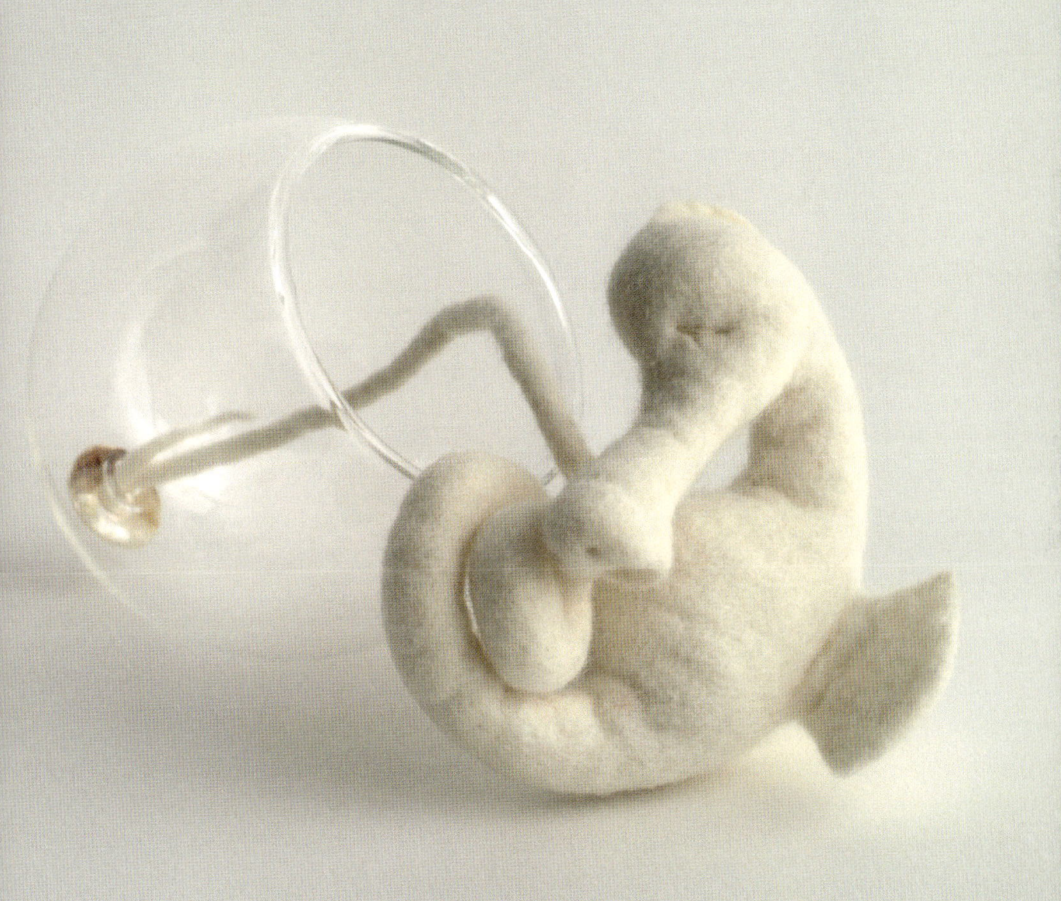

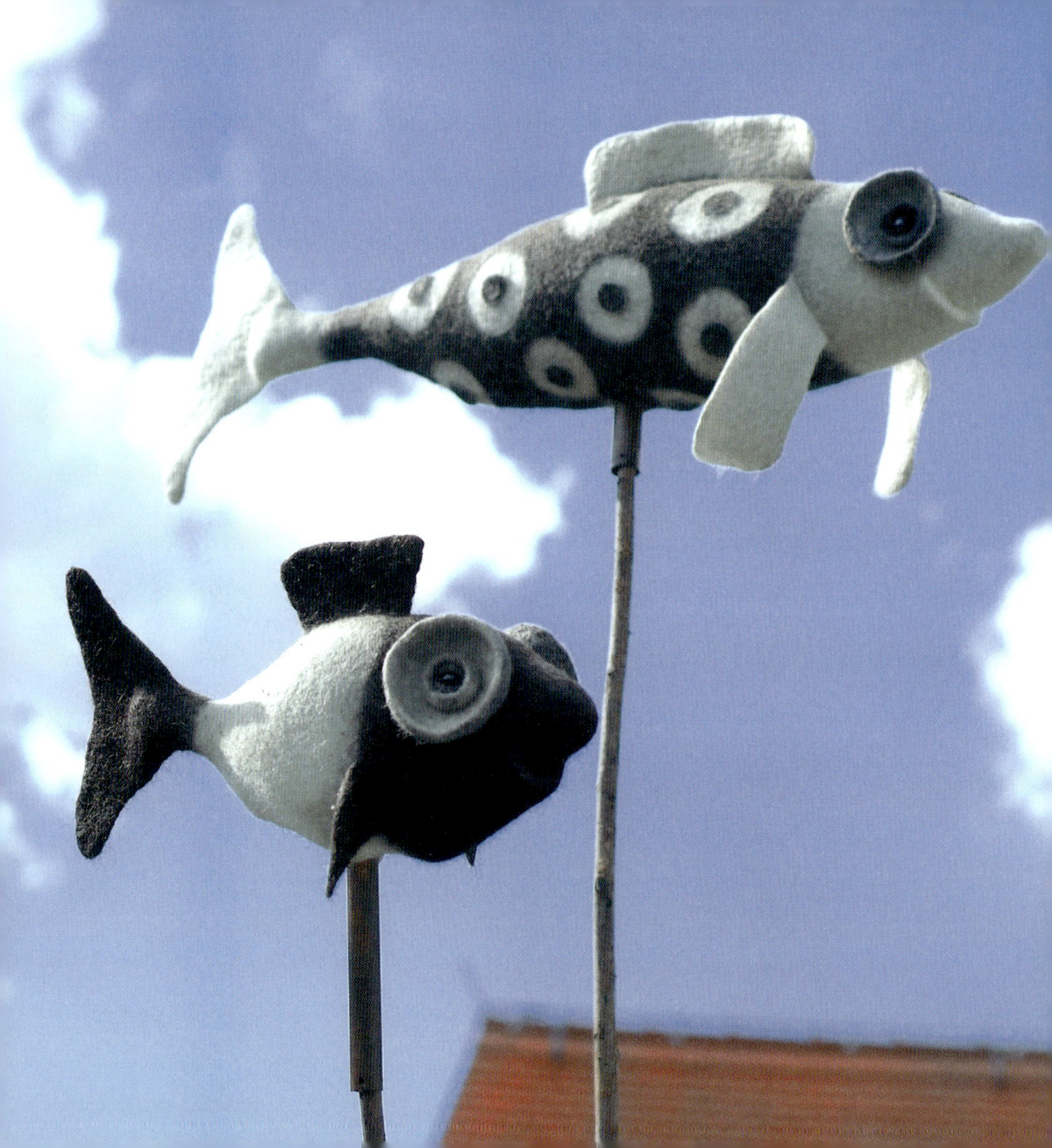

Über Fische

In vielen asiatischen Kulturen gilt der Fisch als Symbol für Wohlstand. Es soll sich lohnen, ein Aquarium in dem (nach Feng Shui) für Wohlstand zuständigen Bereich des Hauses zu unterhalten. Im Märchen vom Fischer und seiner Frau ist es ebenfalls ein Fisch, der für Reichtum sorgt, bis es ihm zu bunt wird.
Zu Hause gab es bei uns auch ein Aquarium, im Wohnzimmer. Kam mein Vater mit einer Beule unterm Hemd nach Hause, wussten wir: es gibt neue Fische. Auf dem Weg vom Bahnhof nach Hause hatte er im Zooladen eingekauft und die Plastiktüte, in der die Fische im Wasser schwimmend das Geschäft verließen, im Knopfloch seines Oberhemdes befestigt. Mein Vater fuhr mit dem Rad zum Bahnhof und dies war für die Tiere die sicherste Transportmöglichkeit, denn auf dem Gepäckträger wäre die Tüte womöglich geplatzt. Wir haben viel Zeit vor der Scheibe verbracht und die kleinen Fische beobachtet. Dabei war es besonders spannend, wenn es Nachwuchs gab und die kleinen Winzlinge von Tag zu Tag größer wurden. Bunte Korallenfische waren Teil meiner Diplomarbeit und bald folgten die fliegenden Fische für den Filzkunstwanderweg in Südtirol. Inzwischen gibt es die auch nicht mehr, aber jemand hat sich die Mühe gemacht, sie zu ersetzen. Dies entnahm ich einer E-mail mit Bildanhang, die ich im letzten Jahr erhielt mit Fotos von „meinen" Fischen, es waren aber nicht meine.

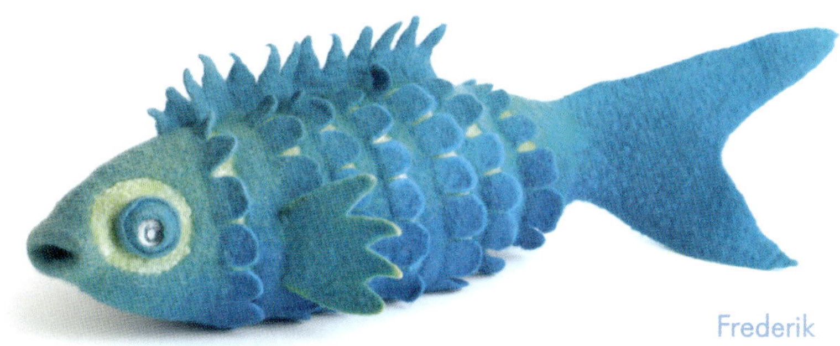

Frederik

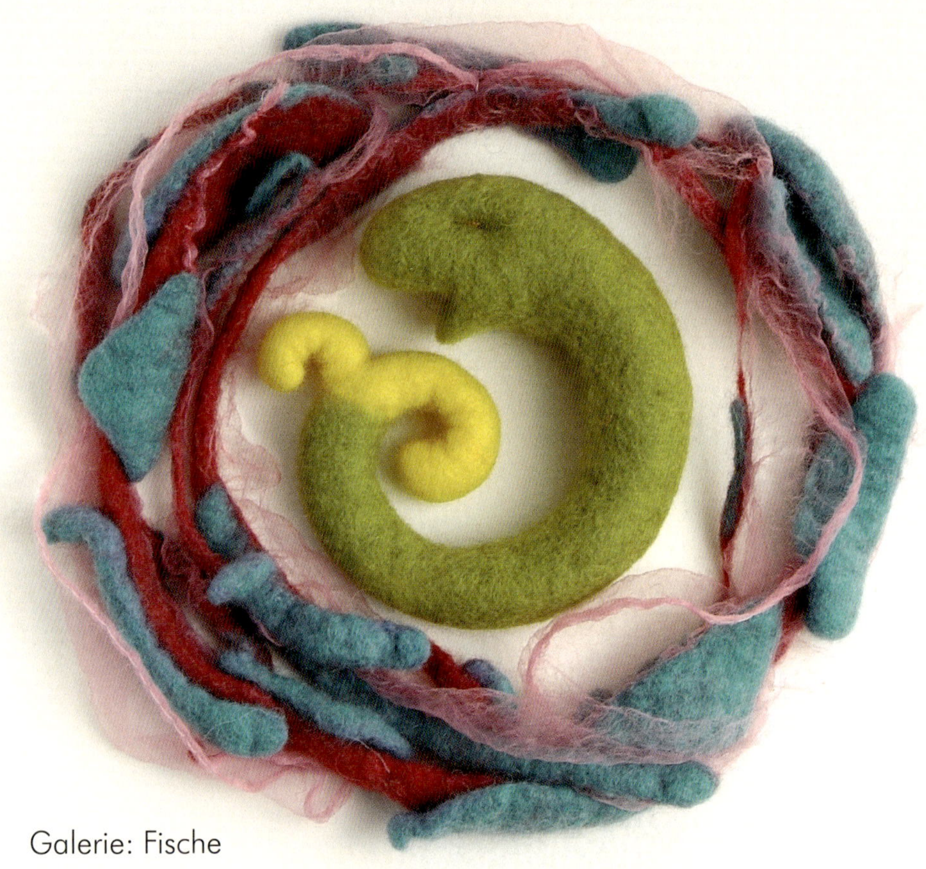

Galerie: Fische

kleiner Fisch im Nest, 2016, Merinowolle, Nylon
rechts: **Fischhaut**, 2016, Merinowolle, Seide, Pailletten, Glasperlen, *Filz-Scherenschnitt, Stickerei*

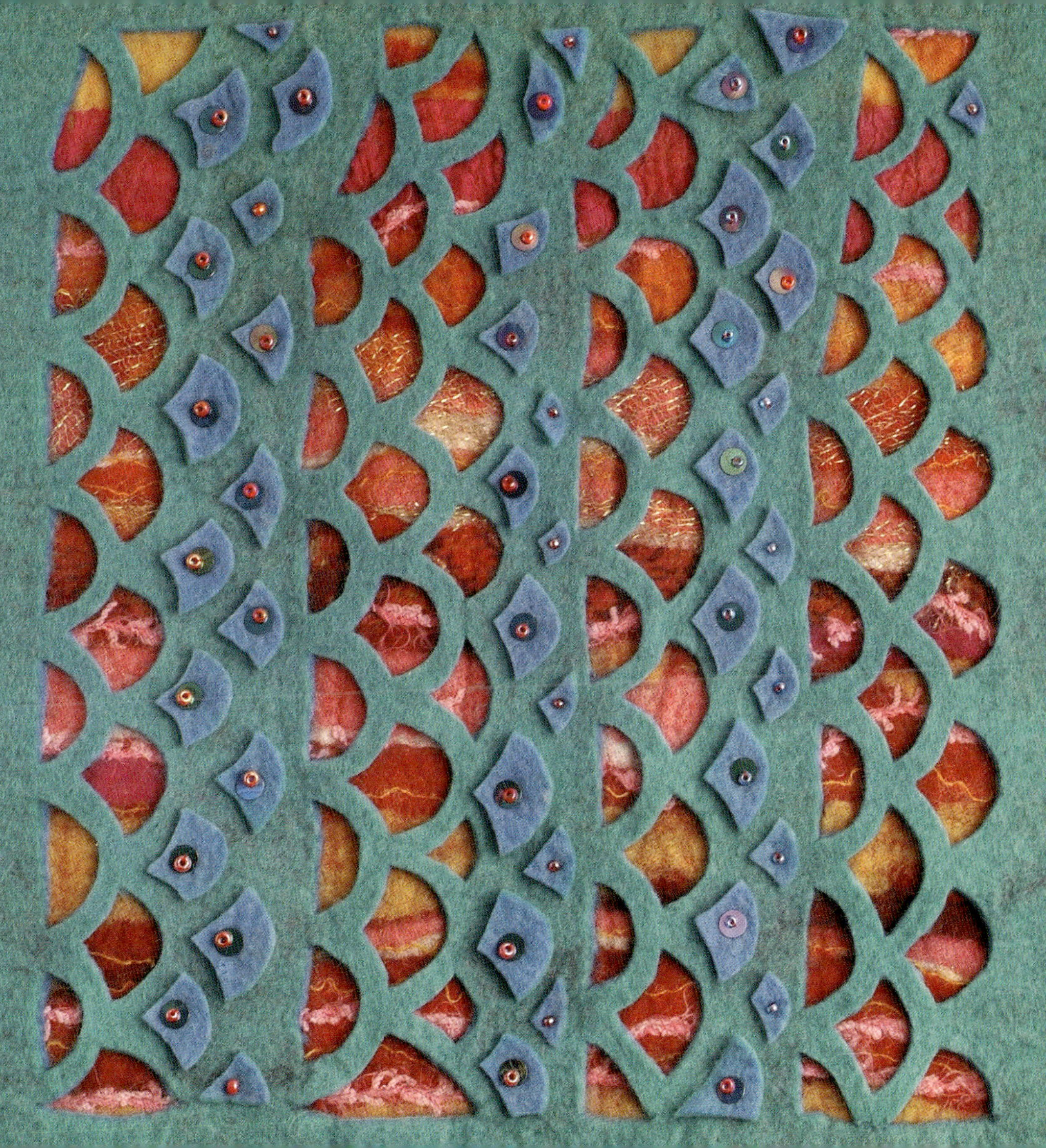

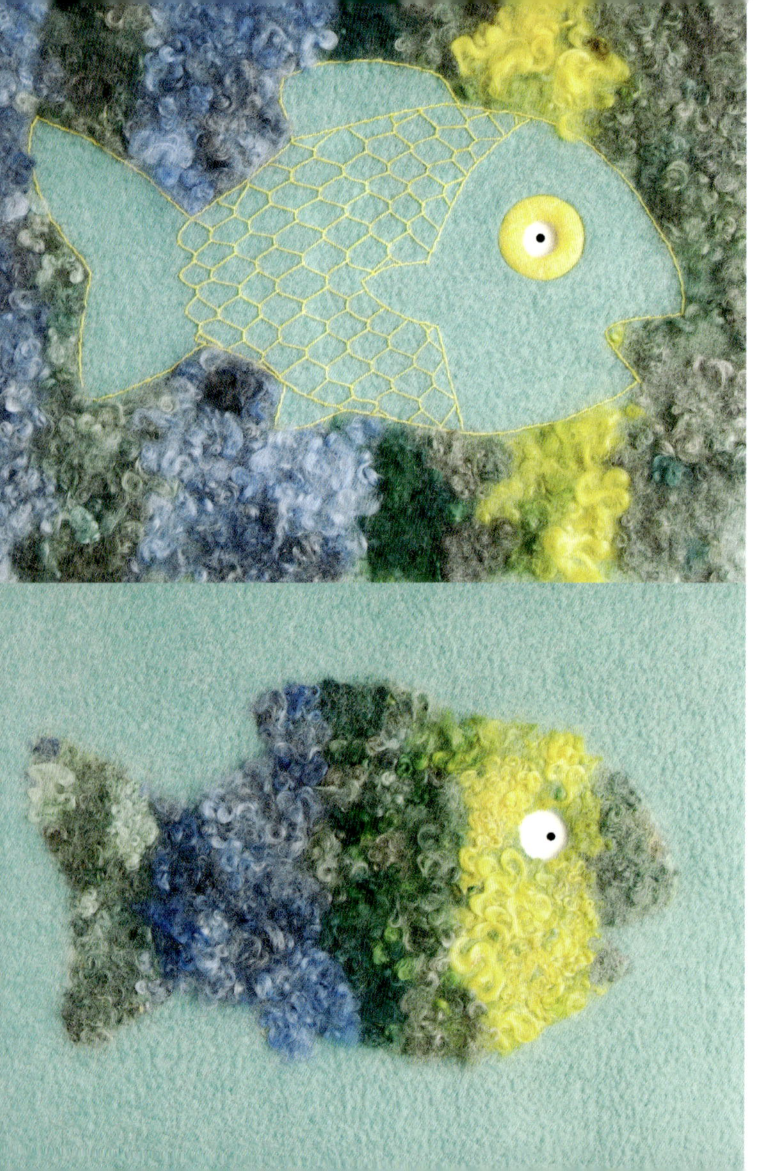

links:
kleiner Fisch im Nest
Wollfisch
2016
Bergschafwolle
Merinowolle
Wensleydalelöckchen
Leicesterlocken
Baumwollgarn
Zwillingskissen
Stickerei

rechts:
Ornament-Fisch
2015/2016
Merinowolle
Seide
Garne
Gitterstoff
Mosaik
genäht

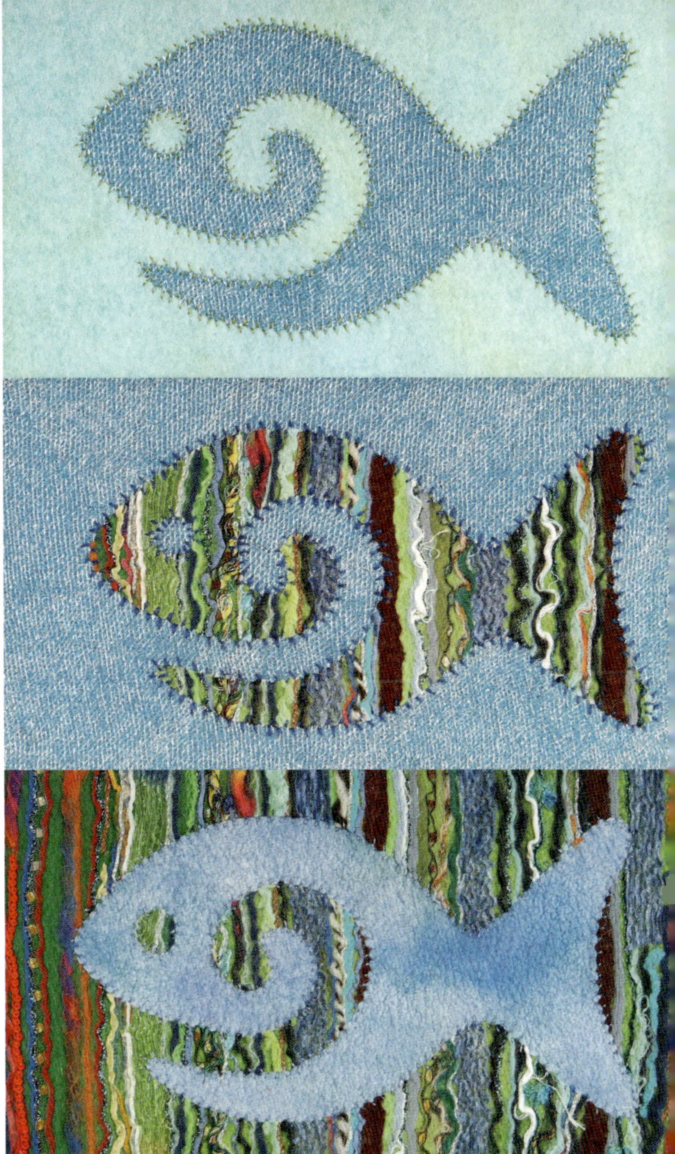

Ichthys
2016, Merinowolle, *Filz-Scherenschnitt*

rechts: **Goldfisch**
2016, Bergschafwolle, Stickgarn, *Einfilztechnik, Stickerei*

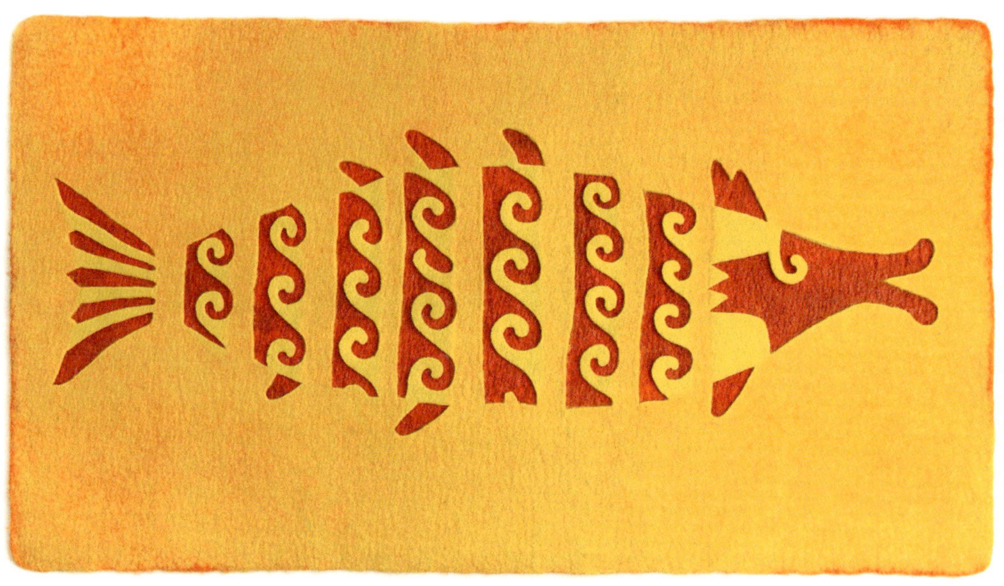

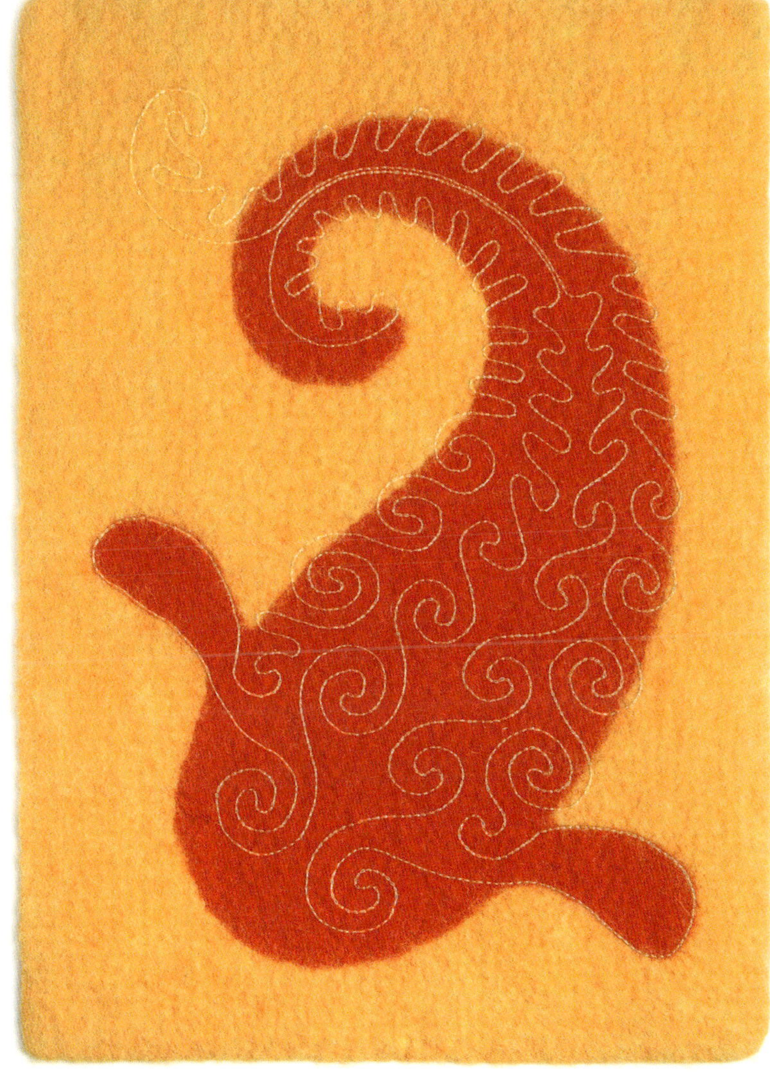

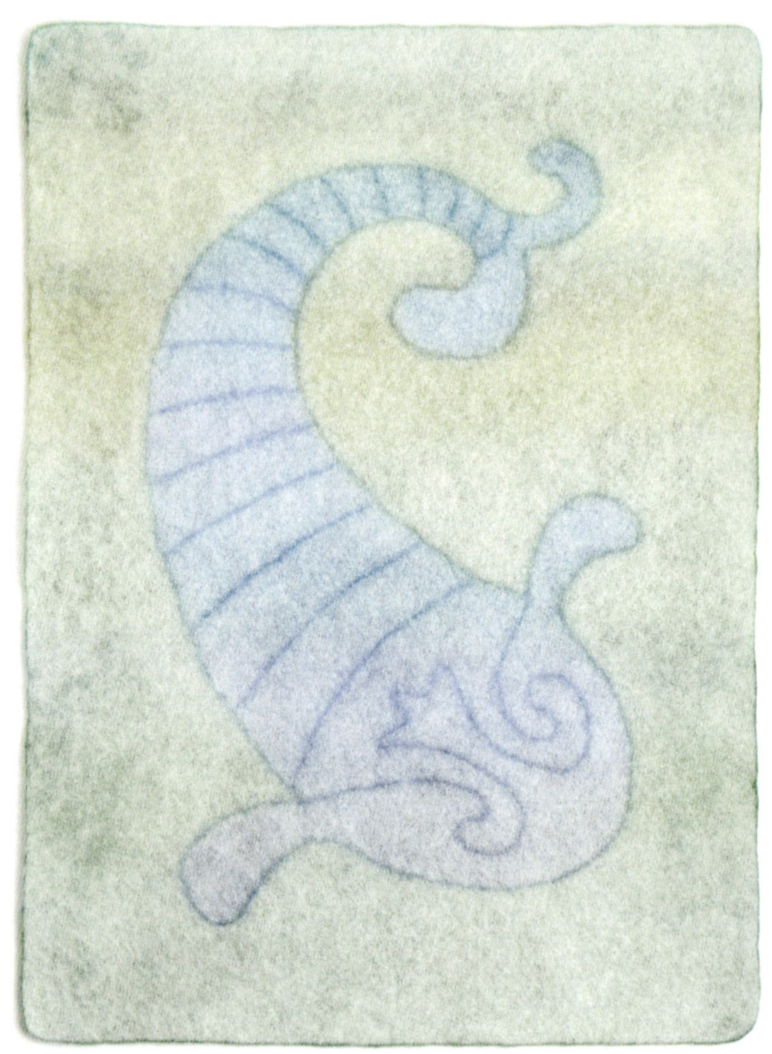

Zwiegespräch

2-teilig, 2016
Merinowolle
Schattenfilz

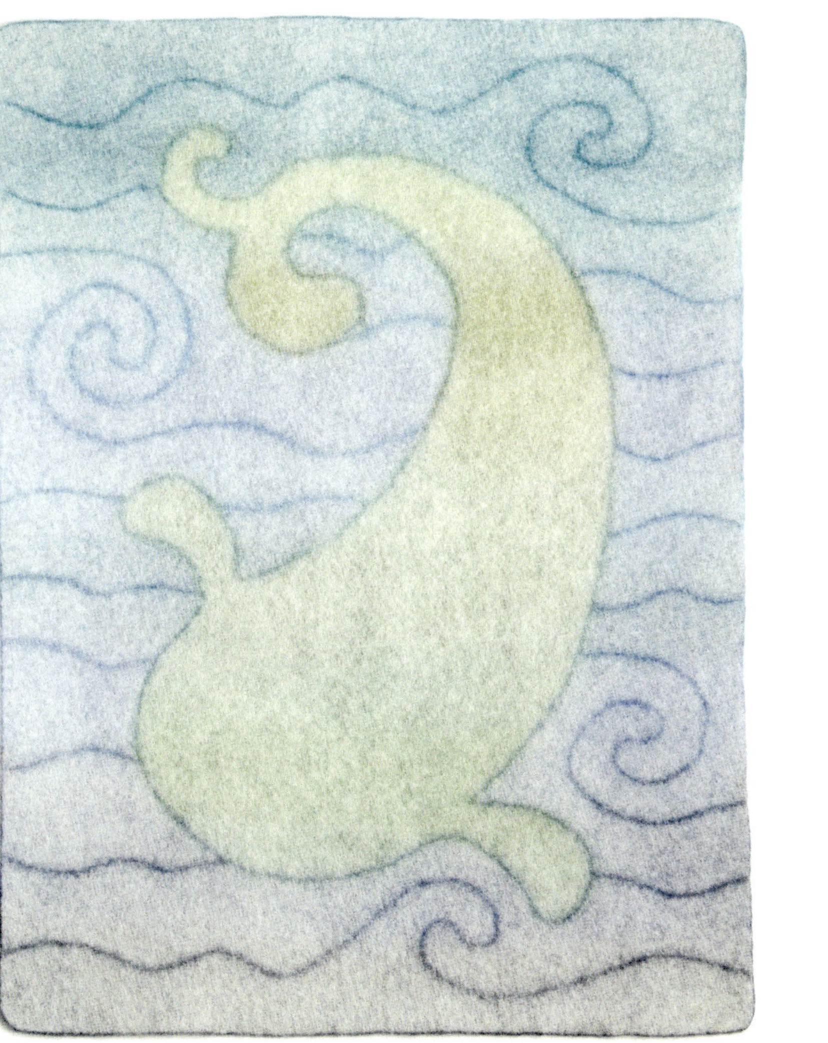

unten: **Emilia**
rechts: **Karl**
2015, Merinowolle
3D-Paisley
Stickerei

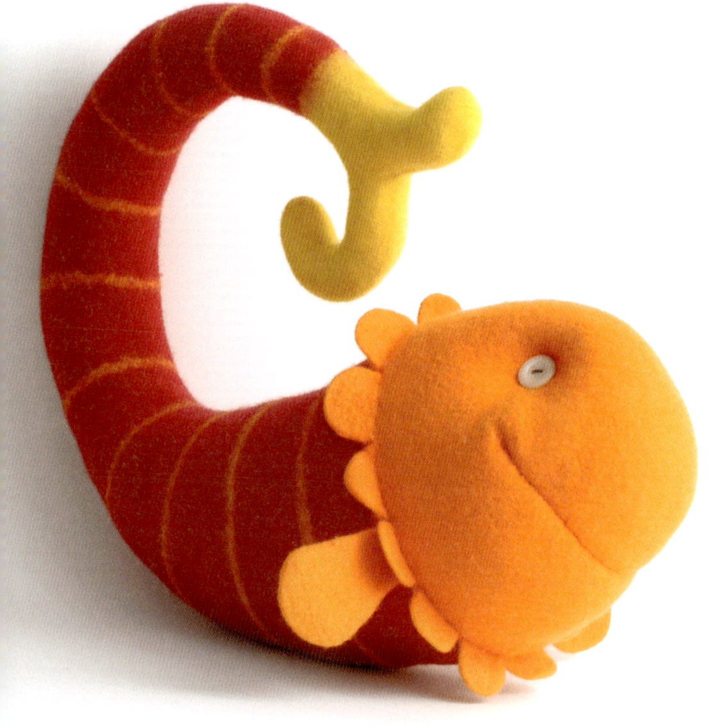

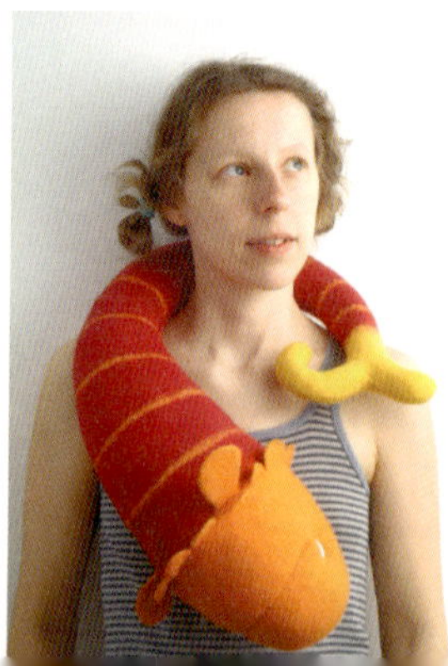

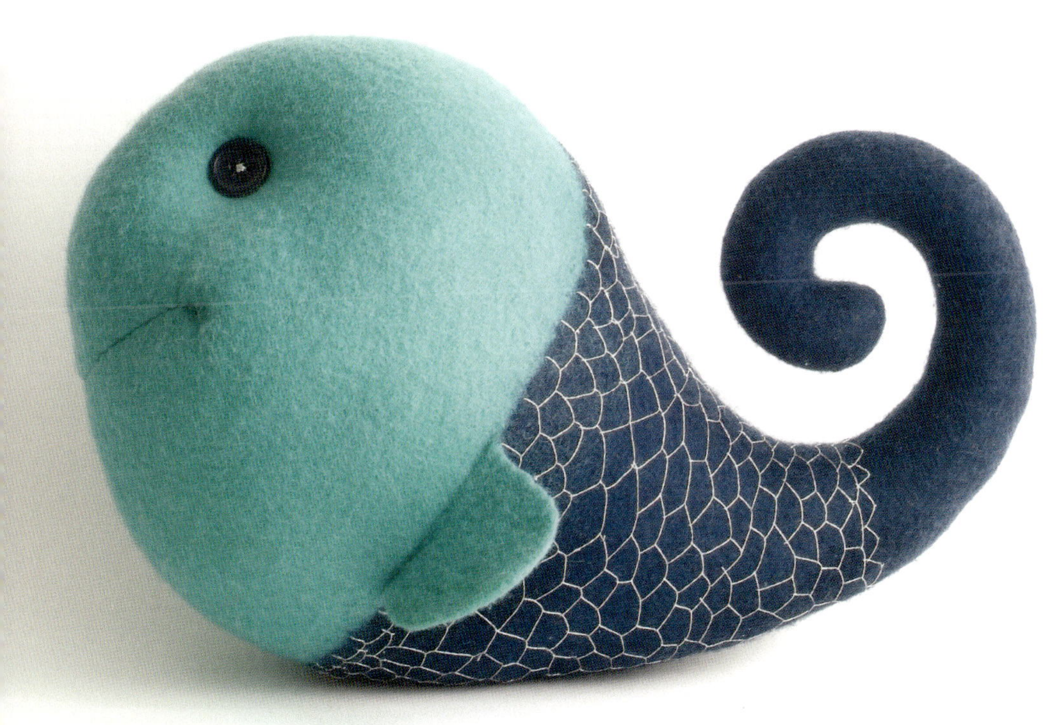

Galerie: Flächenfilze

unten: **Vertrauen**
Studie, 2016/2017, Skuddenwolle, Wollgarn, *Relief (mongolische Technik)*
unten rechts: **Gewimmel** Rückseite, Detail
rechte Seite: **Gewimmel** Vorderseite, 2017, Merinowolle, *Schattenfilz*

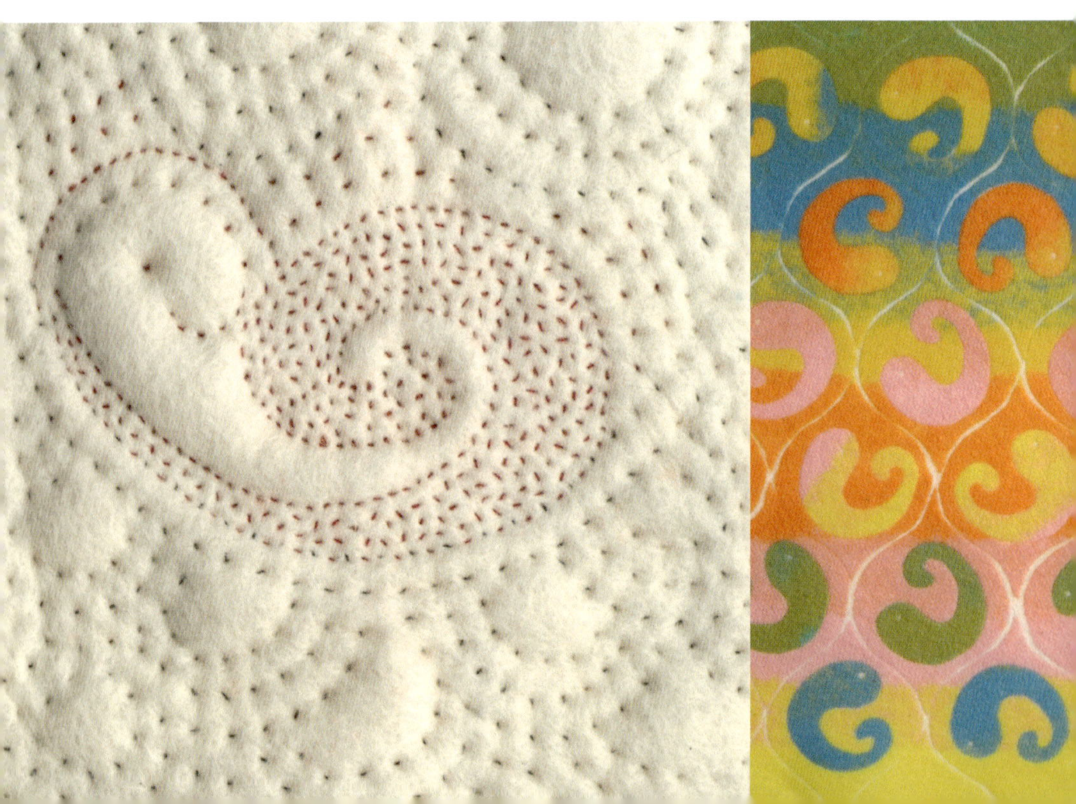

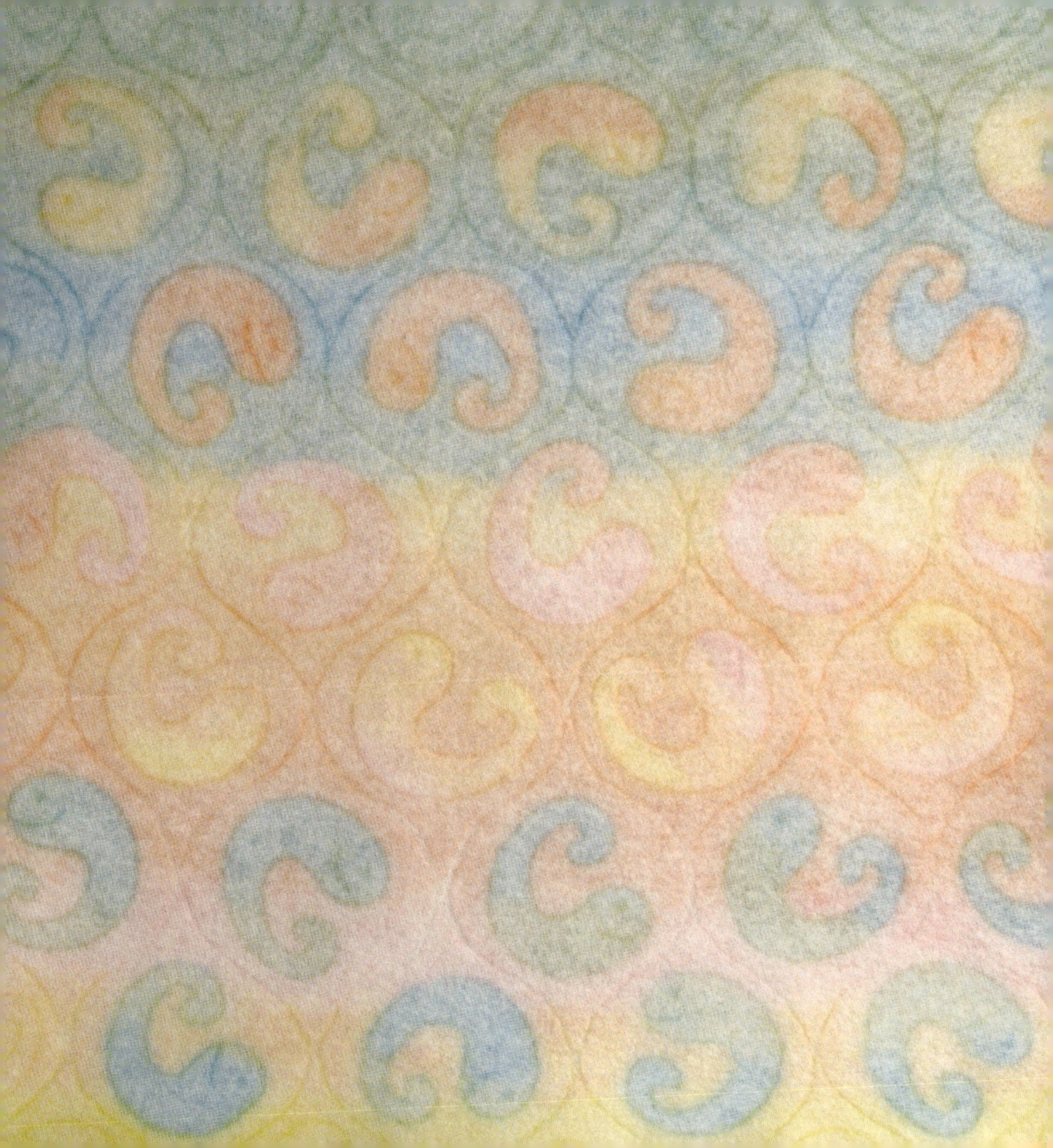

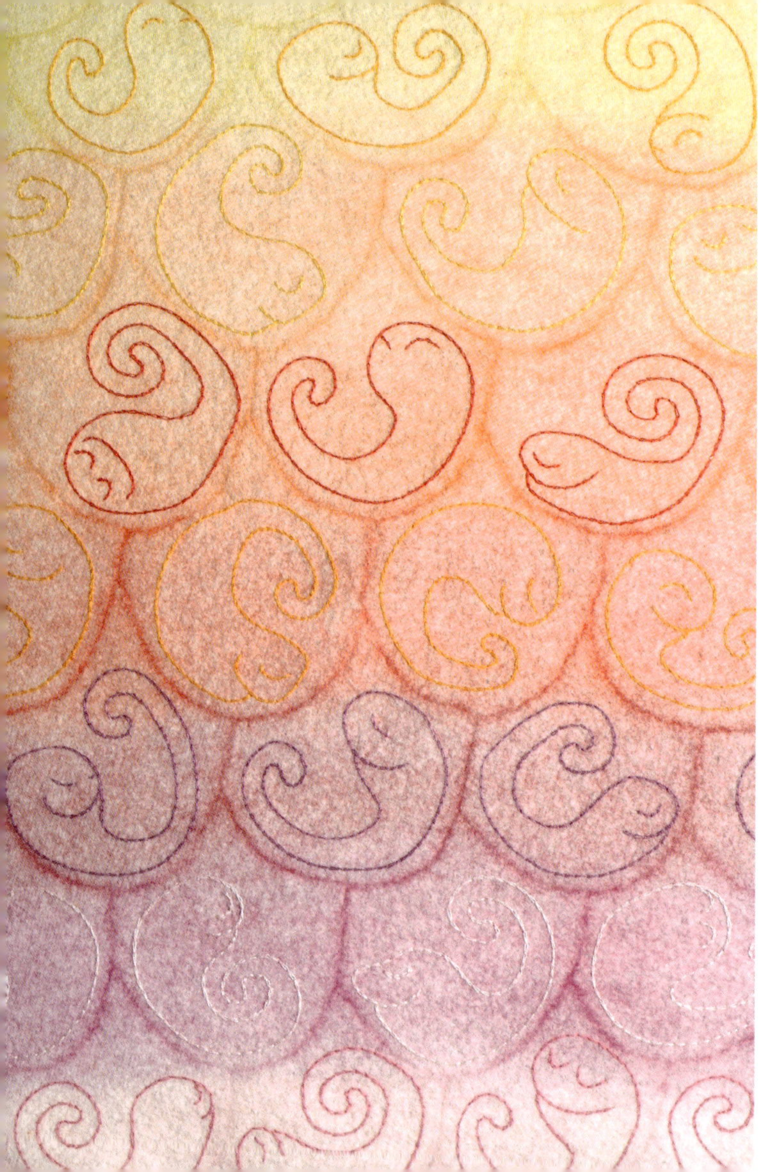

Beim Sticken der kleinen zufriedenen Fischwesen habe ich mich an ein fossiles Bild erinnert, das ich einmal im Museum bestaunte: ein lebendgebärender Fisch. Einige Jungtiere befanden sich noch in der Bauchhöhle, die Anderen waren bereits geboren und neben dem Muttertier zu erkennen. Während des Geburtsvorgangs muss sich ein Unglück ereignet haben, das dazu geführt hat, dass die Tiere ums Leben gekommen sind. Danach haben sie dann unter günstigen Bedingungen so lange im Schlamm auf dem Grund des Urmeeres gelegen, dass sich feine Schichten von Sedimenten darauf ablagern konnten und die Formen erhalten blieben, als das Ganze zu Stein wurde. Und dann musste noch ein Forscher zwischen den Schichten von Schiefer im Steinbruch darauf stoßen und die zum Reliefbild gewordenen Fische sorgfältig wieder freilegen.
Wäre man zum Zeitpunkt des Unglücks dabei gewesen, hätte man ein Drama mit traurigem Ausgang mit ansehen müssen. So blieb eine berührende Momentaufnahme aus der Urzeit überliefert.

links: **Zufriedenheit**, 2016, Merinowolle, Stickgarn, *Schattenfilz, Stickerei*

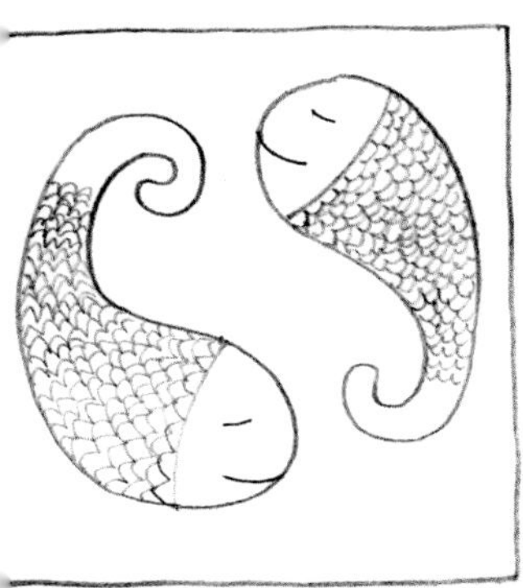

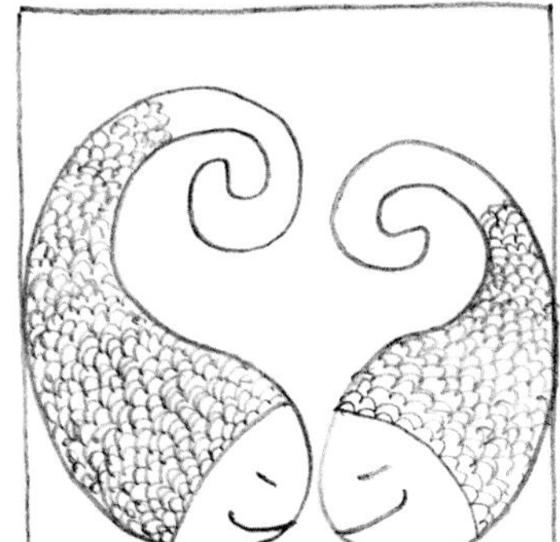

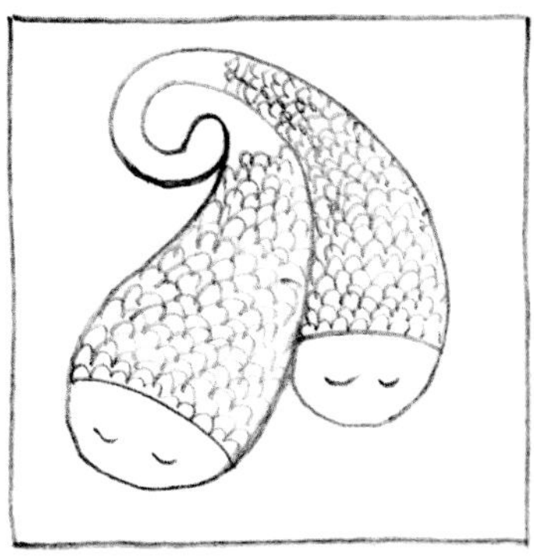

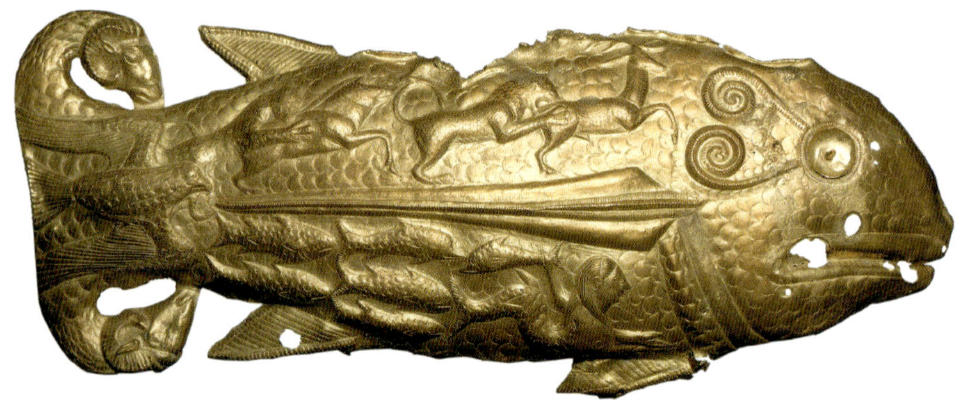

Goldfund aus der Lausitz, der den Formen nach dem skythischen Kulturkreis zugeordnet wird (41cm lang), Altes Museum, Berlin

Über die Skythen

Durch die Beschäftigung mit dem Ursprung des Filzes bin ich auch auf die Skythen gestoßen und habe mir mit einer gewissen Begeisterung für Archäologie einiges angelesen, bei dem der Filz nicht so im Mittelpunkt steht.

Der Begriff „Skythen" steht als Synonym für früheisenzeitliche Reiterkriegernomaden, die ausgehend von Südsibirien bis nach Osteuropa über den gesamten eurasischen Steppengürtel ihre Spuren hinterließen. Da sie keine Schrift hatten, wissen wir nur aus (z.B. griechischen) Berichten und von archäologischen Funden über sie. Für ihre Fürsten legten sie riesige Grabhügel, sogenannte Kurgane, an. Da viele Gegenstände aus Gold zu den Grabbeigaben gehörten, wurden die Gräber vielfach geplündert. Trotzdem gibt es spektakuläre Funde, die durch glückliche Umstände ungestört und weitgehend vollständig erhalten geblieben sind.
Die Wissenschaftler schließen dann aus der Position der Gebeine von Menschen und Tieren (meist Pferden) und Grabbeigaben (Waffen, Gefäße, Reste von Kleidung usw.) auf die Lebens- und Glaubenswelt dieser Menschen, ihre Rituale und Vorstellungen vom Jenseits. In Gebieten mit Permafrostboden, eben Sibirien oder Gebirgsregionen, gibt es Fundstätten, in denen durch Bildung von Eislinsen auch Textilien (u.a. kunstvoll hergestellte und verarbeitete Filze) und andere vergängliche Materialien konserviert wurden. So wissen wir von großflächigen Tätowierungen im sogenannten Tierstil auf der Haut von Eismumien. Reste von Schaf- und Ziegenfleisch belegen, dass den Toten Proviant auf die letzte Reise mitgegeben wurde.
Aus Untersuchungen von Knochen, Zähnen und Geweberesten kann oft nicht nur auf die Todesursache geschlossen werden, sondern auch auf Krankheiten, Mangelerscheinungen und Verletzungen, die dieser Mensch erlebt hat.
Romantisch ist das alles nicht, im Gegenteil sogar recht morbid. Auf jeden Fall bin ich aber in diesem Zusammenhang auf das goldene Bild gestoßen, auf dem wiederum kleine Fische im Bauch eines Großen zu sehen sind. Über die ursprüngliche Bedeutung und Verwendung des goldenen Fisches können nur Vermutungen angestellt werden, hergestellt wurde er wahrscheinlich in einer griechischen Werkstatt in skythischem Auftrag.

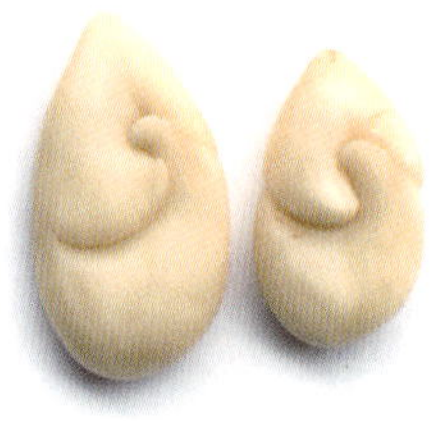

Diese Mandeln sind so gewachsen. Beim Schälen finden sich in fast jeder Kilo-Tüte eine oder zwei mit solch einer hübschen „Wachstumsstörung".

rechts: **Sevilla**
2016, Merinowolle, Seide
Mosaiktechnik, maschinengenäht, gefilzt

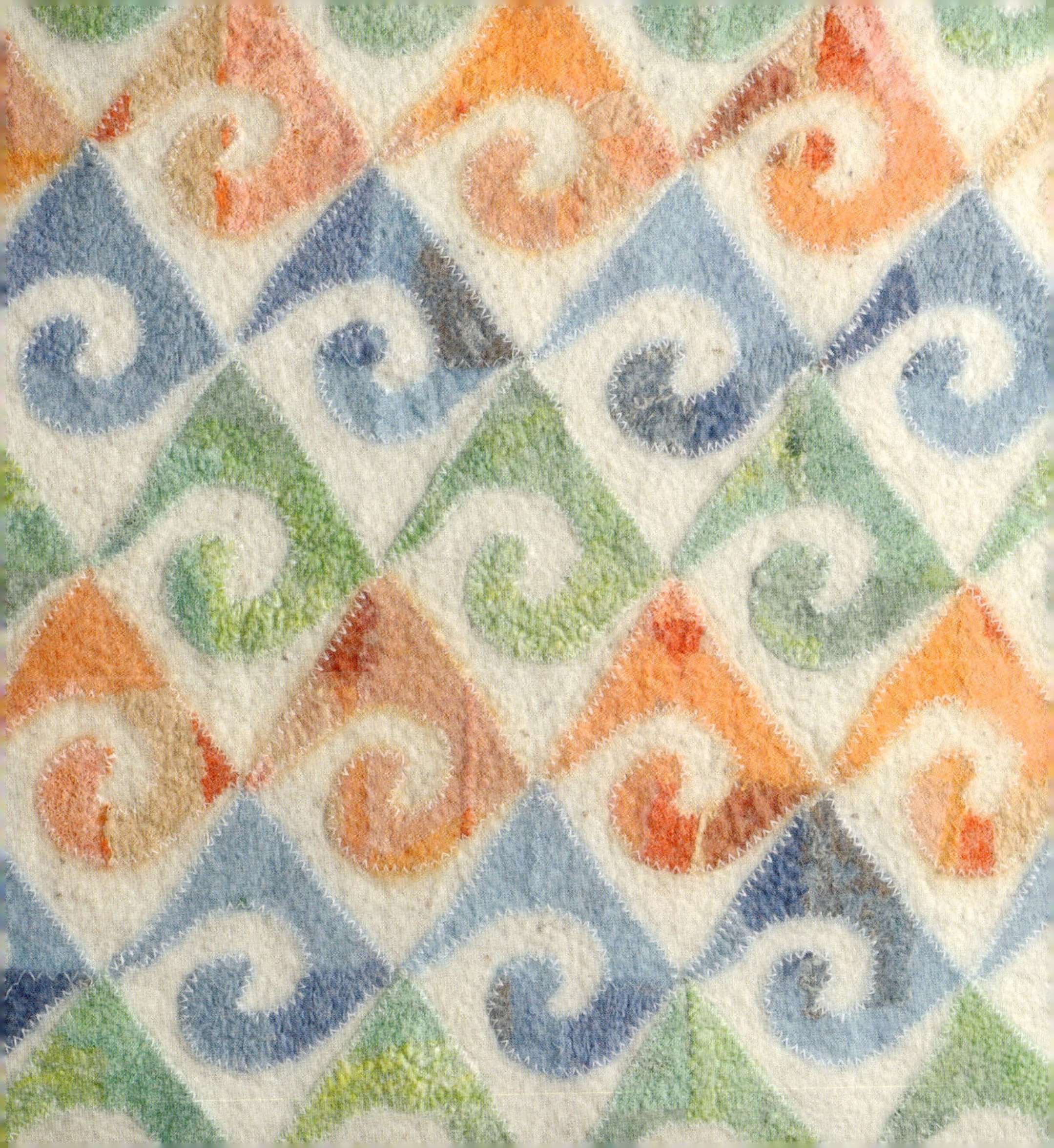

Stehe ich bei dir
bin ich taub vom Jubel und geblendet von Einsicht.
Weit weg empfange ich im Traum meine Stimme
und glaube blinzelnden Auges, dass es dich gab,
wo ich bei dir war.

Robert

valo (finnisch: Licht)
2016

nächste Seite:
links: **Valo**
2017, Merinowolle, *Schattenfilz*
rechts: **Paisley**
2017, Merinowolle, *Schattenfilz*

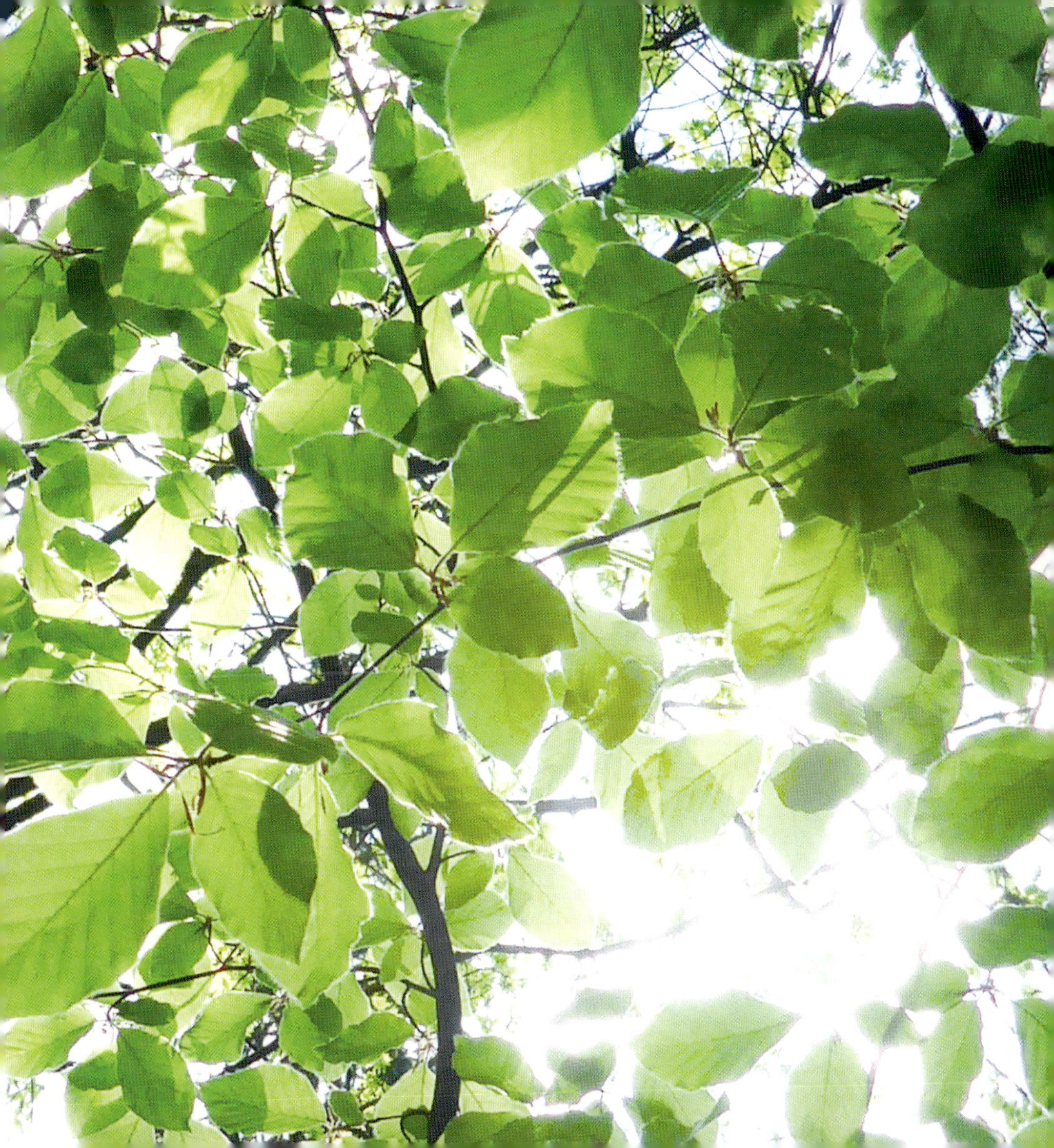

rechts: **Rosengarten**

2017, Merinowolle, Seide, *Mosaiktechnik, gefilzt*

unten: Entwurf

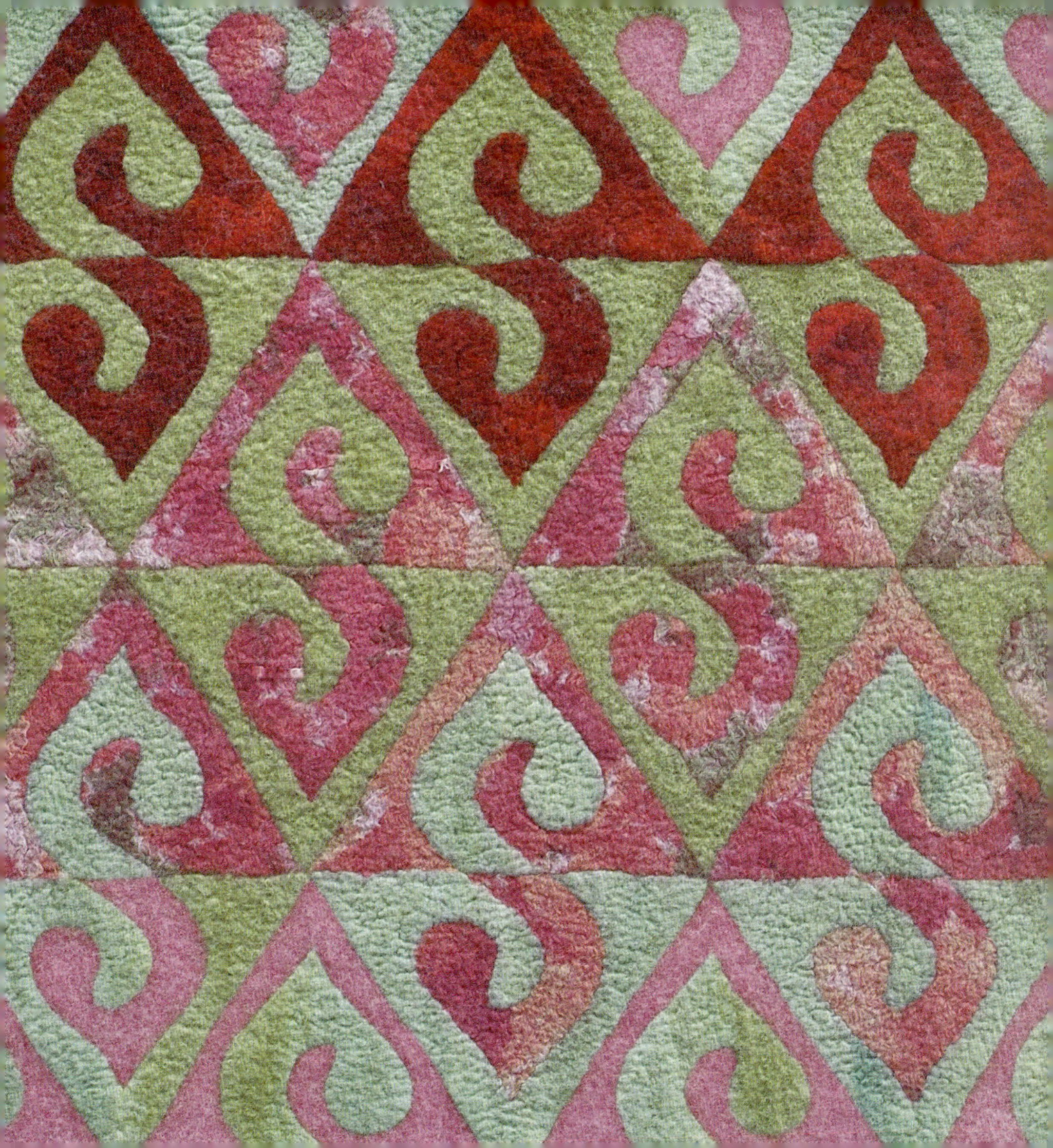

… und immer wieder liegt auch die Katze Modell. Über den schlafenden Tiger zu steigen, bevor man sich zur Ruhe begibt, hilft, die Welt mit all ihrer Unruhe draußen zu lassen.

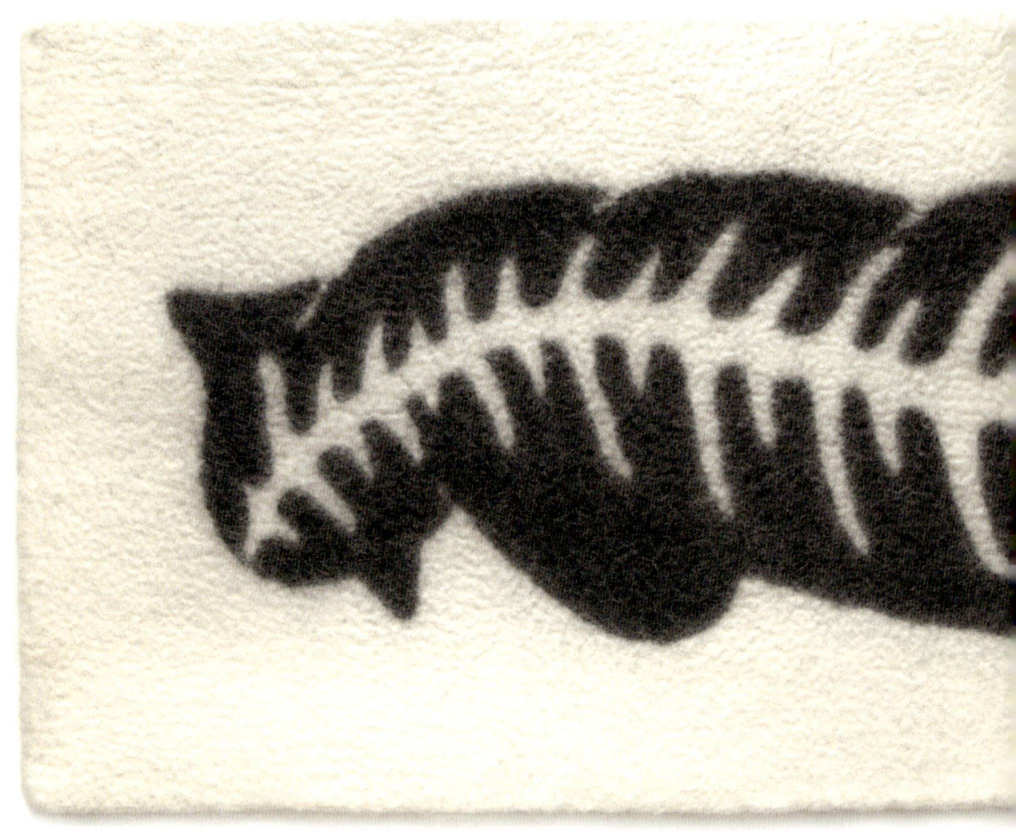

Bett-vor-Tiger

2017, Bergschafwolle, *Einfilztechnik*

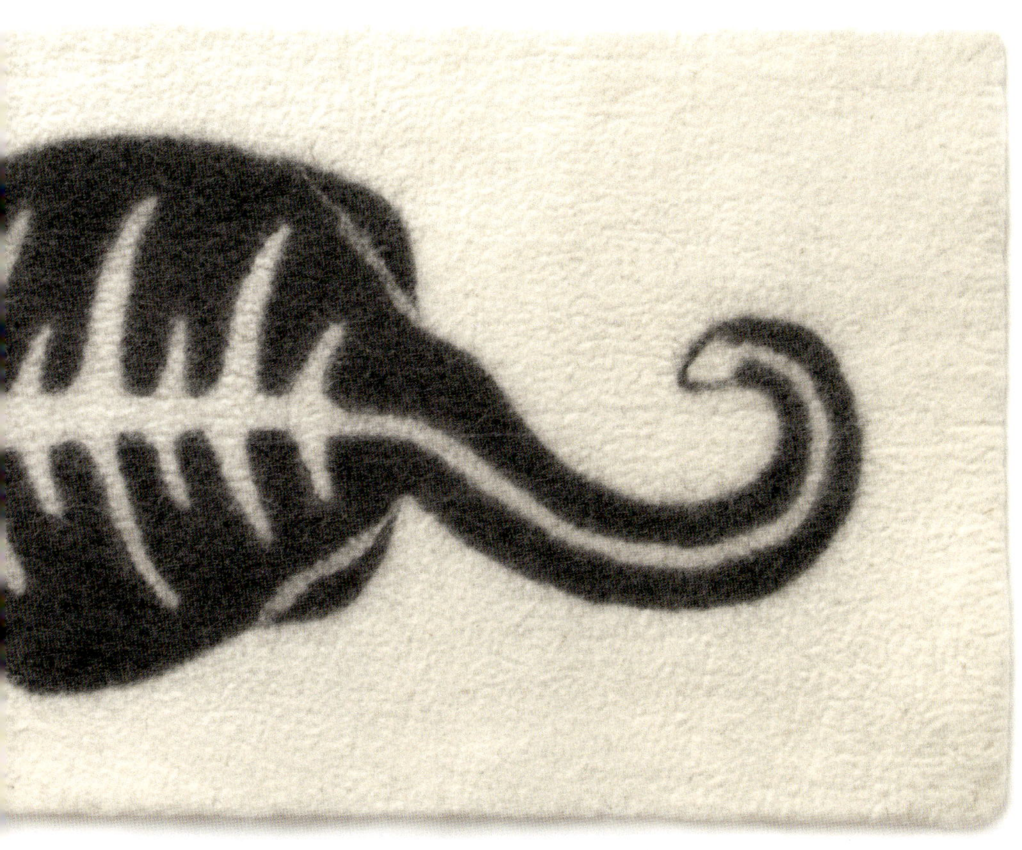

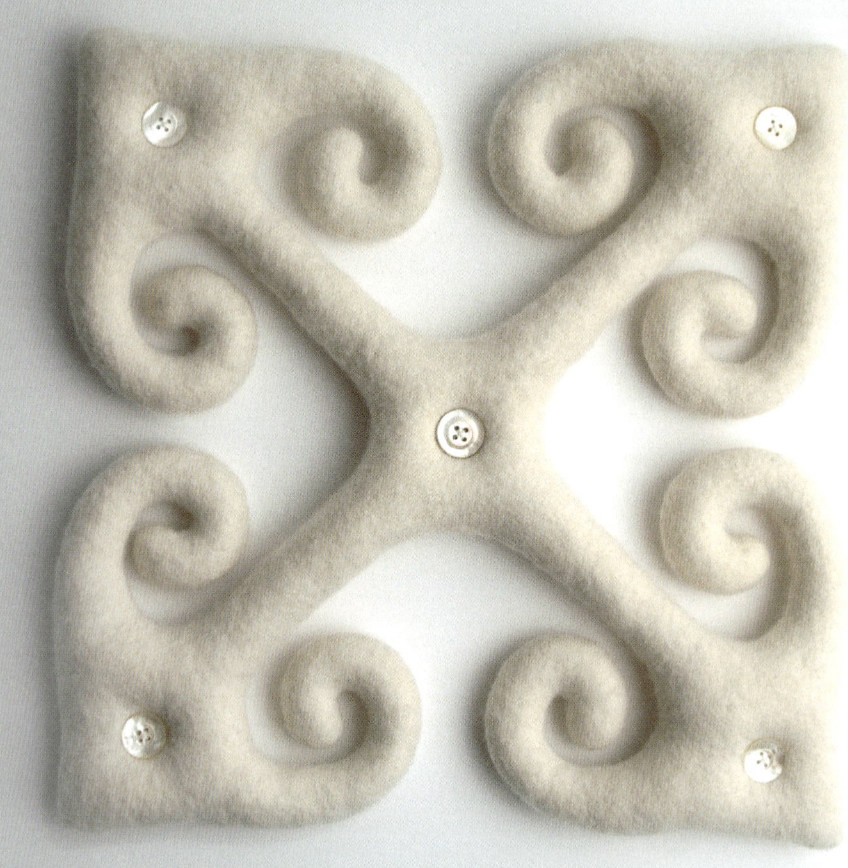

Weiches Ornament, 2017
Merinowolle, Seide, Perlmuttknöpfe, *Hohlkörper*

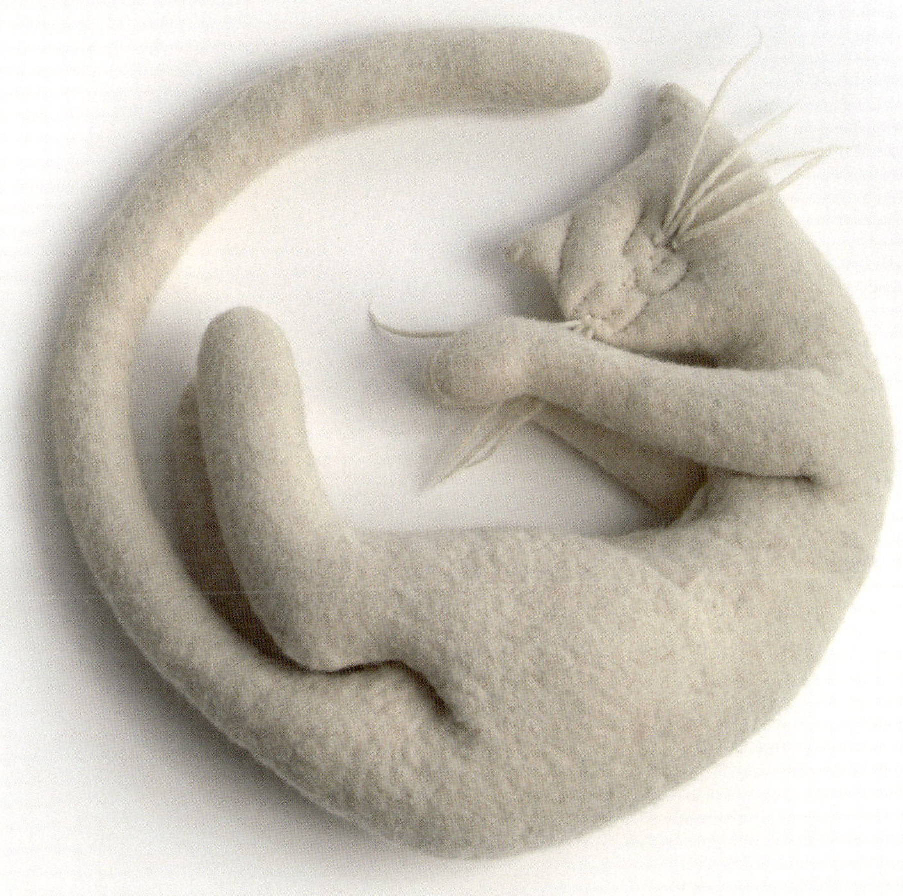

Katze, 2015
Bergschafwolle, Baumwollgarn, Reißverschluss, Kirschkerne, *Hohlkörper, Stickerei*

Stickerei mit der Hand...

...ist für mich wie Pilgern mit Nadel und Faden: der Weg ist das Ziel. Mit der Übung geht es etwas schneller, aber dann lässt sich die Geschwindigkeit nicht weiter steigern. Dieses Tempo ist, wie bereits erwähnt, genau richtig, um die Form per Augenmaß gut zu treffen.

Das Sticken auf Filz geht besonders gut, weil auch dünne Filze steif genug sind, um auf das Einspannen im Stickrahmen verzichten zu können. Die Nadel lässt sich an jeder Stelle mühelos durchs Material führen, ohne sich an dafür vorgesehenen Gewebelöchern orientieren zu müssen oder im fest verzwirnten Webgarn zu klemmen. Auf der Rückseite des Filzes ist von der Stickerei nichts zu sehen, weil der Faden in der Mitte des Filzes entlanggeführt werden kann, bis er wieder auf der Oberseite sichtbar sein soll.

Rote Spirale
2014–17
Merinowolle
Baumwollgarn
Hohlkörper
Filz-Scherenschnitt
Stickerei

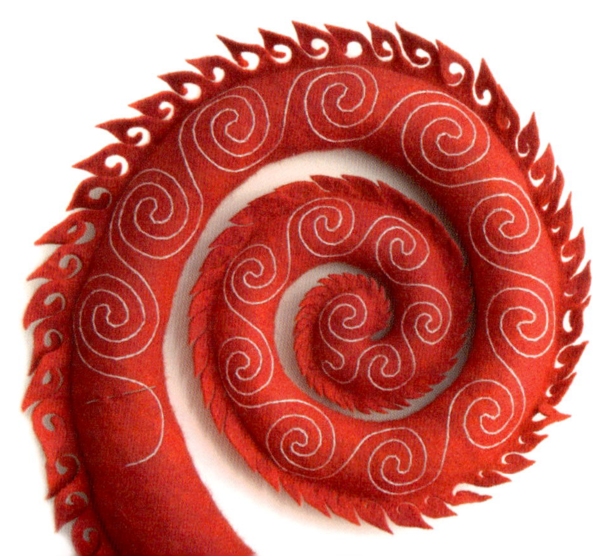

Murmelbahn
Zweiter Versuch
2015–17
Merinowolle
Baumwollgarn
Hohlkörper mit Relief
Stickerei

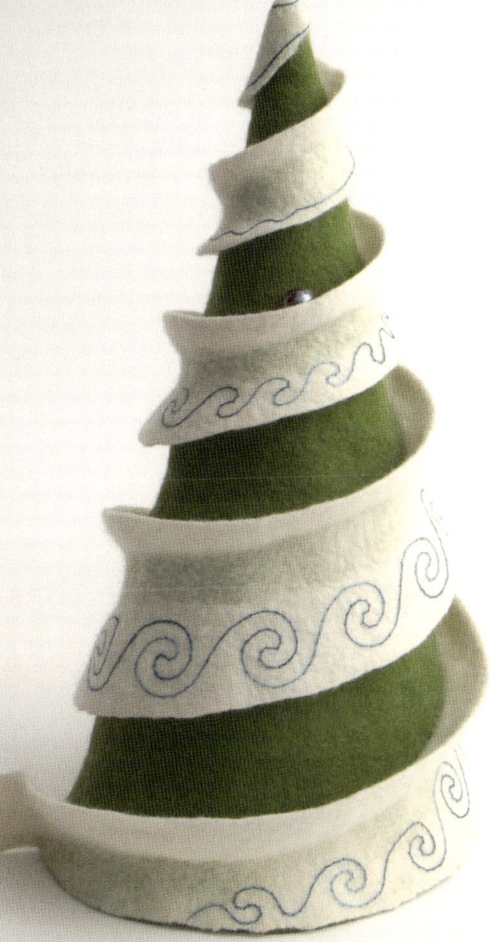

Inhaltsverzeichnis

Quellenverzeichnis

Bücher

Marlene Lang: **„Filzkunst – Tradition und Experiment"**
S.Ivanov (Hrsg.): **„In the land of the reindeer – applied art in the north of Soviet Union"**
Gernot Candolini **„Labyrinthe"**
Gernot Candolini: **„Das geheimnisvolle Labyrinth"**
Adrian Frutiger: **„Symbole"**
M.C.Escher: **„Unmögliche Welten"**
Hermann Parzinger: **„Die Skythen"**
Deutsches Archäologisches Institut: **„Im Zeichen des goldenen Greifen – Königsgräber der Skythen"**
Die Bibel nach Martin Luther

Filme

István Vidák, Mari Nagy: **„Sailan und Gotschak. Bei den Turkmenen"**
Bayerischer Rundfunk, **„Fasern Farben Formen Filz – Portrait Katharina Thomas"**

Abbildungen

Vorsatz: **kleine Sonne**, 2017, Merinowolle, *Hohlkörper, Filz-Scherenschnitt, Stickerei*
Seite 174, Goldfund aus der Lausitz, Bildnachweis:
bpk / Antikensammlung, Staatliche Museen zu Berlin / Johannes Laurentius

Dankeschön an Maria, Marianne, Sarah, Gabriel, Agnes und Falk

Alle Rechte vorbehalten

© 2017 by Annette Quentin-Stoll und Robert Quentin
und MaroVerlag Augsburg, www.galeriebuch.de

Filz und Text: Annette Quentin-Stoll, Fotos: Robert Quentin
Layout: Annette Quentin-Stoll und Robert Quentin

Druck: deVega Medien GmbH
Bindung: Thomas Buchbinderei GmbH, Augsburg

Gedruckt auf Symbol Tatami. Zertifiziert nach FSC

Alle in diesem Buch veröffentlichten Abbildungen und Objekte
sind urheberrechtlich geschützt. Nur mit ausdrücklicher Erlaubnis
des Verlages und der Autoren dürfen sie gewerblich genutzt werden.

Bibliografische Information der Deutschen Nationalbibliothek:
Die Deutsche Nationalbibliothek verzeichnet diese Publikation in der Deutschen Nationalbibliografie; detaillierte bibliografische Daten sind im Internet über http://dnb.d-nb.de abrufbar.

ISBN 978-3-87512-764-5

Von Annette Quentin-Stoll und Robert Quentin sind
im MaroVerlag außerdem erschienen:

FilzSpiel – ISBN 978-3-87512-751-5
FilzExperiment – ISBN 978-3-87512-755-3
FilzGeschichten – ISBN 978-3-87512-760-7

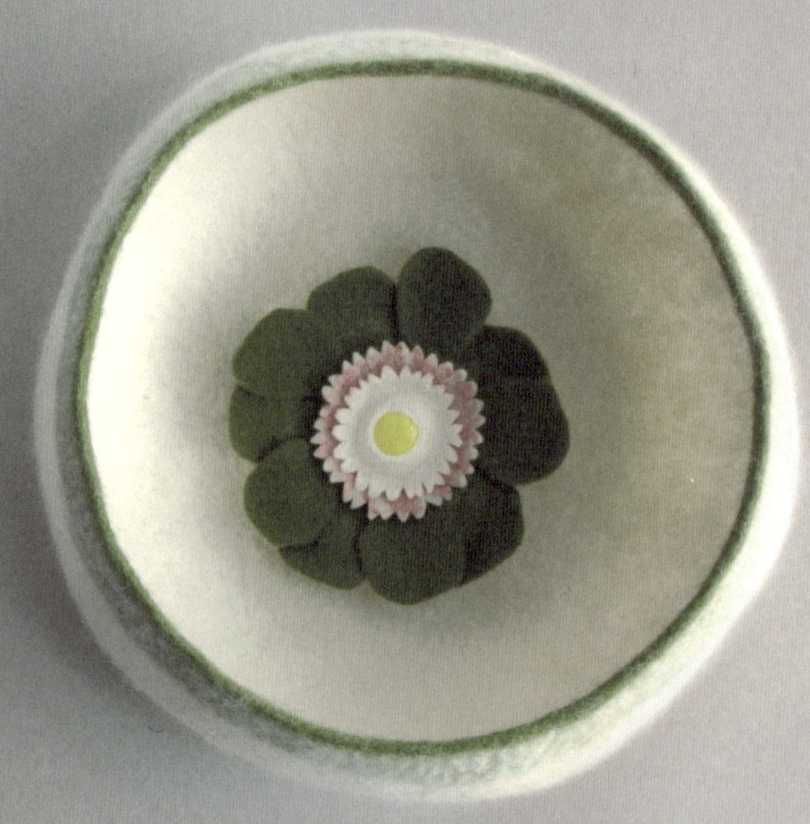

Nest für humorvolle und erfreuliche Gedanken, 2017
Merinowolle, Seide, Glas, *Hohlkörper mit Relief*